O EXORCISTA NA CASA DO SOL

YURI VIEIRA

O EXORCISTA NA CASA DO SOL

relatos do último pupilo de hilda hilst

1ª edição

JO JOSÉ OLYMPIO

Rio de Janeiro, 2018

CIP-BRASIL. CATALOGAÇÃO NA PUBLICAÇÃO
SINDICATO NACIONAL DOS EDITORES DE LIVROS, RJ

V719e Vieira, Yuri
O exorcista na Casa do Sol: relatos do último pupilo de Hilda Hilst/Yuri Vieira. – 1ª ed. – Rio de Janeiro: José Olympio, 2018.

ISBN 978-85-03-01351-2

1. Ficção brasileira. I. Título.

18-49421
CDD: 928.699
CDU: 929:821.134.3(81)

Meri Gleice Rodrigues de Souza – Bibliotecária CRB-7/6439

Copyright © Yuri Vieira, 2018

Design e ilustração de capa: Tereza Bettinardi

Este livro foi revisado segundo o novo Acordo Ortográfico da Língua Portuguesa.

Todos os direitos reservados. Proibida a reprodução, armazenamento ou transmissão de partes deste livro, através de quaisquer meios, sem prévia autorização por escrito.

Reservam-se os direitos desta edição à
EDITORA JOSÉ OLYMPIO LTDA.
Rua Argentina, 171 – 3º andar – São Cristóvão
20921-380 – Rio de Janeiro, RJ
Tel.: (21) 2585-2000

Seja um leitor preferencial Record.
Cadastre-se no site www.record.com.br e receba informações sobre nossos lançamentos e promoções.

ISBN 978-85-03-01351-2

Impresso no Brasil
2018

À memória de José Luis Mora Fuentes, J. Toledo,
José Antônio de Almeida Prado e Antônio Ramos; e também
para Shirley Stefanowski, Olga Bilenky, Inês Parada,
Dante Casarini, Francisco das Chagas e Edson Costa Duarte.

"Contemplação, isolamento. Essas coisas têm o seu valor. Tudo isso soa razoável. Nós, aqui em cima, vivemos num isolamento bastante intenso, indiscutivelmente. A cinco mil pés de altura, achamo-nos deitados nas nossas espreguiçadeiras extraordinariamente cômodas; os nossos olhares abaixam-se sobre o mundo e as criaturas, e então nos ocorre toda espécie de ideias."

A montanha mágica,
de Thomas Mann

"Hilda Hilst: [...] Eu vi Deus em algum lugar. É isso que eu quero dizer.
Cadernos: E a importância de Deus diminui também agora?
Hilda Hilst: Não preciso mais falar nada, entende? Quando a gente já conheceu isso, não precisa mais falar, não dá mais pra falar. [...] É aceitar esse silêncio. [...] O Yuri V. Santos, que está aqui ao meu lado, jovem escritor, é um amigo deslumbrante porque ele sabe que eu quase não falo [sobre a "natureza de Deus"], e eu sei que ele também não fala. Ele compreende."

Cadernos de Literatura Brasileira (Hilda Hilst),
Instituto Moreira Salles

APRESENTAÇÃO
OU
COMO CONHECI HILDA HILST

Este livro não é uma biografia de Hilda Hilst. Sim, ao longo de quase vinte anos tenho ouvido de diversos amigos: "Por que você não escreve a biografia dela?" Minha resposta é a mesma que ela daria caso alguém lhe perguntasse: "Hilda, por que você não escreve uma biografia do James Joyce?" Ei-la: porque, para escrever, em vez de partir da pesquisa, parto basicamente das minhas impressões e da minha imaginação! Claro, pois, a princípio, uma narrativa de ficção não deveria depender senão da imaginação, das ideias e das experiências do escritor, incluindo aí suas leituras prévias e as experiências alheias entreouvidas ao acaso. Ora, segundo Aristóteles, imaginação e memória, no final das contas, são os dois lados da mesma moeda: não há nada que se imagine que não tenha suas raízes assentadas em fatos conhecidos, *memorizados*; e não há nada que se remeore sem que a imaginação lhe dê, no ato mesmo da recordação, uma forma sintética e coerente. Por outro lado, uma biografia também exige uma boa dose de imaginação da parte do biógrafo; afinal, todo o conhecimento adquirido mediante a pesquisa terá de receber uma forma sintética. No entanto, se não for fundamentada primeira e essencialmente em testemunhos e documentos, está fadada a ser tão somente uma ficção "inspirada ou baseada em fatos reais" — o que, em geral, acaba atraindo os ataques de herdeiros, de amigos e conhecidos do biografado, de historiadores e, claro, de outros biógrafos. Num trabalho de ficção, caso necessárias, as pesquisas ocorrem em função da narrativa;

na biografia, ao contrário, o texto flui em função da pesquisa. Enfim, não sendo da minha natureza pesquisar primeiro para somente então escrever, preferi, neste livro, responder a uma outra pergunta que muitos ainda me fazem: "Como era conviver com Hilda Hilst?" Para um puro escritor, há mais sensatez em responder a essa pergunta do que haveria em tentar responder ao inalcançável "quem afinal ela era?" Se, na condição de indivíduos, levamos décadas e décadas para compreender a nós mesmos, como pretender explicar e definir uma outra personalidade?

— Então — perguntaria você —, que tipo de livro é este?

Não sei. Talvez um livro de memórias ou, para ser mais exato, meu testemunho pessoal sobre a pessoa que conheci e que, por trás do mito, levava uma vida concreta, real. Infelizmente, quatro décadas apartam nossas datas de nascimento, o que me impediu de conhecer a esfuziante e bela Hilda Hilst da juventude e do início de sua vida adulta. O hermetista cristão Valentin Tomberg, cuja leitura Hilda me sugeriu, afirma que há três tipos de memória: a automática, própria dos jovens; a lógica, dos adultos; e a moral, dos idosos. Os jovens lembram-se automaticamente até mesmo do que não lhes interessa; os adultos lembram-se principalmente daquilo que, de alguma maneira, faz sentido para o andamento de suas vidas; e os idosos preferem recordar aquilo que lhes marcou o coração, isto é, tudo o que realmente teve importância em sua vida. Conheci Hilda nesse seu último estágio mnemônico. Quando fomos apresentados, ela havia acabado de completar 68 anos, e já desistira de escrever. Quem já conviveu com um escritor, ou com um artista, sabe que o trabalho de criação é metade do alimento de sua alma, e, portanto, não convivi com uma poeta que, do nada, poderia me abandonar com uma frase dependurada entre os lábios e sair correndo pela casa para anotar alguma ideia de relevo ou para derramar versos numa página vazia.

— Eu *era* ótima! — dizia ela, sempre que relíamos em seu escritório um de seus livros.

É óbvio que ela continuava a ser uma pessoa brilhante e genial, mas, como se sabe, decisões têm consequências, e essa autodeterminação de não mais escrever lhe reduziu o fluxo da criatividade, tornando-a um tanto indiferente às novidades que contivessem algum valor — como a internet ou certas transformações sociais, por exemplo — e, sobretudo, indiferente à possibilidade de atingir, na literatura, novos patamares que ela mesma mal poderia prever. Ora, o trabalho de criação exige uma abertura positiva frente a novas impressões, por piores que elas sejam. Sim, graças à influência de seu amigo José Luis Mora Fuentes, mais tarde, após minha partida, Hilda recomeçou timidamente a escrever: tratava-se da história de um caroço de azeitona. No entanto, alquebrada, já não confiava tanto em si mesma, e a coisa não foi muito longe. A criatividade que nela permaneceu — e que ainda era mil vezes maior do que a de uma pessoa comum —, unida à sua memória moral de então, concentrou-se na manutenção de sua própria personalidade e na confraternização com os amigos e admiradores. Sim, ela *ainda* era uma pessoa impressionante.

Este livro é, portanto, fruto da minha própria memória — automática então, lógica agora — em conjunção tanto com e-mails escritos à época — nos quais relatava a amigos e parentes o meu dia a dia — quanto com as centenas de notas que fiz, ao longo de dois anos e dois meses de convivência, em pelo menos quatro cadernos que, entre outros usos, me serviram ocasionalmente como diário. Sim, minha imaginação, enquanto fator sintetizante, deu unidade aos relatos. Embora a maioria deles se refira a casos ocorridos exatamente como descritos, eu jamais teria a memória de elefante necessária para arquivar as palavras exatas dos diálogos aqui presentes. Mas, por empatia, e tendo a lembrança ou o registro do teor do falado, não foi difícil reproduzi-los.

— Mas conta! Como você a conheceu?

Hilda, assim como seu ídolo, Joyce, não acreditava em meras coincidências. Preferia adotar o conceito junguiano de *sincronicidade*. E foi assim que tudo começou: mediante uma sincronicidade ou, em outras palavras, mediante uma "coincidência significativa".

Em meados de 1998, eu tinha vinte e poucos anos e era sócio, juntamente com três excelentes fotógrafos — Fábio Corrêa, Christian Sievers e Dante Cruz — de um estúdio na Vila Olympia, em São Paulo, que pretendíamos converter, eventualmente, numa produtora de cinema. Fotografávamos para as revistas *Trip*, *Vogue*, *Elle*, e para empresas tais como Carrefour e Tok&Stok. Tudo ia muitíssimo bem, até que — por essas coisas que só acontecem em países exageradamente burocráticos como o Brasil — recebemos, devido a um alvará de reforma "incompleto", uma multa de trinta mil reais, o que, na época, equivalia a trinta mil dólares. O problema é que já havíamos investido, na compra de equipamentos e na reforma, praticamente tudo o que possuíamos, tendo mantido apenas o capital de giro. Fomos, portanto, quebrados pela — segundo a imprensa descobriu mais tarde — "máfia dos fiscais de São Paulo", que, mancomunados com vereadores, precisavam cumprir verdadeiras metas de corrupção, arrancando, por meio de multas vultosas, ou de propinas "salvíficas", o dinheiro dos empreendedores. Tal situação nos deixou num clima de nuvens negras, raios e trovões, provocando desentendimentos cada vez maiores. Tudo indicava que a decisão de abandonar a Universidade de Brasília, além da minha então namorada, para ganhar a vida em São Paulo, havia sido um terrível erro. Meu estado de ânimo piorava a cada dia e, quando já chegava à beira da depressão, Dante, tencionando levantar meu astral, insistiu toda uma tarde para que, à noite, saíssemos e fôssemos espairecer em algum clube noturno da Vila Madalena.

— Você leu tanto sobre zen-budismo, leu tanto Krishnamurti, e agora está assim? Desapega!

E então me lembrei de um dos *Ditirambos de Dionísio*, de Friedrich Nietzsche, mais especificamente do "Fragmento 67", que, durante quase cinco anos, num pôster, pendeu da parede do meu alojamento na universidade:

> "Joga teu pesar no abismo!
> Esquece, Homem! Esquece, Homem!
> Divina é a arte do esquecer!
> Queres voar,
> Queres habitar as alturas:
> Joga o que mais te pesa no mar!
>
> Eis o mar — joga-te no mar!
> Divina é a arte do esquecer!"

Assim, ligeiramente contaminado pelo inexorável otimismo do meu amigo — ainda não estava de todo convencido —, deixei-me ao menos ser arrastado de má vontade até a rua Mourato Coelho, onde, a princípio, pretendíamos nos "jogar no mar" da famigerada Torre do Dr. Zero. Uma vez lá — morávamos longe, na Zona Sul —, demos de cara com a porta fechada: lotação esgotada.

— Puts. Aonde vamos então?

Enquanto enumerávamos as possíveis alternativas, um casal passou por nós e tentou entrar na Torre, recebendo do porteiro a mesma negativa. Ao percebermos que, ali na calçada, já exprimiam um ao outro a mesma dúvida, decidimos nos aproximar para trocar ideias. E nos apresentamos. Ele era o artista plástico Theo Castilho, e ela, a produtora de cinema Shirley Stefanowski. Enfim, não apenas descobrimos um novo local para ir — do qual jamais me lembrarei —, como também conseguimos uma produtora para nosso estúdio, que, naquele momento, tinha essa demanda. Naquela mesma semana, já no estúdio, conversa vai, conversa vem, Shirley descobriu que eu não era um fotógrafo, mas um escritor iniciante com pretensões a cineasta.

— Eu tenho uma amiga escritora maravilhosa: Hilda Hilst. Conhece?

Embora meu amigo Roosevelt Rocha, hoje professor na Universidade Federal do Paraná, me dissesse mais tarde que, ainda em Brasília, já havia comentado comigo a respeito dos poemas da Hilda, respondi que não, que não a conhecia. Shirley então me emprestou o livro *Tu não te moves de ti*, novo em folha, cuja orelha exibia uma fotografia de Hilda lá pelos seus 30 e poucos anos: e aí eu acreditei que ela realmente tivesse essa idade... Shirley também me contou que havia trabalhado com o editor Massao Ohno — em cuja casa estivemos semanas depois —, mediante quem ela conhecera a poeta.

— A gente podia ir visitá-la no fim de semana. O que acha?

Como não tivera tempo de ler senão alguns curtos trechos daquele livro, que me pareceram absolutamente doidos, ao ouvir as descrições que Shirley me fazia da Casa do Sol, imaginei que Hilda não passasse de uma hippie tardia a viver numa casa infestada de cães e com o cérebro boiando em LSD. Sim, eu não fazia ideia. E a internet, que havia chegado ao Brasil havia meros dois anos, não trazia informação alguma. (Ora bolas! O primeiro site oficial sobre Hilda, ainda on-line, seria criado por mim um ano mais tarde.)

— Vamos! Você aproveita e dá seu livro para ela — insistiu Shirley.

De fato, meu primeiro livro — *A tragicomédia acadêmica* — *contos imediatos do terceiro grau*, uma sátira à vida universitária —, que eu havia concluído em 1997, finalmente encontrara um editor na pessoa de Ryoki Inoue, segundo o *Guinness*, o escritor mais prolífico do mundo. Estava recém-impresso e eu me preparava para lançá-lo no Empório Cultural, bar da Vila Madalena.

— Beleza. Vamos lá — concordei, por fim, acreditando que ao menos colheria mais uma experiência bizarra para meu arsenal literário.

Assim, no sábado seguinte, após tomarmos emprestado o carro do ex-marido da Shirley, nos colocamos a caminho da Casa do Sol. Infelizmente, as atividades no estúdio haviam nos prendido por toda a manhã e quase toda a tarde, o que acabou nos atrasando — para uma inveterada noveleira como Hilda — mais do que o suportável. E, para piorar, na Marginal Tietê, pouco antes de pegarmos a Rodovia dos Bandeirantes, já no lusco-fusco, nos furou um pneu, o que nos atrasou mais alguns minutos. Como Shirley não dirigia, eu mesmo nos guiei até a entrada do condomínio — a meio caminho entre Campinas e Mogi Mirim — no qual reinava a Casa do Sol. (Quando digo que "eu mesmo nos guiei", numa época desprovida de GPS, e tendo esquecido de levar um mapa, também significa que a viagem em si já foi uma aventura de muitos retornos e de muitos "acho que a entrada é outra".) Enfim, chegamos à residência da escritora pouco depois das vinte horas, bem a tempo de interromper a novela *Torre de Babel*. E isso significava: começamos mal...

— Oi, Hilda! — dizia Shirley, com sua animação ariana, à rabugenta taurina.

Cercado por zilhões de vira-latas de todos os tamanhos e idades, todos a latir caoticamente, entrei logo atrás dela pela porta da frente e me deparei com um belo quadro retratando Jesus Cristo, um que Hilda ganhara muitos anos antes. Enquanto o admirava, pensei: "Bom sinal. Estamos em casa". Mas Hilda não pareceu concordar comigo:

— Isto é hora de chegar, Shirley?! — perguntou, irritada, enquanto os cães ainda latiam.

— Desculpa, Hilda, é que furou um pneu.

— Vocês deviam ter dado meia-volta e deixado a visita para amanhã. Chegaram bem na hora da novela.

O tom de poucos amigos da escritora não me impressionou. O que realmente me impressionou — e muito — foi outra coisa: "Ué! Ela é uma velhinha?!"

— Ah, Hilda, é que a gente só vai poder ficar com o carro até amanhã à noite. — E então a abraçou.

Apesar de tudo, Hilda a beijou carinhosamente, e, por um momento — era intervalo comercial —, pareceu arrepender-se do tom empregado.

— Hilda, este é o Yuri. Ele também é escritor.

— Oi, Yuri. Tudo bem? — E me estendeu a mão.

— Tudo bem, dona Hilda. E a senhora?

Pronto! Girando os olhos nas órbitas, ela voltou a se zangar:

— Dona, não! Senhora, não! — retrucou, com voz surpreendentemente grave. — Você é amigo da minha amiga. Me chame de Hilda! Hilda!

Quase gaguejei:

— Tá bom... Hilda.

Eu nem sequer havia superado a bronca, e muito menos me sentado, quando a novela retornou do intervalo.

— Agora, silêncio! — disse ela, com firmeza, o indicador direito em riste.

Olhei à minha volta, num desespero cômico, procurando onde me sentar. Os cachorros, que haviam finalmente encerrado o alarme, já ocupavam todos os sofás. Devia haver uns vinte.

— Pega aquele banquinho, Yuri — disse Shirley.

Não era exatamente um banquinho, pois também era provido de um pequeno espaldar. Hilda, aliás, estava sentada numa cadeirinha semelhante, diante de uma longa e rústica mesa de centro, em que apoiava os cotovelos, e sobre a qual mantinha um cinzeiro, um pratinho com cebolinhas e um copo *long drink* cheio até a borda de água gaseificada e uísque. Cigarro Chanceller 100 entre os dedos, permaneceu concentrada na TV durante toda aquela parte da novela, sem nos dirigir um pio sequer, emitindo para si mesma, ou para o mundo, vez ou outra, apenas comentários, risos e resmungos concernentes à trama e aos personagens. Sentado do outro lado da mesa, próximo à TV, eu sentia um crescente constrangimento: a tal grande escritora hippie maravilhosa, supostamente fã de LSD, era, na verdade, uma senhora tão noveleira quanto a minha avó paterna.

— Você aceita uma bebida? — perguntou-me Hilda no intervalo seguinte.

— Não, obrigado.

Ela se virou para Shirley com uma expressão beirando o desgosto:

— Ele não bebe — disse, com desdém.

E então perguntou à Shirley como estavam seus filhos — Ariel, Gabriel e Nyra —, atualizando-se, também, das últimas e bastante resumidas novidades referentes a amigos comuns. Vendo como ela comia com gosto as tais cebolinhas, e estando faminto, perguntei-lhe se podia provar uma. Ela me estendeu o pratinho: até hoje adoro cebolinhas como tira-gosto. Conversaram mais alguns segundos e, claro, a novela voltou do intervalo, o que nos devolveu ao silêncio anterior. Passei então a observar discretamente o cenário e, graças a isso, meu constrangimento foi se dissipando, dando lugar a uma sensação de paz e de bem-estar: a casa era uma beleza! As paredes pintadas de salmão, os quadros em cores fortes, as fotografias em preto e branco, as luminárias, os móveis, as janelas, os cães sonolentos, tudo me dava a impressão de um refúgio perene, sereno, inviolável: era como se estivéssemos no olho do furacão do mundo.

Minutos depois, findada a novela, sobreveio a barulhenta vinheta de encerramento. Pensei: "Finalmente vamos conversar". E, no entanto, Hilda, apoiando-se à mesa, simplesmente ergueu-se da cadeirinha.

— Você me ajuda a levar minhas coisas, Shirley?

— Já vai dormir, Hilda?

— Ah, vou, sim. Acordei muito cedo, estou cansada. Vocês vieram tarde demais. Amanhã de manhã a gente conversa direito. Já pedi para colocarem roupa de cama limpa no quarto de hóspedes.

— Tá bom, Hilda — tornou Shirley, pegando o maço de cigarros, o isqueiro e um outro copo, que parecia conter leite ou um suco qualquer.

— Ah, tem jantar na cozinha, viu? — disse Hilda, olhando na minha direção.

— Certo — repliquei, sorrindo. — Obrigado.

Então, me deu boa-noite e Shirley a acompanhou até a porta do quarto.

— E agora? — perguntei, assim que minha colega de trabalho retornou à sala.

— Vamos jantar.

A cozinha era tão agradável quanto a sala, construída e decorada no mesmo estilo rústico. Sim, é claro que a casa inteira tinha esse estilo, mas era noite, e mal conseguira vê-la quando de nossa chegada. Depois do jantar, levamos nossas coisas para o quarto e, em seguida, voltamos para o pátio, que, à maneira de um claustro, se constituía de um átrio cercado por galerias. E foi aí, sob as estrelas, que Shirley teve uma grande ideia:

— Nossa! Hoje é sábado! Vai rolar um show do Uakti e do Naná Vasconcelos em Campinas. Vamos?

— Sério?

— Claro, vai ser legal. Os caras do Uakti são meus amigos. E morro de vontade de conhecer o Naná.

— Beleza. Vamos nessa.

Pegamos o carro, deixamos o portão encostado, e nos dirigimos para Campinas. Chegamos ao local da apresentação por volta das dez e meia da noite, bem a tempo de encontrar um dos músicos da banda — salvo engano, Paulo Sérgio —, que gentilmente nos permitiu a entrada gratuita. O show ocorreria num teatro ou coisa assim, e, na portaria, víramos sinais de um tumulto recém-contido, incluindo fumaça e sinais de um quebra-quebra. Parece que, apesar da lotação esgotada, muitos estudantes haviam tentado entrar à força.

O Uakti era uma banda realmente original: seus integrantes não apenas compunham músicas de grande qualidade, como também, o mais impressionante, utilizavam instrumentos bizarros criados artesanalmente por seu líder, o músico Marco Antônio Guimarães. Lembro-me principalmente de uma espécie de zamponha gigante, cujos sons eram produzidos graças à percussão, nas bocas dos tubos, de sandálias Havaianas. E, claro, Naná Vasconcelos — que, na mesma linha de Hermeto Pascoal, seria capaz de extrair notas musicais de um sabonete — participou de alguns dos arranjos do Uakti, dando também um show à parte. Dentre os instrumentos que tocou, o que mais me chamou a atenção foi uma espécie de tapete-lixa, ou coisa assim, sobre o qual ele dançava, ao mesmo tempo que friccionava os pés contra sua superfície, arrancando dele sons inusitados. Bom, não é preciso dizer que todos esses músicos não se limitavam a exibir inventos estranhos: tinham domínio completo do ritmo e das melodias. Em suma, foi um show muito bonito, e dos mais interessantes.

Terminada a apresentação, fomos convidados pelos músicos do Uakti a acompanhá-los, juntamente com Naná Vasconcelos, até um bar próximo. Uma vez lá, bebemos, rimos e conversamos — sempre ouvindo, da parte deles, casos mirabolantes protagonizados por Naná e pelos demais. (Mas essas já são outras histórias...) O fato é que encerramos a noitada por volta das cinco horas, dirigindo-nos em seguida à Casa do Sol, onde chegamos uns vinte minutos depois. Ao abrir o portão, surpresa: eu e Shirley fomos recebidos por um concerto ensurdecedor de oitenta cães! Não sei se você já presenciou isso: é como estar, não no pacífico olho do furacão, mas mergulhado em suas bordas; e isso logo após a cauda do furacão ter passado sobre uma fábrica de chapas de metal, as quais, flutuando em meio aos fortes ventos, não param de se chocar contra nossos ouvidos.

— Caramba, Shirley!

— Calma. Vamos pro quarto que eles sossegam.

Após estacionar o carro, cruzamos com o caseiro, que havia ido checar o que afinal estava se passando, e nos dirigimos às pressas para o quarto. A essa altura, os cães, provocados por um pioneiro e solitário uivo, já deixavam pouco a pouco de latir, passando, um a um, a uivar em uníssono — uma coisa impressionante! Era como se não pudessem se controlar, numa espécie de contágio, tal como ocorre, entre humanos, no tocante a bocejos. O problema é que, ao contrário destes, a participação nos uivos crescia exponencialmente.

— Nossa! Estamos no Morro dos Cachorros Uivantes!

— Para, Yuri! — E Shirley, também impressionada, ria.

Dez minutos mais tarde, fomos finalmente agraciados com o silêncio da madrugada. Aliviados — ninguém viera tomar nenhuma satisfação —, mergulhamos em nossas camas, e logo dormimos.

No domingo, acordamos obviamente muito tarde, lá pelas onze horas da manhã. O dia estava frio e chuvoso, e, nas galerias, alguns cachorros pareciam estar à nossa espera. Fizemos nossa toalete, nos trocamos, e, acompanhados por alguns deles, nos dirigimos ao escritório da Hilda.

— Bom, a gente pode ficar aqui até a noite — observou Shirley. — Se entregarmos o carro em São Paulo até as dez da noite, beleza.

— Tranquilo então.

— Ah, volta lá e pega seu livro para dá-lo à Hilda.

— OK.

Voltei ao quarto, peguei *A tragicomédia acadêmica*, rabisquei rapidamente uma dedicatória, e, no claustro, me juntei novamente à Shirley. Entramos na sala principal, viramos à direita, e atravessamos a porta do escritório.

— Bom dia, Hilda — saudou-a Shirley, alegremente.

— Bom dia, Hilda — falei.

Ela, que estava imersa na leitura de um livro qualquer, ergueu o rosto e nos fulminou com um olhar espantoso:

— Saiam daqui! — berrou, furibunda.

— Mas, Hilda...

— Vocês não têm vergonha?! — E levantou-se, as mãos espalmadas contra a mesa. — Estão achando que isto aqui é um motel? Que podem ficar rolando na cama um do outro até a hora do almoço? Acham que podem entrar e sair à hora que bem entenderem? Eu já conversei com os empregados. Vocês saíram à noite sem me avisar, e quase me matam de susto de madrugada!

— Hilda, a gente...

— Cala a boca! Estou falando! — gritou, a voz grave e potente. — Vocês não podem perturbar a casa desse jeito, incomodar meus cachorros. Quero que peguem suas coisas e nunca mais voltem aqui!

— Desculpa, Hilda.

— Chega! Vão, vão. Me deixem em paz. — E, tornando a sentar-se, retomou o livro com as mãos trêmulas.

Mais pasmado do que ofendido, fiquei alguns segundos paralisado diante da mesa dela. Shirley me puxou pelo braço:

— Vamos, Yuri.

Como já havia autografado o livro que tinha em mãos, e por isso o considerava inutilizado para regalá-lo a outra pessoa, estiquei o braço, depositei-o calmamente na mesa dela, dei-lhe as costas, e saí acompanhado pela amiga metade polonesa.

— Que coisa — murmurei.

— Vão embora! Idiotas! — Tornou a berrar Hilda, de dentro do escritório. — Não quero ouvir nenhum comentário!

Portanto, sem nem ao menos tomarmos o café da manhã ou nos despedirmos de Hilda, pegamos nossas mochilas no quarto, entramos no Gol, e, com nossos respectivos rabos entre as pernas, partimos a toda para São Paulo. Juro, foi exatamente assim que conheci a poeta Hilda Hilst.

— Mas... — dirá você —, e como é que você acabou morando com ela?

Bem, dez dias mais tarde, encerrado o expediente no estúdio, eu e Shirley discutíamos o episódio. Eu não me sentia tão pesaroso com a situação porque, não sendo então amigo de Hilda, e não tendo a menor noção de quem ela era como escritora, pouco me importava. Mas Shirley estava preocupada, não com a amizade entre elas, que acreditava inabalável — "sei", pensava eu —, mas com a amiga que, na sua opinião, não tinha mais idade para sofrer essas comoções.

— Então, telefona pra ela, ué.

Shirley telefonou e eu, que estava ao lado, pude ouvir Hilda claramente:

— Oi, Shirley! Que saudade! Vocês sumiram, não me ligaram mais.

— Como você está, Hilda?

— Eu estou ótima. E vocês?

— Estamos bem. O Yuri está aqui comigo.

— O Yuri V. Santos. — E riu. — Mande um abraço pra ele.

— Quer falar com ele, Hilda?

— Quero, quero, sim.

Shirley me passou o telefone:

— Oi, Hilda.

— Oi, Yuri. Vocês precisam vir aqui de novo.

— Mesmo? — perguntei, desconfiado.

— Eu li seu livro, Yuri. Muito engraçado, *bossa* Millôr. — E tornou a rir. — Você é mesmo um escritor de verdade.

— Nossa, obrigado, Hilda — respondi, imaginando que eu poderia dizer algo semelhante, mas, infelizmente, eu ainda não havia lido o livro que Shirley me emprestara.

— Venham aqui nesse fim de semana. Tá bom?

— Tá bom, Hilda.

Em seguida, Shirley e Hilda conversaram mais uns quinze minutos, dando altas risadas e fazendo comentários sobre todo tipo de coisa. Quanto a mim, eu não estava entendendo absolutamente nada: aquela mulher no telefone... era a mesma Hilda que encontráramos? Foi exatamente o que perguntei à Shirley assim que ela desligou.

— A Hilda é igual a mim — respondeu, sorrindo. — Fica pê da vida com alguém, solta os cachorros em cima da pessoa, mas logo esquece, não guarda rancor.

— Bom — retruquei —, a diferença é que ela pode soltar os cachorros em cima de alguém *literalmente*. E, pode acreditar, se o fizer, não vai sobrar nada da pessoa.

Começamos, pois, a frequentar a Casa do Sol sempre que podíamos. Agora Hilda nos tratava muito bem — claro, não atrapalhávamos mais suas novelas, não acordávamos tarde, e muito menos perturbávamos o canil, que continha cerca de sessenta cães, os quais, somados aos da casa, chegavam a oitenta.

Algumas visitas mais tarde, no fim de julho de 1998, num domingo, despertei na Casa do Sol, tomei um banho, e, sozinho — Shirley ainda dormia —, me dirigi à sala principal, na qual a lareira estava acesa. A essa altura, eu e Hilda já mantínhamos todo tipo de conversa, mas, ao lhe falar, eu ainda tinha de me vigiar atentamente, pois já a havia chamado de "senhora" umas duas ou três vezes, recebendo, logo em seguida, as mesmas admoestações enfezadas de sempre:

— Hilda! Hilda! Senhora é a mãe.

Virando à direita, entrei no escritório e, para minha surpresa, a cadelinha Bien Nègre — uma pinscher ou chihuahua (raças indistinguíveis para mim) que parecia um cruzamento de alarme de presença com algum animal foragido do filme O *cemitério maldito* (a coitada sofria de sarna, catarata y *otras cositas más*) —, em vez de latir loucamente para mim, como era seu costume, começou a fazer festinha, pulando na minha perna e abanando o rabo histericamente.

— Ué, Bien, tá me estranhando?

— O que foi? — perguntou Hilda, erguendo-se para olhá-la por sobre a mesa.

— Parece que ela finalmente simpatizou comigo — respondi.

Hilda sorriu, sentou-se, e passamos a falar dos escritores que admirávamos, dos seus livros etc., afora outros assuntos ao acaso. Antes dela, eu só havia conhecido um outro escritor de renome: Ignácio de Loyola Brandão, a quem dei meu livro na redação da revista *Vogue*. Tal como ele e como qualquer brasileiro do Sudeste, Hilda também falava misturando pronomes de segunda e terceira pessoa do singular, o que, em minha adolescência pretensiosa, acreditei não ser um costume entre escritores cultos. Lá pelas tantas, ela me disse que a casa andava muito vazia, que ela precisava de alguém para cuidar das questões práticas, alguém que a ajudasse a organizar seus livros, seus papéis, suas contas, documentos, e assim por diante. Os empregados já cuidavam do trabalho pesado e não podiam lidar com esses assuntos demasiado sutis.

— Mas tem de ser alguém com quem eu possa conversar — sublinhou ela. — Não dá para colocar uma besta aqui dentro.

Naquele momento, lembrei-me de uma amiga que estudava Letras na Universidade de São Paulo.

— Tenho uma amiga, a Maria Clara, que ia aceitar na hora vir pra cá, Hilda.

— Não, não, mulher, não! — retrucou com desdém. E logo acrescentou, causando-me grande espanto: — Mulheres são chatas demais, rasas: ou são fúteis, ou então são pseudointelectuais, *bossa* a Josete... — Referia-se à personagem do seu livro *Contos d'escárnio*, que, sendo ainda desconhecida para mim, deixou-me apenas intrigado. E, interrompendo um breve intervalo, no qual eu tentava entender como uma mulher era capaz de dizer aquilo, acrescentou: — Por que não vem você morar aqui?

— Eu?!

Estava realmente surpreso. Juro que nunca me passara pela cabeça. Ora, eu estudara Cinema com Nelson Pereira dos Santos, trabalhara em São Paulo na Chroma Filmes (ex-Adrenalina), e agora era sócio de um estúdio fotográfico que, com meus sócios, pretendia transformar numa produtora de cinema!

— Sim, você. Por que não?

— Mas, Hilda — tornei —, tenho uma empresa em São Paulo. Não sou o elemento principal, né. Não sou fotógrafo... Mas as coisas podem mudar em breve.

— Mas você não disse que os sócios estão brigando, que estão endividados, que a prefeitura os está multando, e essa bobajada toda? Você é um escritor, não pode ficar metido nessas coisas. Precisa de tranquilidade para ler e escrever. Deixa de besteira e vem pra cá. Sim?

O mais irônico é que, até aquele momento, embora Hilda tivesse lido meu primeiro livro, eu ainda não havia lido sequer uma página inteira das obras dela. Como eu andava devorando Dostoiévski nas horas vagas, relegara o *Tu não te moves de ti* para o final da fila. Para mim, Hilda era simplesmente uma amiga mil vezes mais experiente do que eu, inteligentíssima, muito engraçada, sincera até a medula e cheia de *causos* impressionantes para contar. Imagino que, fosse eu um daqueles fãs insanos dela, muitos dos quais eu conheceria mais tarde (há um relato sobre um deles adiante), ela teria fugido de mim como o diabo foge da cruz. Ou como você, leitor(a), costuma fugir das simpáticas testemunhas de Jeová. (Sim, eu converso ao portão com as testemunhas de Jeová: ora, elas acreditam que o arcanjo Miguel é Jesus antes da encarnação!)

— Bom, Hilda... — disse, olhando em torno. — Tem razão, acho que pode ser uma boa ideia.

— Você vem então?

— Venho. Vou morar com você.

Logo, em setembro, à guisa de estágio, passei uma semana na Casa do Sol, sentindo a temperatura, a pressão, as possíveis pulgas, e assim por diante. Não fora antes porque, em agosto, finalmente lançara em três diferentes cidades meu primeiro livro, isto é, pouco mais de um ano após concluí-lo. (Encontrar uma editora não é tarefa fácil para um jovem autor. Serei sempre grato ao Ryoki Inoue, que confiou em mim.) Em seguida, voltei para São Paulo — resolvendo ali mil questões pendentes ao longo de três semanas —, e, então, em outubro de 1998, mudei-me de mala, cuia, bicicleta e computador 486 para a Casa do Sol, onde permaneceria até dezembro de 2000. Embora este livro, em grande parte anedótico, não exiba nem de longe a mesma profundidade e a mesma extensão — o que aprendi ali está (e estará) espalhado ao longo de todo o meu trabalho — considero essa experiência a minha *Montanha mágica*.

O IPTU e a chave da cidade

Ao falecer em 4 de fevereiro de 2004, Hilda Hilst devia quase oitocentos mil reais de Imposto Predial e Territorial Urbano (IPTU). Dois anos antes, o montante era de aproximadamente quinhentos mil. Na época em que morei com ela, a dívida já era altíssima, salvo engano, aí pelos trezentos mil. Contudo, pouco antes de conhecê-la, e quando a dívida já a assustava — ela caíra na brasileiríssima armadilha de transformar uma área rural em loteamento residencial, o que alterou o imposto de rural para urbano —, a Câmara de Vereadores de Campinas quis homenageá-la e, após votação, decidiu entregar-lhe a Chave da Cidade. Hilda foi então convidada a ir até a Câmara, mas deu de ombros:

— Homenagem? Não quero homenagem: quero é que revejam esse valor absurdo do meu IPTU. — Ela ganhava apenas dois mil reais por mês.

Os vereadores, claro, a esperaram em vão. No entanto, como a coisa já estava feita, decidiram enviar um representante à Casa do Sol, residência da autora, onde ele, um vereador (se não me falha a memória, o presidente da Câmara), chegou todo sorridente com aquela chave enorme nas mãos. O porteiro do condomínio anunciou a visita do sujeito, deixando Hilda irritada.

— Que petulância!

Ela, então, como costumava fazer em momentos assim, preparou sua performance: foi até o quarto e se "disfarçou" de velhinha. Sim, à época, Hilda já tinha quase 70 anos, mas seu espírito jamais faria alguém confundi-la com uma "velhinha". Por isso, pegou uma bengala, jogou um xale sobre os ombros, encurvou-se, e saiu caminhando como uma velha caquética até a entrada da casa, onde o vereador a esperava.

— Dona Hilda! — começou ele, efusivo. — Vim lhe entregar a Chave da...

— E o meu IPTU? — cortou-o, seca.

O sujeito, pego de surpresa, gaguejou:

— Mas, dona Hilda, nós... Eu não tenho poder para isso... Vim apenas porque a Câmara resolveu lhe prestar uma homena...

— O senhor por acaso já leu meus livros?

Agora, sim, ele ficou branco. Engoliu em seco:

— Não, senhora, nunca li nenhum dos seus livros.

— Então, ponha-se daqui para fora. Meus leitores já me homenageiam quando leem meus livros.

O vereador ofendeu-se:

— Vim até aqui de boa vontade lhe prestar uma homenagem, lhe fazer um favor, e a senhora...

— Favor o senhor faria se me chupasse a cona! — berrou a poeta, brandindo a bengala.

O vereador ficou roxo, não sabia onde enfiar a cara.

— Por favor, retire-se da minha casa — tornou ela, com dignidade. — Vocês querem que eu pague uma fortuna para morar em minha própria casa, e ainda acham que vão me comprar com uma chave idiota que não abre porta alguma? Pois diga a seus pares que os mandei enfiar essa chave, um de cada vez, em seus respectivos cus. O senhor faça o mesmo.

E então, após desfazer a corcunda, muito aprumada, deu as costas ao homem e, pisando firme, imponente, caminhou para dentro de casa.

Até hoje ninguém sabe em qual excelentíssimo fiofó foi parar essa chave.

A melhor das casas possíveis

Era um domingo qualquer de 1999 e, mesmo assim, eu não podia me dar ao luxo de dormir até tarde. Embora não me faltasse a vontade de hibernar típica dos finais de semana, uma das minhas obrigações era estar de pé, todos os dias sem exceção, antes das oito horas. Não podia faltar às charlas matutinas no escritório da poeta Hilda Hilst — sempre muito divertidas, instrutivas, memoráveis e... tacitamente obrigatórias. Eu não era um hóspede com estadia previamente programada e, no entanto, ao contrário de um mordomo ou de um jardineiro, tampouco tinha vínculo empregatício. Tinha casa e comida — mas lavava minha própria roupa. Éramos amigos, de início, tanto quanto o são uma professora e seu aluno; mas nossa amizade se estreitaria e se aprofundaria no transcurso dos meses. Sim, no dia a dia, eu fazia as vezes de secretário e *webmaster*, mas a poeta sempre me apresentava a seus visitantes como seu "amigo Yuri, jovem escritor". Em suma, estava ali para ajudá-la com o necessário — pagar contas, fazer compras, representá-la nas reuniões de condomínio, atender aos telefonemas, manter a correspondência em dia, controlar a agenda, manter o site atualizado etc. —, e, em troca, estudar e aprender o ofício. E o *necessário* costuma madrugar, como se sabe. Mas que eu sentia falta de dormir até tarde aos domingos, ah, isso eu sentia. Às vezes, eu até conseguia disfarçar um pouco: acordava às sete horas, chamava o ramal do escritório — no qual Hilda já se encontrava desde as seis da manhã —, interpretávamos mutuamente nossos sonhos noturnos, e depois... bem, depois, sem que ela soubesse, e ao contrário dos dias comuns, voltava a dormir outra meia hora, como se estivesse a alongar minha ida ao banheiro. Isso, claro, acabava encurtando o prazo real da minha toalete, mas, dependendo da densidade da preguiça, ou da ressaca de sábado, valia a pena.

"Ah, só mais dois minutinhos...", e tornava a ressonar sob as cobertas.

Felizmente, naquele mês, o escritor José Luis Mora Fuentes voltara à Casa do Sol para passar conosco uma curta temporada. Amigo de Hilda desde os anos sessenta, ele sabia como lidar com suas idiossincrasias melhor do que ninguém. Ele não a via como um monstro sagrado das letras ou como uma *outsider* eivada de misantropia, mas, sim, como uma amiga genial e geniosa. Sentia-se, pois, à vontade para dobrá-la com aquela irreverência que costumamos reservar apenas aos velhos camaradas. Quando ele chegava muito tarde ao escritório e ela, irritada, começava a lhe pregar um sermão, Mora Fuentes suspirava:

— Tá, Hilda, me dá uma suspensão, me manda pra madre superiora... — e, na maior fleuma, acendia um cigarro.

Ao perceber a inutilidade de exigir que um homem de quase cinquenta anos levantasse cedo num domingo, Hilda sorria, acrescentava alguma pilhéria — "Mas, Zé, eu é que sou a madre superiora deste lupanar... digo, deste lugar!" —, e esquecia o assunto. Portanto, a chegada de Mora Fuentes à chácara contribuiu enormemente para me converter de aluno em amigo de fato. Até então — eu estava ali desde outubro de 1998 —, vinha levando minha relação com Hilda de um modo excessivamente tímido, formal. E, do ponto de vista da preguiça dominadeira, estava na cara que a nova situação me beneficiaria mais do que a ninguém: afinal, se naquele domingo eu chegasse ao escritório por volta das dez, já estaria de bom tamanho, simplesmente porque estaria acordando *antes* do Zé Mora Fuentes. Ou seja, por contraste, ele também me ajudaria a evitar outra bronca semelhante ao que recebi, no ano anterior, na primeira vez que dormi (e acordei tarde) na Casa do Sol. Bronca esta cujo *remake* eu tentava evitar a todo custo, com disciplina militar e madrugadora. E olha que, naquela primeira ocasião, além do fato de ter sido um domingo frio e chuvoso, havia outra boa desculpa para ficar na cama: eu realmente estava com uma baita ressaca.

Contudo, naquele domingo de 1999, fui despertado por batidas secas à porta. Pelo jeito, meu plano de testar a paciência dominical de Hilda não daria certo. Mal passava das oito horas e Mora Fuentes já estava de pé. Parecia muito preocupado.

— Desculpa te acordar, Yuri. É que tô achando que fiz uma besteira enorme.

— Puts, o que aconteceu? — resmunguei, esfregando os olhos.

Ele sorriu com um ar desanimado:

— Ainda não rolou nada, mas vai rolar.

— Como assim, Zé? — E tentei encará-lo através da minha miopia sem óculos.

Mora Fuentes entrou no quarto, puxou a pesada cadeira de cedro, e se sentou de costas para meu computador.

— Lembra do que te falei, de a gente tentar fazer a Casa do Sol reviver seus melhores dias, de fazer a Hilda voltar a se animar e até a, quem sabe, escrever?

— Claro. Quando você se mudar pra cá de vez, né.

— Pois é... Acho que me adiantei demais. Ontem um cara telefonou pra cá, disse que não vê a Hilda faz quase vinte anos, que tem saudade dela, da Casa, e assim por diante. Disse que se chama Candide, e eu me lembrei do nome. Sabia que ele realmente tinha nos visitado nos anos setenta, na época em que eu também morava aqui.

— Hum.

— Então... Ontem me lembrei do nome, mas não tinha me lembrado da pessoa. Devo ter ficado com o cérebro entupido pelo personagem do Voltaire. Só agora, num relance, meio acordado, meio sonhando, ainda deitado, lembrei *quem* é o cara. Quase caí da cama.

Eu sorri:

— Não vai me dizer que é um assassino psicopata...

— Acho que falta bem pouco pra isso — respondeu Mora Fuentes, em meio a um sorriso nervoso. — A questão é que, na última vez que esse Candide esteve aqui, a Hilda o expulsou. O cara é completamente doido, pirado mesmo, Yuri. Ele conseguiu quebrar toda a harmonia da casa, deixava todo mundo irritado, tenso. Queria dar palpite em tudo, se intrometia em tudo, e, o pior, achava que estava ajudando... Quando ele chegou, todo mundo estava ótimo; quando ele saiu, havia conflito sobre conflito, treta em cima de treta, todos os nervos em frangalhos...

O Dante, que era o fortão da casa, chegou a pegá-lo pelos fundilhos da calça e pela gola da camisa, e o atirou lá no meio do jardim. Entende? Do mesmo jeito que fazem esses leões de chácara nos *night clubs* hollywoodianos...

— Caramba.

— Agora, não sei o que fazer.

— Uê, Zé. É só não atender mais aos telefonemas dele.

Mora Fuentes coçou a cabeça, suspirou:

— O problema é que, com essa ideia de reviver os bons anos da casa, pensei que ele realmente fosse um amigo antigo da Hilda e o convidei a vir aqui hoje. Ele ficou de fazer o almoço, Yuri.

— Liga pra ele e cancela.

— Já liguei, e a pessoa que atendeu disse que ele já tinha saído, que está vindo de bicicleta.

— Ai-ai-ai... — murmurei, já sentindo o dia que teríamos de enfrentar. — E a Hilda? O que ela disse?

— Vou falar com ela agora. Quis te avisar antes pra você já se levantar e ficar esperto. Ele mora perto da Unicamp, já deve estar chegando. Conforme for, teremos de unir nossas magrezas e jogá-lo juntos lá no meio do jardim. — E riu.

— Beleza, Zé. Vou reunir a tropa.

Mora Fuentes saiu pelo átrio em direção ao escritório da Hilda. Quanto a mim, depois de me espreguiçar mortalmente por um ou dois minutos, fui ao banheiro. Nunca estou plenamente desperto antes de um banho. E ali, sob o chuveiro quente, fiquei me lembrando das inúmeras histórias de malucos atraídos pela lendária Casa do Sol. Hilda me contara vários casos, assim como seu ex-marido, Dante Casarini, o próprio Mora Fuentes, e também J. Toledo, outro grande amigo dela. Todos tinham mil anedotas bizarras para narrar — personagens malucos a dar com o pau. E isso incluía não apenas visitantes ocasionais já conhecidos, como certos ex-namorados, mas até mesmo pseudogurus, leitores fanáticos, artistas psicóticos, caseiros birutas, cozinheiras hipocondríacas, faxineiras cleptomaníacas... um leque sem-fim de gente desprovida de parafuso. Se Hilda tivesse vivido além de 2004, seu hipotético perfil no Orkut certamente teria participado da comunidade "Eu atraio loucos!"

Houve, por exemplo, um caseiro muito mal-encarado que respondia a tudo com monossílabos cavernosos e grunhidos guturais. Quando ele cometia algum erro no trabalho e alguém lhe chamava a atenção, seus monossílabos tornavam-se dissílabos, mas emitidos num tom ainda mais sinistro e imperscrutável, provavelmente envolvendo ameaças e imprecações. Ninguém nunca o entendia direito. O corolário disso é que ele acabava fazendo o que lhe dava na telha, pois as cabeças dos patrões, desorientadas e constrangidas por seus resmungos, costumavam se mover afirmativamente diante de suas propostas e argumentações ininteligíveis, o que ele acabava interpretando como anuências voluntárias. Mas isso não durou muito. A certa altura, durante sua estada na Casa do Sol, cães começaram a desaparecer misteriosamente. E, é claro, todos sabiam que mexer com os cães da Hilda era o mesmo que mexer com ela. Assim, num final de semana em que esse caseiro fora *visitar alguém* em Campinas — aparentemente num puteiro —, Hilda instigou Dante e Mora Fuentes a entrar na casinha dele. Como tinham uma cópia da chave, foram revistá-la. Encontraram uma impressionante coleção de armas brancas: navalhas, punhais, adagas, facas de combate à la Rambo, espadas, espadins, e por aí vai. E o pior: algumas tinham manchas de sangue! Ficaram chocados com a descoberta, e Hilda, claro, apavorada. Colocaram tudo no lugar conforme haviam encontrado e, quando ele retornou, inventaram alguma desculpa mais ou menos esfarrapada para demiti-lo: falência geral, dívidas, doenças contagiosas etc. E o sujeito, sempre grunhindo e resmungando, partiu dali a quatro ou cinco dias, sem causar qualquer problema, frustrando a paranoia geral.

— Anos depois, quando vi aquele filme com o Freddy Krueger, fiquei besta: o caseiro tinha uma camiseta listrada idêntica! — comentou Mora Fuentes ao me narrar o *causo*.

No rol dos ex-namorados, marcou presença o próprio primo de Hilda: Wilson Hilst. Esse primo, segundo ela me confessou, havia sido seu último namorado e amante; e isso quando ela já alcançara os 50 anos. Contou-me inclusive que Ehud, personagem de seu livro *A obscena senhora D,* fora inspirado nele. Wilson, um homem dominador e de temperamento difícil, era piloto de avião, e costumava visitá-la em sua Harley-Davidson Fat Boy. Cansada de suas paranoias e de seu ciúme doentio, Hilda decidiu findar o relacionamento, o que deu enorme trabalho a Mora Fuentes e a Dante (a essa altura, seu ex-marido, mas ainda morador da casa): ambos tiveram de enrolar o mancebo até a chegada da polícia, uma vez que, nessa ocasião, o amante manteve Hilda, ali mesmo na Casa do Sol, sob a mira de um revólver toda uma longa noite, ameaçando matá-la e suicidar-se em seguida.

— Você nem imagina o trabalho que essa mulher já nos deu... — disse-me Dante, diante do olhar maroto de Hilda.

Anos após esse quiproquó, Hilda acordou sobressaltada ao ouvir, adentrando sua chácara, o motor da Harley. Levantou-se, foi ao encontro do primo que tanto a amara, mas não encontrou ninguém. Ainda era madrugada, a casa estava vazia, e a lua iluminava o jardim fronteiro. Um tanto confusa, retornou a seu quarto e voltou a dormir. No dia seguinte, recebeu por telefone a notícia de que Wilson fora encontrado morto em seu monomotor, provavelmente assassinado por passageiros narcotraficantes.

Hilda atribuía essa "força de atração insana" não ao mistério que a cercava, mas à sua velha figueira, que supostamente teria poderes mágicos, e ao nome da chácara, afinal, o sol costuma não apenas manter um grande número de planetas, planetoides e asteroides à sua órbita, mas também está sempre a atrair ocasionais cometas. Até mesmo o gaúcho Caio Fernando Abreu, então em sua fase juvenil de buscas, entrou para a lista de satélites desvairados. Esteve ali na Casa do Sol durante o ano de 1969, dando muito trabalho ao triângulo Hilda-Dante-Mora Fuentes, que, imbuído de uma cautela exagerada a beirar a paranoia, se viu obrigado a fazer revistas periódicas no quarto do então jovem escritor, já que este andava deprimido e costumava desviar o tema das conversas para o suicídio. Assim, qualquer objeto pontiagudo ou cortante, qualquer fio ou cordão que pudesse converter-se numa forca improvisada, comprimidos misteriosos, tudo era sistematicamente suprimido para evitar que Caio fizesse algum mal a si mesmo. Claro, nada aconteceu: tratava-se apenas de mais um jovem talentoso em crise existencial. Hilda, porém, me contou que Caio viu-se perseguido durante muitos anos por essa sombra temível, a morte — *memento moris* —, e que somente após descobrir-se um soropositivo entregou-se definitivamente à Luz, passando a escrever-lhe cartas cheias de vida. Sim, de médico e louco...

— Yuri, gosto de você porque você é tão doido quanto eu — confessou-me ela certa feita, tal como fizera antes a outros amigos, sugerindo que, se eu fora parar ali, também devia retirar meu cavalinho da chuva da normalidade.

De volta à cândida manhã de domingo, saí do boxe, escovei os dentes, fiz a barba e o demais. Conhecedor da situação, fui ao escritório de Hilda antes mesmo de pegar um café. Precisava averiguar em que pé estávamos. Atravessei o átrio — onde me fizeram a costumeira festa meia dúzia de cachorros —, entrei na sala principal, e me dirigi ao escritório. Hilda e Chico, o caseiro, dialogavam baixinho, murmurando novidades secretas.

— Bom dia, Yuri — disse ela. — O Candide já chegou.

— Nossa, já?

— Tá lá na cozinha com o Zé. O Chico está me dizendo que já começaram a se estranhar — E sorriu.

Chico comentou:

— Tô falando pra Hilda que, se esse cabra aprontar do jeito que o Zé disse que pode aprontar, a gente faz com ele o que Lampião fez com um capanga lá dele.

Hilda começou a rir:

— Conta pra ele, Chico, conta o que o Napoleão fez.

E eu:

— Napoleão?

Hilda gargalhou:

— Napoleão, não: Lampião! — E riu ainda mais. — Conta pra ele, Chico.

— Isso é minha vó que contava: que Lampião chegou na fazenda dum coronel poderoso na cidade dela. O coronel recebeu eles direito, mas um cabra da tropa do Lampião tava se achando muito pimpão por conta disso; e começou a tratar esse anfitrião como se ele fosse só um jagunço igual que eles, exigindo coisas, sem "por favor" nem "obrigado". Chegou ao ponto de reclamar que a comida tava insulsa. Lampião, que era fino, respeitador, ficou brabo, pegou esse capanga dele, fez o cabra ficar de joelho e, na frente de todo mundo, mandou ele pedir desculpa pro coronel. Dispois, mandou ele comer um quilo de sal ali mesmo, dizendo que, se não comesse, podia se despedir do sol porque seria seu último dia de vida.

Comecei a rir:

— Ah, não, Chico! Que história essa... E ele comeu?

— Arre égua! Claro que ele comeu! Tudinho. Cê não ia comer no lugar dele?

— Chico, vai lá e vê se a gente tem todo esse sal — arrematou Hilda, sorrindo.

Chico retornou ao batente, e Hilda me contou que, naquele curto período que durou minha toalete, Mora Fuentes já havia ido três vezes ao escritório reclamar do Candide. O sujeito teria protestado devido à falta de vários ingredientes que, segundo Zé, ele mesmo havia prometido levar para a feitura do almoço. Ora, se no dia anterior o mestre-cuca nem sequer quis adiantar o que iria fazer, como queria que alguém adivinhasse o que seria preciso comprar? E Candide teria então replicado que só um "cozinheiro de meia-tigela" não tem azeite de oliva, alecrim, coentro etc. em sua despensa, e que ele prometera levar apenas o salmão e o vinho italiano.

— Nossa, Hilda. O Zé adora cozinhar e tem o maior orgulho dos pratos que faz. Se esse cara o chamou de "cozinheiro de meia-tigela", a coisa não vai acabar bem...

— Vai lá, Yuri — tornou ela, acendendo um cigarro. — Dá uma olhada nos dois. Tão muito calados...

Fui até a cozinha, acompanhado por alguns cães, claro, e me deparei com a mesa tomada por todas as panelas, frigideiras, vasilhas, louças e talheres da casa. Mora Fuentes estava sozinho, lavando uma grande caçarola, enquanto no escorredor ao lado uma pequena pilha já se formava.

— Eita. O que tá rolando, Zé?

Sem deixar o trabalho de lado, Mora Fuentes me encarou:

— Melhor fechar a porta e colocar os cachorros pra fora, Yuri. Já brigamos duas vezes hoje por causa disso. Ele disse que são anti-higiênicos, como se a comida aqui nunca tivesse sido feita na presença de cachorros. Ele deve achar que vamos morrer de uma doença qualquer se fizermos a comida com algum deles aqui dentro. Não adiantou nada falar pra ele que, apesar de tomar imunossupressores, nunca me aconteceu nada. Imagine, o cara quer ser mais paranoico com germes do que um transplantado. Bom, o negócio é evitar atritos, abusar da não resistência.

Coloquei Marujo, Amanda e Zidane para fora e fechei a porta.

— E cadê o cara?

— Ele foi pedir pro Chico comprar as coisas que faltam pro salmão assado dele... — Mora Fuentes fez uma careta de enfado. — Caramba, Yuri, você não imagina como ele é irritante! E o pior: não tem um pingo de senso de humor, nem um milímetro de jogo de cintura. Fica dando ordens e sermões, parece um bedel ateu de colégio de padre. A gente mora numa casa de campo, praticamente na roça, e ele quer tudo limpíssimo, como se isso aqui fosse um hospital. Ele mal chegou e já foi abrindo os armários, amontoando essa tralha aí na mesa, dizendo que tá tudo empoeirado, que assim ele não pode começar a cozinhar. E acha que vou lavar tudo! Tá bom... Vou lavar o que a gente for usar, e olhe lá...

— Eu posso lavar o restante.

— Não, Yuri, não entre na onda dele, não. Se você der uma mão, ele vai querer o braço, o ombro, o implante extraterrestre... E nada do que fizer será o suficiente. O cara reclama de tudo! Quer que eu lave toda a louça, mas fica falando pra não colocar nada na cuba, na cuba, na cuba — um saco! E deve ser surdo, só fala alto, *bossa* sargento. Tô me sentindo o assistente do Mengele...

— Diz pro Candide ir enfiar cândida na cuba dele...

Mora Fuentes não achou a menor graça:

— Acho que ele usava outra marca de água sanitária no campo de concentração dele. Cândida é coisa de paulista. Acho que ele é belga, ou sei lá...

— E o que faço para ajudar?

— Bom, primeiro, reze para o dia acabar logo. Depois, acende uma vela para Santa Teresinha de Lisieux. Então, veja se o Chico foi mesmo fazer essa compra. Melhor a gente não contrariar esse lunático. Maluco contrariado é foda.

— E onde ele tá agora?

— Disse que depois de falar com o Chico ficaria um pouco no escritório, matando a saudade da Hilda... — E suspirou: — Coitada da Hilda...

Seguido por uma pequena e agitada matilha, sempre liderada por Marujo, saí a procurar Chico em volta da casa. Ninguém: nem Chico nem Candide. O portão estava apenas encostado, sinal de que o caseiro realmente saíra em sua bicicleta. Retornei então ao escritório. Já estava curioso para conhecer a figura. Uma vez lá, encontrei apenas Hilda, concentrada num livro de Arthur Koestler.

— Ué, Hilda, pensei que o cara estivesse aqui. Ele não está nem na cozinha nem lá fora.

— Será que ficou com raiva e foi embora? — perguntou, marcando com a mão o trecho em que interrompera a leitura.

— Acho que não. Tem uma mochila dele lá na cozinha.

— Hum. Dê uma checada pela casa. Ele pode estar se sentindo mal... Ele já é meio velhinho também, a barba branquinha. — E sorriu. — Coitado, ele veio de bicicleta lá de Barão Geraldo.

Fui até a sala, depois ao alpendre, onde havia uma bicicleta feminina cor-de-rosa, talvez da Juliana, mulher do Chico. Voltei a olhar pelo jardim: ninguém. O sol rebrilhava por sobre as palmeiras e as árvores; os passarinhos, com o alarde costumeiro, chafurdavam na ração que Hilda colocara no comedouro logo de manhã. Marujo, Teco, Zidane, Helena e Laika me acompanhavam. Se vissem alguém, iriam latir. Fui até a figueira: claro, o cara só podia estar lá. Não estava. Os cães sempre em silêncio, à minha órbita. Olhei portão afora e não vi ninguém. Retornei. À entrada da casa, Grampola e Cavalinha se juntaram ao cortejo. Atravessei a sala, fui até o átrio: nada além das esculturas do Dante. O banheiro anexo estava vazio, assim como o quarto de hóspedes. Cheguei à porta da cozinha, comandei os cães, abri, e Zé continuava sozinho junto à pia. Não, disse-me, o maluco não tinha dado as caras. Fechei a porta, voltei ao pátio, saí pelos fundos, e dei uma olhada na entrada dos canis: se Candide estivesse lá, os cachorros estariam latindo loucamente, logo... Estaria na casa do Chico?... Ah, quer saber, pensei, vou checar meus e-mails. Passei então diante da janela do quarto de Mora Fuentes, e espiei lá dentro: nada. Quando já ia entrando em meu quarto, que também era a biblioteca, ouvi um som vindo do banheiro fronteiro. Me aproximei e, um tanto surpreso, ri comigo mesmo: Candide estava com o chuveiro ligado — e cantando!

> Se acaso me quiseres,
> Sou dessas mulheres
> Que só dizem sim.
> Por uma coisa à toa,
> Uma noitada boa,
> Um cinema, um botequim...

Realmente, um sujeito estranho. Fica mais de vinte anos sem aparecer, sem dar notícia, e, quando retorna, vai tomar banho sem avisar ninguém. Caramba, eu não faria isso nem na casa dos meus tios, quanto mais... E então me lembrei que a mochila dele estava na cozinha, e que minha toalha era a única que estava no banheiro. Esse pensamento foi o suficiente para me causar certo desconforto e enfraquecer o sorriso que trazia no rosto.

— Hilda — anunciei ao adentrar o escritório —, o cara tá cantando no chuveiro...

— Cantando no chuveiro?!

— É, Hilda, ele está tomando banho...

Ela riu:

— Não acredito! Verdade mesmo?

— Juro, Hilda. Tá lá cantando uma música do Chico Buraco.

— Era só o que faltava... — E ela riu mais. — Bom, pelo menos assim ele não incomoda o Zé.

— Pelo menos isso — repliquei um tanto sem graça, ainda me lembrando da minha toalha.

Tendo cumprido minha missão, sentei-me e peguei um livro qualquer para ler. Antes que o abrisse, porém, Hilda me passou a brochura que tinha em mãos — *O iogue e o comissário* —, e me indicou dois trechos que havia marcado:

"A subordinação dos fins aos meios leva tão fatalmente ao declive como o inverso. O declive de Gandhi iniciou-se com a não violência [...]."

e

"[...] a vida espiritual pode ser definida como um treinamento para a aceitação da morte".

— O que você acha disso? — perguntou-me.

— Bom, Hilda, com relação a esse primeiro ponto, concordo com Koestler. Não fosse sua insistência obsessiva com o princípio da não violência, que Gandhi via como absoluto, não teriam morrido tantas pessoas quando da separação entre Índia e Paquistão. Gandhi queria porque queria que dois povos com visões de mundo tão distintas...

— Não, Yuri, não enrola — interrompeu-me com ar maroto. — Acho que o primeiro trecho a gente deve mostrar pro Zé; e o outro, pro Candide... — E deu uma tragada no cigarro, encarando-me com ironia.

Li novamente os trechos. Sorri, e voltei a encará-la:

— Que sacanagem! Até parece que você mostraria isso pra eles logo agora...

— Não seria uma boa ação?

Devolvi-lhe o livro:

— Uhum. Uma lindíssima ação. Como dizia um amigo meu de Goiânia, bela igual a uma vaca parindo...

Ela riu. Chico entrou.

— Cês já sabem da última?

— Não encontrou nada do que o mestre-cuca pediu, né? — comentei, imaginando o estrago que isso acarretaria.

— Não. É que o cabra tá andando peladão pela casa, o bigolim de fora... Seu Jaime que me avisou. Até falei pra Juliana não vir cá...

Hilda riu:

— Ele tá pelado?!

— É sério. Tá nuzinho. Seu Jaime também disse que não vai trabalhar hoje com esse doido andando por aí. Vai lá pra tu ver se tô mentindo, Yuri.

Quando cheguei à porta que dava para o átrio, lá estava Candide, nu, de pé, os braços estendidos para o alto, um sorriso extático, os olhos cerrados, aparentemente saudando o Sol. Estava na cara que ele se sentia em Woodstock. Era um sujeito muito magro, de estatura elevada, calvo, de barba, pelos e pentelhos grisalhos. Parecia um papai noel depois da fome. E, claro, depois de ser torturado naquela cama de esticar. Tentei sair dali de fininho, mas, ao primeiro passo, notou minha presença, abriu os olhos e, fazendo viseira com a mão, me estudou de alto a baixo, sem o menor embaraço. Ao não encontrar nada contra mim em seu banco de dados encefálico, sorriu com timidez calculada e, literalmente coçando o saco, aproximou-se.

— Olá — disse, estendendo-me a mão que acabara de coçar ostensivamente aquele saco grisalho. — Sou o Candide.

Aquilo parecia um teste da Somaterapia. Ele obviamente queria saber se eu era um "careta" ou um "descolado", isto é, alguém com nojo de saco de hippie idoso ou, ao contrário, alguém consciente de nossa animalidade, de nossa irrevogável asquerosidade intrínseca que não faz mal a ninguém. Sim, sorte dele eu não ser um muçulmano.

— Yuri — falei, apertando sua mão direita com ar inocente e, ao mesmo tempo, notando suas pupilas excessivamente dilatadas. Um friso circular bem delgado, em torno de duas enormes bolas pretas, indicavam que seus olhos eram azuis.

Bastante satisfeito, e sem mais palavras, virou-se e atravessou o pátio, dirigindo-se à cozinha. Alguns cães o acompanharam, mas ele não permitiu que entrassem com ele, ralhando secamente com os animais. Voltei ao escritório.

— É, Hilda, temos um adepto do nudismo por aqui.

Dessa vez ela não achou graça:

— Ah, não é possível! Onde ele pensa que está? Agora a Juliana não vem fazer meu café porque esse maluco fica exibindo o enrugado pela casa...

O particípio substantivado "enrugado" me fez notar certa umidade alienígena na minha mão direita, o que me levou rapidamente até o banheiro adjacente: precisava lavá-la.

— Vá lá dizer ao Candide para se vestir, Yuri! — gritou Hilda do escritório. — Está me ouvindo?

— Tô, Hilda — repliquei, saindo do banheiro. — Mas já vou avisando que ele tá doidão. Não sei de quê, mas está. Não sei se ele vai achar muito razoável a ideia de se vestir.

— Azar. Prefiro meus empregados trabalhando sossegados a esse "espautáculo". — E riu. — E é mais seguro pra ele, né. Você não disse que o Zidane roubou uma linguiça do seu prato outro dia?

— E roubou mesmo.

— Pois é, mande ele guardar o Micrômegas dele. Diga que os cachorros não sabem a diferença, que o Zidane adora linguiça, salame, essas coisas.

E, antes que eu mexesse um músculo, começamos a ouvir trovões de vozerios, impropérios e palavrões. Momentos antes, conforme disse, Candide havia entrado na cozinha pela porta que dava para o átrio; e agora Mora Fuentes saía da cozinha pela porta que dava para a sala. Estava furioso, pisando duro, a paciência esgotada.

— Cansei, Hilda. Me desculpe, mas cansei meeeesmo.

— Que foi, Zé? Ele machucou você? — indagou Hilda, num tom zombeteiro.

Mora Fuentes se sentou, fazendo careta:

— É, Hilda, você pode ficar rindo da gente, dos seus servos fiéis e mais ou menos equilibrados, à vontade. Mas vá lá e tente aguentar esse cara. Quero ver se você consegue.

Hilda sorriu:

— O que ele fez, Zé? Conta pra gente.

— Uê, Hilda. O cara não deixa os cachorros entrarem na cozinha, mas tá lá, pelado, fazendo comida. E ele é mais peludo que um poodle, mais peludo que o Caco. Se você encontrar um pentelho no peixe, vai achar que saiu de onde? Da barbatana?

— E essa gritaria toda foi porque ele não quis se vestir? — perguntei.

— Não quis se vestir?! Ele jogou um tomate na minha testa! Olhe aqui. — E inclinou a cabeça, indicando a parte atingida, que estava úmida e respingada de resquícios avermelhados. Não resisti e comecei a rir. Mora Fuentes levantou o rosto e, amuado, me encarou.

— Então vai lá você, Yuri — atalhou Hilda, olhando-me através da fumaça do seu Chanceller 100, "o fino que satisfaz".

Fiz um muxoxo e intercalei o olhar entre um e outro. Mora Fuentes já estava sentado, um ar de "missão cumprida" nos gestos, agora fazendo-se de distraído, que aquilo tudo não era mais com ele. Hilda trazia aquele seu sorriso maroto, inefável, o cigarro descansando na mão direita inclinada para trás... É, tinha sobrado para mim. Claro, às vezes eu também me divertia com esse costume dela de encher a casa de gente e — tal como uma cientista com seus ratinhos — observar até onde iriam as interações. No entanto, era muito chato quando eu deixava de ser um dos observadores e passava a fazer parte da experiência. Mas... o que eu poderia fazer? A soberania não era minha.

— Não quer ir também, Hilda? Observar mais de perto, ver qual é... — arrisquei.

— Você sabe que não sei fritar nem um ovo, Yuri. Esse homem pode querer me bater se eu atrapalhar...

— Mas você é a *Hilda Hilst*, Hilda — respondi, rindo. — Ele veio por sua causa, quer dizer, por causa da *Hilda Hilst*. Ele não vai te bater.

Mora Fuentes também acendeu um cigarro:

— Esse seu argumento é dos mais furados, Yuri. Melhor nem lembrar ao Candide que ela é a Hilda Hilst. Vai ver ele só ficou louco depois de ter lido os livros dela; *bossa* aquela leitora doida do filme do Stephen King, o *Louca obsessão*. Vai que ele resolve se vingar...

— Ai, credo! A fã número um! — exclamou Hilda, numa entonação perdida entre o cômico e o pânico.

— Sua fã tá lá na cozinha, Hilda. Com o saco peludo de fora — acrescentou Zé Mora Fuentes.

Hilda deu uma risada alta e se engasgou com a fumaça, caindo num de seus recorrentes ataques de falta de ar. Era um desses momentos em que todos os presentes ficavam em alerta, sem saber ao certo o que fazer, imaginando se era o caso de buscar uma máscara de oxigênio, dar-lhe um tapão nas costas, fazer uma manobra de Heimlich, uma respiração boca a boca, ou chamar uma ambulância. Ela passava do tom pálido ao arroxeado em frações de segundo, e, jamais, nunca, de forma alguma, largava o cigarro, o qual ainda mantinha entre os dedos. Aguardávamos. Tensos. Em menos de meio minuto — que sempre parecia muitos e muitos minutos — Hilda já havia se recomposto e, dona de si, já nos encarava novamente com um semblante delicado, feminino.

— Você ainda não foi, Yuri? — disse ela, a voz ainda sumida, voltando ao caso como se nada de mais tivesse acontecido. — Tá com medo, é?

— Medo, não, Hilda. É só preguiça mental mesmo. Lidar com hippie-velho-nudista-chapado é muito trabalhoso.

— Já fez isso antes, é?

— Não com todos esses opcionais ao mesmo tempo... mas já.

Mora Fuentes me encarou, um ricto irônico nos lábios:

— Espero que esse seu "hippie velho" não se refira a mim, Yuri...

Ri:

— Não, Zé. — E ele, dando outra tragada no cigarro, me piscou um olho.

Sem outra alternativa, saí em direção à cozinha, deixando ambos a discutir sobre a saúde dos cachorros: entre outras coisas, a catarata da Bien Nègre havia avançado ainda mais. "Outra missão...", suspirava com meus botões, ao sair, lembrando-me de que fazia menos de um mês que salvara de uma morte certa um dos amigos gays da senhora H. Acho que ele nunca se inteirou do perigo que correra. Apareceu um dia, sem aviso, em meio a uma de suas fases maníacas — ele era bipolar —, e, sem mais nem menos, já estava andando pela casa vestido com uma das túnicas da Hilda, uma túnica fúcsia. ("Fúcsia, bordô. Ninguém sabia o nome daquela cô", já dizia Filó, a Fadinha Lésbica.) Depois, foi até o jardineiro, um senhor de mais de 70 anos, franzino, cabelos e bigode muito brancos, o rosto engelhado pelo sol, e, sem o beneplácito prévio da dona da casa, encheu-lhe os ouvidos com críticas ao seu trabalho e com novas orientações. Queria os canteiros de flores assim, e não assado. Um arbusto não devia ser podado daquela forma, onde já se viu? E por acaso aquele era lugar para se queimarem folhas secas? Estava enchendo a casa de fumaça! O jardineiro mal conseguia lhe dirigir o olhar. Seu Jaime era um ex-agricultor muito simples, sisudo, calejado, que só ouvira falar de homossexualidade por meio de pastores pentecostais e das novelas da Globo. Um outro mundo. E o fato de aquele barbudo vir lhe bronquear, sem ser de fato seu patrão — e usando um "vestido cor-de-rosa"! —, não lhe caiu nada bem. Marcelo, o amigo gay, queixava-se num tom familiar e ao mesmo tempo cáustico, cheio de ademanes, tal como um estilista a chamar a atenção de uma modelo que engordou e já não entra no vestido do desfile. O velho camponês simplesmente largou as ferramentas ali mesmo onde estava e se retirou, dando as costas ao outro, que, indignado, continuou a falar e falar. Seu Jaime só findou sua caminhada quando alcançou um boteco para lá do Jardim Myrian. Voltou horas mais tarde, à noite, o cérebro a flutuar em cachaça. Nesse momento, eu estava justamente finalizando um roteiro de curta-metragem — *Eye am the I* — o qual, aliás, devido aos excessos imaginativos que encareceriam a produção, nunca rodei. Chico entrou esbaforido pela porta do meu quarto:

— Yuri, me ajude aqui que o sangue vai corrê!

— Credo, Chico — retorqui, espantado. — Que história é essa?

— É meu sogro — respondeu o caseiro, o rosto contraído de aflição. — Ele tá lá na cozinha procurando uma faca pra sangrá o Marcelo. Eu escondi o facão dele.

— Uê, mas o que foi que o Marcelo fez com ele?

— Vamo logo, hômi! Depois cê pregunta pr'ele. O cabra não quer me ouvir.

Levantei-me com a adrenalina já em plena atividade:

— Você não disse nada pra Hilda, né?

— Disse não.

— Ótimo. Não fala nada.

Atravessamos o átrio, e entramos na cozinha, seguidos, é claro, por meia dúzia de cães. Seu Jaime havia acabado de encontrar a faca ideal, uma bem grande, pontuda, que utilizávamos para trinchar carne — e trinchar carne era justamente o que ele pretendia fazer. Uma atmosfera alcoólica o circundava, feito um perfume infernal. Grampola, ao seu lado, com a cauda entre as pernas, gania discretamente, como que adivinhando o pior. Ele olhou na nossa direção, evitando nos encarar. Tinha os olhos azuis injetados, em chamas, o nariz vermelho. Marcelo estava do outro lado da porta, desprevenido, assistindo à TV na sala principal. Bem, ao menos creio que era ele. Quem mais estaria assistindo ao programa da Hebe Camargo? A Hilda é que não era...

— Seu Jaime, o que o senhor pretende fazer com essa faca? — comecei, num tom cotidiano, como se a situação fosse a mais normal do mundo.

— Não se mete não, seu Yuri... É assunto de gente ruim...

Caminhei na direção dele, assistindo a mim mesmo e me ouvindo como se fosse outro:

— Se é assunto de gente ruim então não é assunto nosso, né, seu Jaime.

Ele finalmente me encarou:

— Olha, seu Yuri, o senhor é um rapaz sério, de muito respeito e muito respeitador. Gosto de trabalhar pra dona Hilda; também gosto de conversar com o senhor... Mas a humilhação que esse sujeito me fez passar... Não pode ficar assim, sabe com'é?... Não pode ficar em branco.

Percebi que ele tremia, mantendo a custo o equilíbrio. Seus braços, caídos ao lado do corpo, estavam retesados. Sua mão direita apertava com força o cabo da faca.

— E o que foi que ele fez, seu Jaime?

— O que ele fez?!... — resmungou. — Eu é que pergunto: Quem ele pensa que é?... Eu falei pra dona Hilda que já tô velho, que tenho problema de saúde, e que só ia trabalhar fazendo o que desse pra fazer. Não tenho aposentadoria. Preciso do dinheiro pra não passar fome, uai! Ela sabia da minha condição e me aceitou porque tem bom coração... Tá me entendendo?

Anuí com a cabeça.

— Mas, aí, esse sujeitinho vem pra cá, se veste de mulher, e vem todo fresco me dar bronca, dizendo que sou folgado, que sou mole, que sou frouxo, que não faço meu trabalho direito... O quê?! Frouxo?! Eu?!! Trabalhei a vida inteira, não tô aqui pra ouvir disparate de nenhum encapetado! — E saiu em direção à porta, decidido.

Num átimo, eu o retive pelo braço, com firmeza. Ele virou o rosto na minha direção, nitidamente contrariado. Eu havia segurado o braço da faca, que agora apontava na direção do meu abdômen. Vi que algo bastante desagradável poderia sobrar para mim. Ouvi Chico sussurrar um "vixe Maria! Danou-se" às minhas costas. Engoli em seco.

— Seu Yuuuri — murmurou seu Jaime, não exatamente em tom de ameaça, vale dizer, mas de uma maneira que, à vista da faca que ainda empunhava, assim me soou. Mas não fiz caso. Coloquei-me à sua frente, as mãos em seus ombros, buscando seu olhar:

— Seu Jaime, o senhor tem noção do que está prestes a fazer? Consegue entender que o senhor pode cometer um pecado mil vezes maior do que qualquer um que ele tenha cometido? "Não matarás!", lembra?

— Mas, seu Yuri... — e me dirigiu uns olhos irados. — Será que esse moço não tem vergonha?!

— Vergonha de quê, seu Jaime?

Ele estalou a língua e arregalou muito os olhos, cheio de surpresa, como quem diz "e você ainda me pergunta?!"

— O senhor se refere à intromissão dele nos assuntos da casa? Porque ele é amigo da Hilda há muito tempo, já morou aqui, não tem nada de anormal nisso... Ou o senhor está contrariado por ele ser homossexual?

— Baitola mesmo — esclareceu Chico, calando-se em seguida ao notar o olhar de reparo que lhe dirigi.

Seu Jaime respirou fundo. Olhou para baixo, pensativo. Retirei as mãos de seus ombros e ele ergueu o rosto. Embora a jugular conspícua e a face rubra indicassem que a cabeça lhe andava à roda, ele agora parecia disposto a conversar. Ao menos seus olhos já não fugiam dos meus.

— Ééeé... humm... diacho!... difícil falar, seu Yuri... — E suspirou.

— Chico — eu disse —, veja se ainda tem um café aí na garrafa. — E virando-me para o velho jardineiro, que ainda mantinha a faca apertada entre os dedos exangues da mão trêmula: — O senhor pode confiar em mim. Não vou contar nada disso pra Hilda; e muito menos pro Marcelo.

Chico trouxe a garrafa e eu servi duas xícaras. Seu Jaime continuava estático, o cenho carregado.

— Eu não sou gente de incomodar os outros, seu Yuri — tornou ele. — Por mim, as pessoas podem fazer o que bem entender: contanto que não me incomodem! Se esse moço quer usar minissaia, problema dele. Mas depois não venha ele me dizer o que um HOMEM deve ou não fazer...

— Seu Jaime — retruquei —, aquilo nem sequer é um vestido: é uma túnica indiana. É o mesmo tipo de roupa que alguns religiosos da Índia costumam usar.

Ele ficou indignado:

— Ah!, mas... rapaz! Eu vejo o que eu vejo! Não é porque o nome é outro que vai deixar de ser um vestido. E é cor-de-rosa, meu Deus do céu!

Não consegui evitar o sorriso:

— Se é assim, então os bispos da Igreja Católica também usam vestido rosa, ora. O senhor vai me dizer que a cor não é a mesma? É fúcsia, bordô, sei lá eu. ("Ninguém sabia o nome daquela cô.") Sem falar que essa túnica da Hilda se parece menos com um vestido do que a dalmática dos bispos.

— Da-o-quê? — grunhiu ele.

— Dá ou desce — tornou o gaiato do Chico, a quem mirei novamente com cara de "isso não é hora, Chico". Geminianos...

— Não importa, seu Jaime. Tô falando da roupa dos bispos. Algumas têm a mesma cor.

— Mas os bispos não andam por aí desmunhecando, dando pulinhos de veado, saltando pocinhas, colocando flores no cabelo, falando daquele jeito afrescaLHADO!... — E, fazendo-nos liberar alguns mililitros a mais de adrenalina, meteu com força a ponta da faca na mesa, bem ao lado da xícara, para sublinhar o LHADO. Em seguida, vexado, levou a mesma mão ao rosto, depois a outra, e ficou comprimindo os olhos, a testa. E a faca ficou lá, cravada à madeira, tão trêmula quanto ele.

— Toma o café, seu Jaime — falei, enquanto buscava uma outra argumentação. Eu precisava enrolá-lo por algum tempo, pelo menos até que o álcool fosse vencido por seu fígado. Mas o que poderia dizer a esse homem, *cazzo*? Meia dúzia de frases não eram páreo para o éthos no qual fora criado e no qual viveu a maior parte da vida. "Toma seu café, seu Jaime, toma seu café. Olha que não há mais metafísica no mundo, senão café. Olha que as religiões todas não ensinam mais que a cafeteria" — bom, ao menos não enquanto se está bêbado...

— Sai, cachorro! — resmungou ele, afastando Teco com uma perna.

Aproveitando a deixa canina, sentei-me à cabeceira da velha mesa. Ele não se sentou, mas pegou a xícara e deu um primeiro gole no café, enquanto a faca mantinha-se fincada ali ao lado. Como se estivesse mais preocupado com a conservação do rústico móvel do que com a presença de uma arma potencial, estiquei o braço, retirei a faca e fiquei passando o dedo na fissura que ela deixara ali no tampo. Discretamente, passei a faca para a outra mão — sem tirar os olhos do furinho, claro — e a deslizei rapidamente para fora da mesa, ocultando-a atrás das costas, onde a agitei para atrair a atenção do caseiro. Chico, que de bobo não tinha nada, compreendeu instantaneamente minha manobra, aproximou-se, tomou a faca da minha mão, e — fora da vista de seu Jaime, que permanecia de costas para ele — saiu sorrateiramente pela porta que dava para a área de serviço. Ficamos os dois ali, o jardineiro e eu, mudos, cada qual ao aguardo do próximo movimento do nosso xadrez. Seu Jaime pigarreou, devolveu a xícara à mesa, e só então, com um movimento brusco da cabeça, pareceu notar o sumiço da faca. Olhou para trás e viu que estávamos sós. Pensei que iria zangar-se de novo, mas, em vez disso, suspirou profundamente e começou a soluçar. Creio que, na ausência do caseiro, sentiu-se mais à vontade para extravasar.

— O mundo tá muito demudado, seu Yuri — murmurou, comovido.

— Verdade.

— Sabe quando falam isso de fim do mundo?

— Sei. O final dos tempos...

— Pois é... — E chorava baixinho, um choro dolorido, contido, implosivo. — Mas o diabo do mundo nunca vai acabar, não. Tem fim, não. Só que, quando você ficar velho, como eu, como a dona Hilda, você vai ver que é como se ele tivesse acabado, sim... — E então enxugou as lágrimas com a manga da camisa. Eu não sabia o que responder àquilo: tinha apenas 20 e tantos anos, e qualquer um sabe que, nessa nossa era de valores esfacelados, arrastamos a imaturidade conosco demasiado longe.

Ao cabo de dois ou três minutos, ele se recompôs, deu um meio sorriso, e colocou a mão em meu ombro:

— Graças a Deus o senhor estava aqui hoje, seu Yuri. Obrigado.

Respondi-lhe com um sorriso um tanto melancólico:

— Tá tudo bem, seu Jaime.

E ele, pois, se encaminhou para a porta dos fundos. Neste momento, na sala de TV, Marcelo deu uma gargalhada, ao fim da qual acrescentou:

— Ai, ai... essa Hebe ARRAAASA!...

Seu Jaime voltou-se de novo na direção da porta da sala e deu de ombros:

— Muito demudado... — repetiu, saindo em seguida pela porta oposta, a da área de serviço.

Era com essa cena em mente que me encaminhava para outra missão. Dessa vez, o velhinho que se deparava com um mundo muito "demudado" tinha uma outra perspectiva da mudança. E nem era tão idoso assim. As inúmeras taquicardias, certamente motivadas por razões mais químicas do que físicas, devem ter confundido a noção temporal de seus folículos capilares: acelera-se o coração, adianta-se o relógio interno, adquirem-se mais cãs.

— Fecha a porta! Fecha logo! Tira esse cachorro daqui!! — protestou o peladão do Candide assim que adentrei a cozinha. O tom não fora nem um pouco amigável, o que já me causou alguma perturbação. Na verdade, achei mesmo uma injustiça: dentre os oitenta cães da Casa do Sol, Marujo era o mais inteligente e comportado, não atacaria a linguiça de ninguém. Quando me mudei para lá, cheguei a acreditar que Marujo fosse um excelente cachorro por alguma razão genética. Embora não passasse de um vira-lata, era um cão bonito, aprumado, obediente, atento. E vivia me seguindo. Aliás, foi exatamente por isso que acabou estrelando boa parte das fotos feitas por Eduardo Simões, fotógrafo dos *Cadernos de Literatura Brasileira* do Instituto Moreira Salles, na edição referente à Hilda. Como fiquei encarregado de mostrar a casa ao Eduardo, Marujo estava sempre conosco. Gosto especialmente daquela fotografia em que o vemos deitado sobre a mesa da sala, as patas brancas unidas, a cabeça caída de lado. Ao fundo, podemos ver a imagem de Jesus Cristo, um quadro que Hilda ganhara do físico e crítico de arte Mário Schenberg, seu amigo, autor do prefácio à edição brasileira do livro *O tao da física*, aquele engodo do Fritjof Capra. (Wolfgang Smith, ex-professor do MIT, e também Olavo de Carvalho explicam por que é um engodo.) O que eu demorei alguns meses para descobrir é que Marujo, na verdade, era assim tão inteligente, tão avesso a distrações e a seus baixos instintos, meramente por ser castrado — não tinha a estúpida e rebelde cabeça de baixo!

— Vai, Marujo, deixa o chef trabalhar. — E o coloquei para fora, fechando a porta.

— O chef hoje sou EU — observou Candide, num tom ressentido.

— Eu sei. Me referia a você mesmo. Só vim ajudar.

Ele tornou a me examinar de alto a baixo. Suas pupilas permaneciam dilatadas, e os olhos, muito arregalados. Um estranho ricto indicava que seu ácido não era de boa qualidade. Ácido? Talvez não estivesse senão sob efeito de pura anfetamina. Seu maxilar trincava visivelmente. Ou seria alguma outra coisa? Artane? Fosse o que fosse, devia estar no auge da viagem, o que me lembrou de um conselho de Mora Fuentes, dado quando eu ainda morava sozinho com Hilda: "Sempre que aparece um surtado que não é nosso amigo, a gente deixa ele fazer o que quiser, senão a situação pode encrespar. Falo por experiência, Yuri. Cada louco que já apareceu aí... Basta a gente querer expulsar o cara, dar sermão, chamar a polícia — esses catalisadores de *bad trip*, entende? —, e logo rola alguma merda. Melhor se deixar levar. A Hilda prefere assim. O negócio é ter paciência". É óbvio que eu jamais faria algo contra a vontade da senhora H. Da minha parte, nunca tive problemas com malucos. Eu mesmo, devo confessar, nunca fui considerado dos mais sãos. Contudo, se a casa fosse minha, eu seria mais Hemingway que Hilst: teria um rifle Henry Big Boy para espantar tipos assim. Uma coisa é um doidão: um amigo doidão, digamos; outra muito diferente é um doidão indesejado, dentro da nossa casa, a impor sua própria diretiva. E lá estava ele, Candide, já bastante estressado pelas discussões com Mora Fuentes, a me observar com olhos insanos. Bem, ao menos trazia uma novidade: um avental azul agora ocultava parcialmente sua nudez, o que, definitivamente, reduziria o número de pentelhos passíveis de saltar sobre a comida.

— Estou às ordens — eu disse. — O que devo fazer?

Ele apontou a mesa:

— Pode começar lavando aquela assadeira. Depois, é só untá-la.

A assadeira estava sob uma pirâmide de panelas e vasilhas de todos os tamanhos e formas. Dava para ver que Mora Fuentes não chegara sequer à metade da sua tarefa, o que, conforme narrei antes, era bastante compreensível. Liguei o foda-se e me soltei na correnteza. Notando que lhe obedecia, Candide simplesmente deu-me as costas e voltou ao trabalho. Começou a cantar uma baladinha em francês, que tinha algo de Beatles, mas da qual eu só conseguia entender o refrão: "Il part en Californie". Infelizmente, a cena era demasiado ridícula: o avental cobria-lhe apenas a nudez frontal! Diante da pia, conforme cortava o peixe em postas, cantava e rebolava uma bunda raquítica e peluda. O laço azul do avental agitava-se, ora embaraçando as pontas a este ou àquele chumaço de pentelhos. Eu jamais acharia algo assim engraçado caso estivesse numa área de nudismo ou num manicômio. Mas, ali, o cozinheiro peladão correspondia à exceção, não à regra. Uma exceção que, momentos atrás, estivera perigosamente dependurada à vista de muitos, muitos cães... Controlei a vontade de rir o melhor que pude. O que mais me torturava é que sua voz lembrava muito a do cozinheiro sueco do *Muppet Show*. Sim, talvez nem fosse uma situação assim tão hilariante, mas a necessidade de manter a aparência de normalidade tornava tudo muito burlesco. Era como segurar a risada quando a professora, muito irritada, pergunta quem foi que fez, enquanto ela escrevia ao quadro, quem foi que fez aquela coisa terrível e proibida, aquela coisa muito engraçada que a turma inteira sabe muito bem quem fez, e cuja responsabilidade poderá recair sobre si caso esboce um mínimo sorriso — como se sabe, um verdadeiro suplício! Por fim, respirei fundo e desviei minha atenção para a assadeira. Candide seguia cantarolando, devolvendo à minha mente a lembrança do traseiro feio e rebolante. De fato, tratava-se do personagem do *Muppet Show*, mas em carne e osso e pentelhos grisalhos. A situação toda era demasiado farsesca, parecia uma pegadinha, um programa de câmera escondida dos mais constrangedores.

"Valha-me, Pai", meditava, tentando não rir.

Assim, com o discernimento prejudicado pelo esforço de permanecer sério, acabei puxando um tabuleiro sem atentar para o fato de que, tal como numa pirâmide de cartas, outras vasilhas dependiam daquela base de sustentação — e então, duas panelas, algumas tampas e uma chaleira se estatelaram ao chão com enorme estrondo. Candide, calando-se de súbito, deu um pulo enorme para o lado e, com o susto, encolheu os ombros; uma das tampas, a maior e mais pesada, ainda terminava de dançar e reverberar ao chão feito um prato de bateria. Ele, pois, virou-se para mim, uma expressão de grande fastio no olhar:

— Será que não consegue fazer uma coisa tão simples como essa?

— Foi mal, desculpa aí... — respondi, sinceramente constrangido, pois eu também ficara abalado com toda aquela bulha. Sempre odiei sons estridentes, ruídos e barulhos de qualquer tipo, sejam eles constantes, intermitentes ou repentinos. São, com o perdão da metáfora tosca, verdadeiros chutes no saco da alma.

O chef logo retomou sua tarefa, resmungando algo em francês, infelizmente algo tão indiscernível para o meu rudimentar francês instrumental — assimilado na faculdade — quanto a letra da canção anterior. Não ouvi nenhum *merde*, mas não creio que tivesse dito algo mais elogioso. E, para piorar, findados os resmungos, não cantou mais. Uma mudez antipática chegou e se aboletou entre nós. Havia apenas o som tímido das panelas que eu voltava a empilhar, e o rascar da faca contra o peixe. O clima, porém, não parecia ter nada a ver conosco: essa antipatia não era nossa. Ora, eu não fazia a menor ideia do que aquele sujeito aprontara em sua última visita à casa; na verdade, isso não me interessava nem um pouco, e, portanto, eu não tinha qualquer motivo concreto para evitar uma aproximação. E seria muita hipocrisia da minha parte afirmar que ele era mais estranho do que alguns dos meus antigos colegas de alojamento estudantil da Universidade de Brasília, com os quais convivi diariamente ao longo de cinco anos. Decidi, pois, que seria mais sensato iniciar um diálogo, amenizando, assim, os efeitos da tensão inicial.

— Você mora perto da Unicamp, né? — falei. — Você é professor?

— Não vou conversar com você! — retrucou sem se virar e em alto volume. — Não vou responder nada! Eu sei que você veio aqui só para me espionar — acrescentou muito impaciente e com forte acento. (Sotaque francês? Belga? Sueco?) Claro, a essa altura, todos na casa já deviam estar de ouvidos em pé, aguardando os desdobramentos de semelhante comédia. O cara falava como quem se dirige a um surdo.

— Tá achando que sou da CIA, é? — gracejei sem qualquer malícia, interrompendo-o.

— Não adianta dar uma de desentendido — continuou, excedendo-se ainda mais nos decibéis. — Não sou idiota! Pensei que ia encontrar essa casa livre de babacas, que a Hilda finalmente teria se livrado de gente como vocês... Mas nãããão!... Olha vocês aqui!... Bando de moralistas! Não conseguem engolir uma pessoa livre de verdade, uma pessoa sem travas, sem frescuras! Vocês são uns provincianos, uns caretas, um bando de enrustidos, têm medo de assumir a própria loucura, de viver o momento, agem como se nunca tivessem visto alguém nu antes, como se a gente não fosse apenas mais um animal...

Não me chateei com aquele rompante dele, mas tampouco achei-lhe graça.

— Enrustidos? Provincianos?... Acho que é verdade — repliquei calmamente. — Quando fui a Paris e a Nova Iorque, fiquei muito constrangido com todas aquelas pessoas peladas a caminhar pelas ruas, todos transando em público pelos parques, esfregando a bunda peluda nos demais passageiros do metrô, cheirando os cus uns dos outros para se reconhecer... Mas fazer o quê? Tudo vai bem no melhor dos mundos possíveis, não é?

Ele apenas me olhou por cima do ombro, a me fuzilar com as pupilas dilatadas. Deve ter estolado interiormente, caindo de alguma altura vertiginosa, pois ficou em silêncio o tempo necessário para me pôr em alerta.

— Eu preciso da assadeira — disse por fim, num tom mais contido, embora tenso, que indicava antes um refluxo da maré a prenunciar tsunamis do que um estado de espírito pacificado. O bruxismo voltara a dominá-lo a olhos vistos. Agora, o clima ficara pesado de verdade, anunciando tempestades.

"Adeus, saída diplomática", disse a mim mesmo, recriminando minha cauda escorpiana. Não havia mais nada de cômico ali. Até aquela ridícula bunda branca e macilenta, exposta no meio da cozinha, entre mesas rústicas de madeira, ingredientes vários, talheres escurecidos, vasilhas e eletrodomésticos desgastados, enfim, até aquela bunda tinha um quê de brutalidade, uma aura de opressão e chauvinismo. Uma ditadura da "liberdade" hippie baixara sobre nós. A empregada e o jardineiro, confessando não se sentirem à vontade para estar ali, tinham se exilado. Nem mesmo o gaiato do Chico se contaminara com esse espírito livre. Mora Fuentes não voltaria à cozinha nem amarrado. Aquela ditadura excluíra a todos. De fato, sobrara para mim. Resignado, levei a assadeira até a pia e a lavei.

— É para untá-la com o quê? Manteiga, azeite ou...? — perguntei, com algum desânimo, após secá-la com um pano.

— Manteiga. Tá nessa outra mesa aqui, na sacola da direita — murmurou, uma expressão carrancuda colada ao rosto.

Na mesa ao lado da pia, contendo as compras que ele requisitara ao caseiro, havia algumas sacolas plásticas de supermercado. Havia também algumas Tupperware. Uma delas, translúcida, continha bolachas, cookies, provavelmente de chocolate. À vista delas, fiquei com água na boca, à mercê da famigerada síndrome de abstinência de chocolate.

— É sua? — perguntei, a caixa nas mãos, tentando conquistar sua simpatia com meu olhar de Gato de Botas do *Shrek*.

— Meus cookies! Me dá isso aqui! — berrou Candide a plenos pulmões, e, num movimento brusco de puro histerismo, acercou-se, tomou a caixa plástica das minhas mãos, e deu-me um empurrão, afastando-se a um canto com seu tesouro. Só faltou berrar "Gentalha! Gentalha!".

Fiquei paralisado, sem acreditar na veracidade do que acabara de presenciar. Pegadinha ou não pegadinha, eis a questão. Onde estaria a câmera? Mas, não, não era pegadinha. No fundo, aquele Papai Noel esquálido e biruta não passava de uma criança birrenta, de um garoto ressentido, muito provavelmente, pelo bullying de toda uma vida. Ele acabara de agir tal qual o Gollum diante do precioso anel, um espetáculo mesquinho e grotesco. Embora suas cenas fossem demasiado patéticas para me incomodar a sério — afinal, o coitado estava doidão entre estranhos, o que não devia ser nada fácil —, sempre que Candide elevava a voz, eu sentia um desconforto físico, uma náusea de velho surdo que, a expensas da paz interior, repentinamente volta a ouvir. Se ele se limitasse a falar bobagens e a me xingar, não me irritaria tanto. Sua última grita, porém, caiu-me aos ouvidos como a pedra atirada ao até então plácido lago. É provável que estivesse apenas devolvendo o susto que lhe dei ao derrubar as panelas. Neste caso, eu diria que obteve sucesso em sua vindita. Dali em diante eu não pretendia sugerir mais nada, comentar ou criticar nada, em suma, não iria encetar nenhuma conversa, pois, pelo jeito, todas poderiam dar margem a um bate-boca. Iria tão somente esperar pelas instruções que porventura ele ainda me quisesse dar. E foi o que fiz: virei um robô, um serviçal. (Não um Cacambo, pois não teria paciência para tanto.) Ele me pedia sal, passava-lhe o sal. Azeite? Eis o azeite. Picar o coentro? É pra já. E assim por diante. Por dentro, tal como me sugerira Mora Fuentes, eu apenas rezava para o dia passar logo. Candide ficou nitidamente satisfeito com meu comportamento. (Ditadores, mesmo os de origem hippie, adoram uma obediência bovina.) Voltou até mesmo a cantarolar. A certa altura, a porta da sala se abriu ligeiramente e, evitando colocar a cabeça para dentro, Chico fez um sinal para mim. Fui até ele.

— Yuri — sussurrou ele —, Hilda quer que a Juliana faça um café pr'ela. Esse abestaiado ainda tá com o bigolim tomando fresco?

— Tá sim, *hombre*. Acho que sua mulher não vai se animar a vir aqui, não.

— Eita... — E suspirou.

— Chico, diga pra Hilda que vou tentar fazer o café, certo?
— Oxe. Tentar? Tu não sabe fazer café?
— Nunca fiz, mas sempre há uma primeira vez, né. Preocupa, não. — E tornei a fechar a porta, pois Marujo, postado atrás do caseiro, tentava me convencer a deixá-lo entrar.

Peguei o bule no qual a Juliana costumava ferver a água e fui até a pia. Candide, na mesa ao lado, terminava de decorar sua iguaria com aspargos e rodelas de cebola. Os aspargos eram uma boa aposta: Hilda adorava aspargos. Já o peixe... bem, ela não concordava sequer com a morte de formigas... Aliás, para eterna chateação de seu médico, fazia tempo que não a via comer qualquer tipo de carne. Tudo isso em nome da sua inexorável comiseração pelos animais. Bem, às vezes ela aceitava nuggets de frango, talvez por acreditar, graças ao sabor anódino, que fossem oriundos de frangos abstratos... Enfim, durante o almoço, poderia acontecer qualquer coisa. Não sei se o chef ouvira meu diálogo à porta com Chico, mas estava a resmungar algo, nitidamente contrariado. Fiz que não era comigo, abri a torneira.

— O que vai fazer? — perguntou.
— Café. Por aqui, todo mundo é movido a cafeína, uma droga legalizada.
— Por que não pega água do filtro? Essa água de Campinas tem muito cloro.
— Verdade — respondi. — Dizem aí na cidade que o cloro é para combater as *micróbichas* da água local — acrescentei, arrependendo-me em seguida. Sim, era sempre uma péssima ideia repetir as piadas do Chico. Talvez Candide fosse gay — afinal não havia notícia de nenhuma Cunegundes —, e semelhante comentário poderia dar origem a mais um surto histérico. Fiquei alguns segundos na expectativa, pois ele suspirara profundamente. Para meu alívio, continuou mudo, talvez por não haver entendido a palavra, ou sei lá. Como ele estava justamente defronte ao filtro de barro, fui primeiro pegar o coador de pano e a vasilha com o pó. O pó, segundo rezava a lenda, nunca estava no mesmo lugar. Dependendo de quem fizera o café por último, ou estaria no armário, ou então, na geladeira. Estava no armário, minha segunda opção. Depositei então ambos sobre o mármore da pia, ao lado do fogão,

diante do qual Candide se inclinara para preparar o forno. Parecia um híbrido de lagartixa gigante com ponto de interrogação. Retirou dali, sucessivamente, uma frigideira, uma chapa de ferro e uma sanduicheira de fogão: agora, estava prestes a acender o fogo e a colocar o salmão para assar. Na verdade, eu o mantinha em minha visão periférica, evitando observá-lo diretamente, afinal, não queria prestar maior atenção a seus movimentos: suas costas ossudas e arqueadas, as nádegas descarnadas e hirsutas, a silhueta informe, as pernas finas e muito compridas, toda a pele eivada de uma palidez doentia, enfim, havia muita coisa exposta durante o processo. O contraste dessa visão com a memória das belas modelos que frequentavam meu estúdio fotográfico tornava tudo ainda mais difícil. E, para piorar, a posição arqueada de Candide diante do fogão fez com que a parte inferior dianteira do avental se dobrasse como um pêndulo. Ou melhor: como dois pêndulos, se é que você me entende... Teria sido o momento ideal para que um dos cães, caso houvesse algum ali na cozinha, iniciasse a caça à linguiça.

— Vocês precisam comprar outro fogão — disse ele. — Este forno está em petição de miséria.

Não lhe respondi. Já conhecíamos as inúmeras necessidades do dia a dia da Casa do Sol — e um fogão novo não estava entre nossas prioridades. No momento, no topo da lista, estava uma lavadora com jato d'água de alta pressão, com compressor e acessórios, para a limpeza dos canis. Os narizes dos vizinhos certamente aprovariam essa compra com entusiasmo, a qual, aliás, viria a ser feita semanas mais tarde. Aproveitando, pois, que o filtro d'água estava desimpedido, fui encher o bule. Candide tentava, sem sucesso, acender o forno.

— Vocês estragam tudo em que põem as mãos — rosnou ele.
— Quer que eu o acenda? — repliquei mecanicamente.

Ele apenas me passou a caixa de fósforos e se colocou de lado, liberando o fogão. Depositei o bule numa das bocas, peguei um desses araminhos de embalagem de pão de fôrma, o qual mantinha no peitoril da janela exatamente para esse fim, e prendi na extremidade dele um fósforo. Acendi o palito e o meti pelo orifício do forno, mantendo a outra ponta do arame presa entre o indicador e o polegar. Alcancei um dos canos perfurados, e o forno se acendeu subitamente, emitindo aquele ruído familiar de protoexplosão. Satisfeito com a exibição da minha perícia, levantei-me e, de repente, para infelicidade geral dos meus nervos, cometi um crime terrível: quis apagar o fósforo na água empoçada da pia antes de atirá-lo ao lixo. Era um costume que mantinha desde os tempos de alojamento estudantil, quando então testemunhei um início de incêndio em nossa lixeira, provocado por um colega que nela atirara um palito ainda em brasa.

— NA CUBA NÃO! — berrou monstruosamente em meu ouvido Candide. E quando digo em meu ouvido, quero dizer exatamente isto: ele se inclinara, provavelmente com a tenção de me tomar o fósforo da mão, e gritara dentro da minha orelha direita. Foi como pisar numa mina terrestre: ficou tudo repentinamente em câmera lenta, e eu me encolhi por puro reflexo; já não distinguia os sons dos cães e da casa; um zumbido latejava em meu vestíbulo, causando-me vertigens; um estranho transe se apossou de mim, e eu já não entendia o que estava acontecendo. Olhei à minha volta e Candide, a menos de um metro de mim, movia a boca, o olhar enfurecido, ralhando qualquer coisa sobre lixo e higiene que, em meio ao susto que me dominou por instantes, não podia compreender. E veio então a reação: uma descarga de adrenalina invadiu-me o sangue, fazendo-me liberar a raiva enorme que já sentia por aquele imbecil: estiquei o braço e, mais ou menos como no soco de meia polegada de Bruce Lee, com a mão espalmada porém, dei-lhe um forte empurrão, na altura do plexo solar, cujo impacto o fez dar uns três passos para trás. Foi pouco, pois eu queria era mandá-lo, juntamente com a cuba da pia, ao diabo do Fidel Castro. Mas agora era ele quem arregalava os olhos, tomado por sincero espanto. Ele então voltou os olhos para a pia, e meu olhar acompanhou a direção do dele: mirava a faca que usara para fazer o peixe em postas. Sim, mais uma história de faca.

— Tá pensando em fazer uma besteira ainda maior? — eu disse, enfurecido. — Pode fazer, mas vai levar umas bordoadas também.

Ele me encarou, desviou o olhar novamente para a faca, vacilou um instante e, em seguida, olhou para baixo, o semblante atormentado, como quem divide mentalmente 237 por 19, tentando incluir todas as casas decimais no quociente.

— E tem mais — prossegui —, todo mundo já sabe que você tomou Artane, ácido, ecstasy ou sei lá o quê. Você acha que ainda tem olhos azuis? Você nem tem íris mais, só tem uma pupilona enorme em cada olho, duas jabuticabas.

— Cala a boca! — gritou, voltando a olhar a faca.

— Quer mesmo piorar a situação? Vá em frente, está tudo contra você.

— Sai já da minha cozinha! — bradou ele, retomando o controle de si. — Não quero mais ajuda de nenhum de vocês! Idiotas! Vieram pra cá só pra destruir o espírito da Casa do Sol...

— É pra já — falei, sentindo-me liberado daquela missão ingente.

— E vocês não vão comer meu peixe! Eu vim cozinhar pra Hilda Hilst! Não vim preparar nada pra vocês, seus babacas!

Passei por ele com um sorriso forçado e cínico nos lábios. Na verdade, eu me sentia mal por esse fracasso, já que, em geral, tinha orgulho de minhas habilidades diplomáticas. Ao abrir a porta da sala, virei-me e lhe disse:

— A propósito: a Hilda quer que você vista alguma roupa. Ela não se importa nem um pouco com sua nudez, afora o lado estético, a gente também não, mas os empregados dela não estão acostumados a essas coisas. Não querem vir trabalhar com você andando por aí desse jeito. E eles são pessoas decentes, esforçadas, necessárias. E por isso ela só irá almoçar se você não estiver nu.

Saí, e ele ficou rezingando qualquer coisa que já não me interessava.

Antes de prosseguir com os eventos desse domingo, creio que cabe aqui a lembrança de outra situação semelhante — sim, mais uma envolvendo um maluco e uma faca. (Ou pelo menos a possibilidade de uma faca.) Não sei ao certo se tudo se passou antes ou depois do presente caso — lembro-me de que Mora Fuentes não estava conosco. Mas o fato é que, certa feita, Chico solicitou a Hilda um favor especial: será que ela arranjaria um trabalho temporário para um parente dele do Rio Grande do Norte? O sujeito decidira mudar-se para São Paulo, mas, infelizmente, ainda não tinha um emprego e muito menos um lugar para ficar. Hilda, que não costumava negar ajuda a quem quer que fosse, disse que não poderia lhe pagar muito, mas que deixaria o rapaz morar conosco o tempo necessário até ele conseguir uma ocupação melhor. E esse sujeito, digamos, chamava-se Simeão.

— O que você acha, Yuri? — perguntou ela.

— Uê, Hilda... O Chico é de confiança, né.

— Verdade. Mas esse Simeão é parente dele. É com parentes que a gente se fode.

Eu ri e, mais tarde, percebi que ela tinha razão.

Dias depois, Simeão chegou de mala, cuia e muita conversa fiada. Era uma espécie de playboy da caatinga, um cara de trinta e tantos anos, talvez quarenta, precocemente grisalho, que, apesar de ter a si mesmo na mais alta conta, compartilhava da maior das aspirações sertanejas: comprar um gigantesco Scania e tornar-se um caminhoneiro cheio de aventuras para relatar em casa. Mas o fato é que de caminhoneiro ele não tinha nada: usava roupas e tênis caros, a camisa polo sempre enfiada dentro da calça, um relógio de pulso fino, o cinto de couro reluzente e o indefectível cabelo lambuzado de gel. Costumava falar pausadamente, com palavras que considerava difíceis, e, afetando um ar condescendente dos mais incompatíveis com a alegada necessidade de ajuda, vivia perorando a respeito de qualquer assunto irrelevante. Sim, era um mestre em não dizer absolutamente nada sobre assunto nenhum como se estivesse dizendo alguma grande coisa. E, apesar de ser uns dez ou quinze centímetros mais baixo do que eu, sempre nos olhava de cima, cheio de autoimportância — o que também significa que nunca olhava diretamente em nossos olhos, senão para nossos pés. A bem da verdade, Simeão reservava esse tom condescendente para mim e para Chico, seus pretensos subalternos, pois, de fato, tinha uma tremenda necessidade de se sentir no pódio. Já com Hilda, a provedora, ele era de uma subserviência asquerosa, forçada, cheio de sorrisinhos melífluos e de tentativas vãs de se mostrar casual e íntimo. Vãs porque Hilda estava a anos-luz de ser ingênua e jamais travaria intimidade com um sofista cangaceiro, por mais disfarçado que ele estivesse. Não, ela não fazia acepção de pessoas baseada em raça, etnia, aparência ou classe: ela simplesmente não tolerava quem não levava o sentido das palavras a sério. Desperdiçar palavras, para ela, era pior do que jogar comida no lixo. Chico, por exemplo, que era analfabeto, tinha o maior respeito pelas palavras, e deixava isso patente nos "causos" que costumava nos contar. Simeão, não: suas palavras pareciam uma cortina de fumaça a encobrir algum segredo. Ele era, enfim, o retrato perfeito do político brasileiro quando jovem...

— Não gosto dele, Yuri — repetia-me a senhora H. — Quando ele sorri, eu me lembro do Iago.

— *Otelo*?

— Conhece outro?

— Você vivia falando de um tal Iago de sei lá qual novela da Globo, Hilda.

— Ah, é mesmo! Lindo ele!

O que mais a irritava era a expressão sardônica do sujeito cada vez que nos via com um livro nas mãos.

— Vixe! Quem lê tanto assim não tem tempo de ficar rico... — censurou-me certa vez, um sorriso malicioso a explicitar quem ele realmente era: um espertalhão ganancioso e orgulhoso da própria ignorância. (E pensar que poucos anos depois teríamos um presidente da República exatamente assim.) No entanto, eu o tratava com polidez, não tinha nada de concreto contra ele, e, apesar de sua insistência em falar comigo como quem se dirige a um garoto lambão, achava-o uma figura interessante. Ora, comprar um caminhão e viajar pelo país não deixava de ser uma aventura. E todo aventureiro tem lá seu valor. Era um sonho que poderia ter sido meu, caso eu tivesse nascido na cidade dele. Além disso, ele não tinha nada a ver com minhas expectativas iniciais — e é sempre muito bom ser surpreendido. Eu havia aguardado a chegada de uma pessoa rústica, talvez simplória, mas humilde e de bom coração. Ou alguém como Chico, isto é, uma pessoa com grande senso de humor e cheia de histórias interessantes para contar. Mas ele, definitivamente, não era nada disso. Ele estava mais para malandro brega-metrossexual do que para migrante honesto e trabalhador. Ele não combinava com a imagem que Chico me transmitira de sua cidade natal, na qual, segundo o caseiro, a internet não era senão um "burro comendo milho".

— Burro comendo milho?! Como assim, Chico?

— Oxe. Lá nunca acontece nada. Então, se um burro para num cruzamento da cidade pra cumê milho, todo mundo para pra oiá e depois ficá comentando.

Em geral, sempre que o cochilo de Hilda pós-vinho do Porto se alongava, eu almoçava na cozinha acompanhado por Chico e Juliana. Numa dessas ocasiões, com Simeão já presente, notei o quanto ele se esforçava para se diferençar do casal. Em várias ocasiões, sempre que o caseiro tentava trazer à tona histórias da cidade natal mútua, Simeão mudava instantaneamente de assunto, como que envergonhado por compartilhar da mesma origem geográfica ou familiar. Ele parecia discriminar o parente por receio de ser discriminado por mim, o que me levou a notar que me tratava como um garoto, não porque me achasse imaturo ou algo do gênero, mas porque necessitava de autoafirmação. No correr dos dias, descobri que seu pai fora uma das pessoas mais endinheiradas de sua cidade e que, lá, de fato, Simeão havia se comportado durante muitos anos como um verdadeiro playboy. Depois de torrar o dinheiro da família em mil diversões, e, mais tarde, em empreendimentos frustrados, recebeu o ultimato paterno: "Vá se virar sozinho longe daqui ou, quando eu morrer, não ficará com um tostão de herança". E ali estava ele, o ex-filhinho de papai, transformado em mais um retirante a buscar o "Sul Maravilha", o que parecia lhe causar grande humilhação. Curiosamente, seu relacionamento com os outros empregados me lembrou o que Spengler escreveu, em *A decadência do Ocidente*, acerca da diferença entre o nobre e o burguês no tocante ao tratamento dispensado ao vulgo. Segundo o historiador, um nobre jamais impunha seu status social aos criados, jamais os tratava com soberba ou fatuidade, simplesmente porque sua posição era definitiva, imutável, e seu ego, portanto, não corria riscos. Logo, um nobre podia se dar ao luxo de ser exatamente quem era diante dos demais, sem medo de ser feliz. E Spengler comenta que um conde e seu cocheiro podiam entabular os colóquios mais variados, em todos os graus de intimidade, sem esbarrar em qualquer limite ou tabu, afinal, cada qual conhecia seu lugar no mundo. Havia sinceridade entre eles. Bem, teria sido assim até a Revolução Francesa... Em contrapartida, o burguês era um plebeu que, embora tivesse ascendido por esforço próprio, não se distinguia do restante do povo senão pelas posses materiais: culturalmente, também era um *idiótes*. E, por essa razão, costumava exibir uma altivez despropositada, perante seus semelhantes, que não se via na maioria dos nobres. Seu maior medo era perder tudo e voltar a ser um qualquer. Já um nobre, se perdesse suas propriedades, continuaria sendo sempre um nobre, por mais necessitado que pudesse estar; afinal, a nobreza sempre fora uma questão de nome e sangue. E, ao menos de forma analógica, esse ponto de vista parecia claro como o sol ali na Casa do Sol. Hilda, por mais que estivesse devendo de IPTU até a roupa do corpo, jamais perdia a majestade: além de sempre tratar seus empregados com magnanimidade e gentileza, ela muito apreciava entabular com eles todo tipo de conversa. Já Simeão, o ex-burguês, parecia uma patroa de novela das oito, aquele velho estereótipo da rica chata e abusada, nunca se misturando conosco ("essa gentinha"), e sempre a querer impor-se, ainda que estivesse na rua da amargura: ele tinha porque tinha de demarcar o território do seu ego ressentido.

Certa manhã, quando me dirigia ao escritório de Hilda, cruzei com Simeão no caminho, e o cumprimentei. Apesar de quase esbarrar em mim, ele fez que não me viu e ignorou completamente meu bom-dia. Achei aquilo estranho, mas não insisti.

— Que bicho mordeu o Simeão, Hilda? — perguntei assim que me sentei no escritório dela. — Ele tá com um bico deste tamanho.

— Deve ter sido o bicho da inveja.

— Inveja? Inveja de quem?

— De você, claro.

Pronto, mais um problema, pensei. E Hilda então me contou como ele fora até lá para reclamar do trabalho, que não queria continuar lavando os canis, varrendo a casa, ou cuidando do jardim, que preferiria uma atividade "não braçal". E ela lhe respondeu que não havia nenhum serviço desse tipo.

— E o Yuri faz o quê? Não posso fazer a mesma coisa?

— O Yuri não é meu funcionário. Ele é meu amigo.

E ela lhe disse que, se eu estava reorganizando a biblioteca dela e criando seu website, assim o fazia por iniciativa própria, e que, no restante do tempo, eu vinha trabalhando em meus próprios contos e roteiros de cinema. E repetiu: "Ele não é meu funcionário".

— Não sei nada de computador. Mas eu também posso ajeitar sua biblioteca, dona Hilda.

— Você gosta de ler?

E ele, sem conseguir lembrar-se de um título sequer, teve de confessar que nunca lera um único livro até o fim. Mas, orgulhoso, acrescentou que lia muitas revistas e jornais, que sempre fora uma pessoa bem-informada, e coisa e tal. Ela então deu de ombros:

— Não, Simeão, deixe que o Yuri faça isso. Ele não saía da biblioteca da universidade, o pai dele também tem biblioteca... Ele sabe lidar com isso melhor do que você.

Simeão assumiu um tom sombrio:

— E quanto ele ganha? Deve ganhar muito mais do que eu só porque fez faculdade, né?

Hilda irritou-se com semelhante petulância:

— Você ainda não entendeu? Eu já disse que ele não é meu funcionário: é meu amigo! E eu não pago às pessoas para serem minhas amigas. E isso é tudo o que você precisa saber. Se está insatisfeito, pode pegar suas coisas e ir embora quando quiser.

Havia um aspecto no cotidiano da Casa do Sol que Hilda ou não percebia, ou, então, por não lhe causar qualquer prejuízo — muito pelo contrário —, fingia não perceber: funcionava ali uma verdadeira corte da qual ela não era senão a rainha. E qual era o corolário disso? Simples: ninguém entrava em conflito diretamente com a soberana, mas, sim, e sempre que sentisse necessidade, com um de seus cortesãos, pois a vitória sobre um deles equivalia a subir na hierarquia e tornar-se um dos prediletos, ao passo que uma equivocada vitória sobre a escritora-rainha corresponderia à destruição do reino, isto é, à destruição da galinha dos ovos de ouro... De fato, os mais ingênuos não imaginam como é fácil transformar até mesmo um hippie materialmente desapegado em uma serpente cúpida e perigosa: basta colocá-lo sob as asas aconchegantes e afluentes de uma provedora emocionalmente volúvel, e ele fará de tudo para não perder a boquinha. (Não estranhe esse "emocionalmente volúvel": se você conhece um poeta que não o seja, meus parabéns, você descobriu uma raridade.)

— Desculpa, dona Hilda. Vou lá ajudar o Chico. — E Simeão deixou o escritório.

Bem, conforme ficou claro anteriormente, hippie não era a melhor descrição para o novo funcionário. E a verdade é que ele não foi o único e muito menos o primeiro a temer a, digamos, concorrência. Desde a construção da casa, nos anos sessenta, muita gente de olho grande e senso ético pequenininho já havia baixado na área. E cada vez que um membro dessa turma ladina via seus interesses ameaçados, lá vinham as fofocas, difamações, calúnias, conspirações, diatribes e demais maquiavelismos e covardias. Todo o possível para levar o predileto da hora a cair em desgraça aos olhos de Hilda já ocorrera sob aquele teto. Pouco importava a inocência da vítima: se o acusador fosse um amigo de longa data da rainha, sua tese teria prevalência. Eu mesmo sofrera esse gênero de achaques. Mas são histórias que, para o presente relato, não vêm ao caso. No momento, basta ressaltar que Simeão, atolado em ressentimento, encontrou um único culpado para sua situação precária: euzinho, o último pupilo de Hilda Hilst. Por sorte, ele não tinha com a escritora uma relação próxima o suficiente para conseguir me queimar.

Certo dia, eu e Hilda conversávamos em seu escritório quando Simeão, aparentando calma e confiança, entrou e perguntou, no tom mais blasé de que foi capaz, se poderia se sentar e participar da discussão: parecia disposto a provar que tinha qualidades. Como era final de tarde, Hilda lhe disse que, se ele já não tivesse nenhuma tarefa a cumprir, que então ficasse à vontade. Satisfeito com a resposta, o sujeito puxou uma cadeira e se sentou ao meu lado, assumindo um ar de "podem continuar, meus caros colegas". Bem, o problema é que eu e Hilda discutíamos suas experiências com a transcomunicação instrumental, assunto dos mais cabeludos e impossíveis tanto para cientistas e intelectuais quanto para frequentadores de shoppings e de exposições agropecuárias. Entre outras coisas, ela me falava de Konstantin Raudive, do padre Landell de Moura — que supostamente vinha transmitindo mensagens do plano espiritual em que vivia —, das gravações de Sônia Rinnaldi, do livro de Friedrich Jürgenson, da fotografia da casa atual de Jules Verne, também recebida por transcomunicação, e das suas próprias gravações, as quais eu ouvira recentemente em meu quarto. Ela ia contando detalhes das mensagens que recebera da sua mãe e de outros espíritos — "Ligas Aura: vamos estabelecer na Terra [...] rede de telefonia. Ei de vos avisar" etc. —, e, por fim, disse que, assim que chegasse a Marduk, tentaria me enviar mensagens de lá.

— Ah, Hilda — respondi —, eu duvido muito. Quando você partir para outras moradas, aposto que passará mais tempo procurando seu pai, Richard Francis Burton, James Joyce, Malcolm Lowry, Ernest Becker, Camões, Jorge de Lima, Níkos Kazantzákis, Kafka, Beckett, Vintila Horia etc. etc. do que ocupada com transcomunicações. Nem vai se lembrar mais da Terra.

Ela riu da minha observação, embora, na verdade, e a despeito de eu saber que realmente pretendia buscar suas almas afins, eu imaginasse que, na próxima vida, e tal como afirma *O livro de Urântia*, ela estaria ocupada mesmo era criando os filhos que abortou neste mundo. Mas não toquei na questão, pois sabia que se tratava de um tema muito delicado. Antes, porém, que ela replicasse qualquer coisa, Simeão, com um sorriso dos mais escarninhos, finalmente interveio:

— Vocês tão falando sério? É piada, né?

Hilda não assimilou nada bem aquele tom:

— Cadê a piada, Simeão?

— Vocês tão falando de mensagens de gente que já morreu, né?

— Sim. Por quê?

Ele riu:

— Isso é um absurdo! Não acredito que ainda tem gente inteligente que acredite nessas bobagens. Se morreu, já era!

Pensei que Hilda explodiria ali mesmo, mas, em vez disso, limitou-se a olhar para cima e a suspirar longamente, como quem se defronta com uma criança impertinente.

— Ô Simeão — tornou ela, por fim —, se você não tem imaginação o suficiente para acompanhar nossa conversa, sugiro que pegue um livro aí na estante e vá para seu quarto ler um pouco. — E então ficou encarando-o em silêncio, o olhar gélido a exprimir o claro desejo de que ele fizesse exatamente isso.

Com um semblante que denotava mais humilhação do que constrangimento, o playboy do sertão levantou-se de supetão e, sem pegar livro algum, saiu esbaforido pela porta.

A situação me lembrou de outro caso que Hilda costumava narrar aos amigos: certa feita, durante uma aula que ministrara como professora convidada na Unicamp, Hilda discorria sobre as relações sutis entre física moderna e poesia, utilizando para tanto ideias do filósofo romeno Stéphane Lupasco e suas inúmeras discussões com o físico Mário Schenberg, amigo dela. Enquanto falava, notou que, na primeira fileira, um aluno não parava de se agitar na cadeira, pendendo alternadamente de uma nádega para a outra, coçando-se, suspirando, e assim por diante, nitidamente perplexo com tudo o que ouvia. Ao rematar sua palestra com Novalis — "Quanto mais poético, mais verdadeiro" —, finalmente dirigiu-se ao estudante:

— O senhor está se sentindo mal? Algum problema?

Pego de surpresa, o sujeito balbuciou:

— É... Você... Quer dizer, a senhora... — E, aprumando-se na cadeira, sem conseguir eludir certa condescendência cabotina, finalmente reuniu coragem para indagar: — Só queria saber o seguinte, professora: a senhora realmente acredita nesse negócio de imortalidade da alma?

Hilda retorquiu-lhe de pronto:

— Eu acredito na imortalidade da minha alma! E, se você não parar de coçar o saco e começar a formar agora mesmo uma alma digna desse nome, não haverá nada que sobreviva à sua morte.

Enfim, o fato é que, sem que eu o soubesse, Simeão vinha colocando na minha conta o somatório de todo o seu ressentimento. Sua taça de fel transbordou numa noite em que todos se reuniram para assistir à novela *Andando nas nuvens*. Não que fôssemos todos, como se diz, noveleiros, mas havia a obrigação tácita de assistir, todas as noites, a pelo menos uma das três novelas diárias, as quais Hilda acompanhava religiosamente. E se a abandonássemos sozinha diante da TV, no dia seguinte teríamos de ouvir suas acusações: "Você não está nem aí para mim!" ou "O que você fica fazendo no seu quarto a noite inteira?". Ora, as telenovelas eram o futebol da Hilda, a qual literalmente torcia durante alguns episódios: "Vamos ver se hoje não será aquela besteira! Anteontem foi incrível, mas ontem foi uma bobajada enorme". Se, a princípio, aos olhos de um novo hóspede, o ritual tivesse lá seu quê de tedioso, ao longo das semanas seu sentido ia aflorando-se, pois Hilda tinha sempre uma observação certeira que, ao menos para um escritor iniciante, tinha alguma relevância: "Por que fazem esse drama todo com um personagem tão chato, tão raso? Ninguém vai ligar se cair um raio na cabeça dele. Se você não se identifica com o tipo, não irá se importar com o destino dele. Gente de verdade é feita de abismos e altitudes". No entanto, sempre que havia outros hóspedes, ou sempre que a novela também interessasse aos empregados, eu preferia permanecer mais tempo em meu quarto, pois sabia que Hilda estaria acompanhada. No caso dessa novela, porém, eu abria uma exceção cuja justificativa, na verdade, até irritava a poeta: eu a acompanhava para admirar a beleza da Mariana Ximenes, então uma atriz estreante. Hilda achava Celi, a personagem vivida pela atriz, demasiado cacete e lamurienta, encarando-me com zanga cada vez que eu, involuntariamente, soltava um suspiro ou um comentário do tipo "nossa, que gata". Nessas ocasiões, ela me rebatia em tom ácido, o que, certa feita, fez-me replicar-lhe com um argumento relativamente sagaz:

— Não tenho culpa se ela é tão taurina quanto você, senhora H...

Bem, nessa noite, perdi-me na leitura do *Grande sertão: veredas*, e, quando finalmente cheguei à sala, no final da novela das sete, meu lugar de costume — a ponta esquerda do sofá, logo ao lado do trono da poeta soberana — já estava ocupado: Simeão, que não costumava comparecer ao ritual das novelas, refestelara-se ali como um sultão das arábias. Ao contrário do que ele parecia esperar, aquilo não me incomodou nem um pouco: apenas me dirigi à outra ponta do sofá, onde disputei assento com os cães que ali dormiam. (Eis um gene que não herdei da minha avó paterna: o gene da "minha caneca", "minha cadeira", "meu prato", "meu lugar" etc.) E ainda havia uma vantagem: estando mais distante, não seria eu o responsável por reabastecer o copo da Hilda, atividade à qual Simeão se entregou efusivamente, o que me satisfez, malgrado todas as suas mesuras e palavras melífluas, que, eu sabia, tanto irritavam Hilda: ela não admitia hipócritas e puxa-sacos.

— Quer mais uma dose de uísque? — indagava, sorridente, empunhando a garrafa.

Eu jamais empurraria mais uísque para cima da senhora H, não apenas porque, ao contrário do vinho, não lhe caía muito bem ao humor, mas também porque Zé Mora Fuentes, ausente nessa ocasião, e sempre me lembrando das recomendações médicas, vivia me pedindo ao telefone para vigiá-la e não lhe permitir excessos. Simeão, para piorar o clima já precário, não parava de lhe indagar, num tom forçado de intimidade, quem era aquele personagem, por que a fulana estava de tal jeito, que tipo de relacionamento eles mantinham, enfim, perguntas de quem está pegando o bonde da novela andando. A irritação de Hilda manifestava-se mediante um silêncio cada vez mais acentuado: ela já não fazia comentários e não tinha ânimo nem mesmo para reclamar de revelações ou de peripécias pouco convincentes. Chico e Juliana permaneciam silentes, concentrados na TV e alheios aos movimentos sísmicos que minha estação de monitoramento já registrava. A cena toda começou a me preocupar, e eu me arrependi de não ter largado as aventuras de Riobaldo com maior prontidão. Lá pelas tantas, Simeão, achando-se o rei da noite, soltou a bomba:

— Hildinha, você está gostando das outras novelas?

"Hildinha"! Sim, ele usara o diminutivo com o qual apenas a mãe, o primo José Antônio de Almeida Prado, a amiga Gisela Magalhães, o ex-namorado José Luis Mora Fuentes, o ex-marido Dante Casarini, afora pouquíssimos outros, costumavam tratá-la. Eu mesmo, após passar meu primeiro mês na casa levando broncas por chamá-la de "senhora" — "Você! Você!", censurava-me ela —, limitava-me a utilizar "Hilda", "senhora H", e, em alguns momentos excepcionais de maior intimidade, o "Hildeta", apelido cunhado originalmente por Mora Fuentes. Ah, sim, é verdade: depois que ela me presenteou com um gorro de lã muito longo, passando então a chamar-me de "Dunga", e eu a chamá-la de "Blancanieves" — ou, no castiço, "Branca de Neve" —, talvez eu até pudesse ter arriscado um "Hildinha". Mas nunca arrisquei. Aquele vocativo de caráter íntimo utilizado por Simeão não foi senão a gota d'água ou, no caso, a gota de uísque:

— Hildinha, não! Hildinha, não! — gritou ela com o dedo indicador em riste. — Para você é dona Hilda, porque você é meu funcionário e não lhe dei essa liberdade! — Simeão ficou lívido, não sabia onde enfiar a cara. E, para arrematar o desastre, Hilda acrescentou: — E saia daí porque esse lugar é do Yuri!

"Pronto, sobrou para mim", pensei com meus zíperes.

Simeão se levantou de supetão e, enfurecido, dirigiu-se à porta da cozinha, batendo-a com estrondo e desaparecendo para as entranhas da casa. Semelhante atitude deixou Hilda possessa:

— Chico, vai lá e diga a seu parente que o quero fora daqui amanhã de manhã. Eu conheço o tipo. Boa coisa ele não é. — E, para mim: — Vem, Yuri. Senta aqui do meu lado.

Enquanto Chico saía pela porta da cozinha, eu me mudei de lugar, mais preocupado do que qualquer outra coisa. Temia que o sujeito pudesse fazer algo contra ela, afinal, ainda não sabia o que realmente lhe ia pela cabeça.

— O que você estava fazendo? — perguntou-me.

— Lendo o *Grande sertão*.

— Está sublinhando tudo como lhe pedi?

— Estou, de vermelho.

— Depois quero ver que partes chamaram sua atenção.

E ela então me falou de quando leu o romance pela primeira vez. Deslumbrada com a linguagem de Guimarães Rosa, telefonou-lhe:

— Rosa, seu livro é maravilhoso! Deslumbrante!

— Você viu? — dissera ele, contente. — O menino aqui é muito bom. Muito bom!

Daí a instantes, mal iniciada a novela das sete, começamos a ouvir berros e impropérios nos fundos da casa.

— O cara ainda deve estar soltando fogo pelas ventas, Hilda. Vou lá dar uma força pro Chico.

Assim que adentrei a cozinha pela porta da sala, Chico fez o mesmo pela porta dos fundos.

— Caramba, Chico. Que situação, hein. Como tá o cara?

— Minino, o cabra tá o cão.

— Bom, eu sei que a Hilda não vai voltar atrás, mas ele precisa entender que também exagerou, né. Chamá-la de "Hildinha" em menos de um mês? Puts!

— Eu fiquei uns três meses chamando ela de dona Hilda — disse ele. — Só parei com o "dona" porque ela me pediu.

— Então, Chico! Sem falar que você, melhor do que ninguém, sabe o quanto ela é generosa: ela disse que vai dar uma casa pra você! Mas a Hilda não é nenhuma trouxa. Aliás, qualquer criança que já tenha ouvido a história da Branca de Neve sabe que não dá pra engolir uma maçã só porque lhe falaram com delicadeza...

Chico movia a cabeça afirmativamente. Prossegui:

— Tá, às vezes ela pega pesado e depois até se arrepende do tamanho da dose. Você já viu isso antes, né?

— Vixe! Se já...

— Pois é. Ele não pode ficar pensando que ela é uma sacana. Vou lá falar com ele. — E ameacei sair pela porta dos fundos, tendo, contudo, meu braço agarrado pelo Chico.

— Não faz isso não, Yuri! Ele não tá com raiva da Hilda, não. Ele tá quase fazendo a reza da cabra preta é pra você.

— Como é? Pra mim? Reza da cabra preta?

— Eu até já tomei um facão da mão dele. Ele queria vir aqui e te torá no meio.

— Eu? Mas eu não fiz nada!

— Se tu for lá, no mínimo ele vai rumá a mão na tua cara. Tá lá lhe chamando de tudo, de filho duma macumbeira pra baixo. Deixa ele comigo. Ele já entendeu que precisa ir embora.

Por via das dúvidas, naquela noite, antes de me deitar, fiz meu alongamento e me preparei para uma possível capoeira noturna. Em vão. Na manhã seguinte, quando cheguei ao escritório da Hilda, Simeão já havia partido.

Bem, voltemos ao alucinógeno domingo. Eu havia saído da cozinha após informar Candide sobre a proibição de permanecer nu.

— Foi bom pra você, Yuri? — perguntou Zé Mora Fuentes assim que entrei no escritório acompanhado por Marujo e por Zidane, este último um verdadeiro cachorrão, uma espécie de *macho alfa* dentre os cerca de vinte cães com acesso à casa. Outros sessenta permaneciam nos canis.

— Nossa, Zé, foi ótimo — respondi, frustrado. — E você, claro, já imagina o quanto.

Ele riu, e Hilda levantou os olhos do livro que estava a ler:

— Vocês dois são tão suscetíveis. Parecem dois poetas...

— Ah, olha só quem fala, a rainha da paciência e dos bons modos — retrucou Mora Fuentes, acariciando a cabeça de Zidane.

Hilda sorriu e acrescentou, naquela sua prosódia de menina de 16 anos, a mesma que costumava usar sempre que iniciava um debate com propósitos estritamente humorísticos:

— Coitado do Candide, Zé. Ele só quer um pouco de atenção e carinho. Deve ser muito solitário...

— Então vá lá fazer companhia pra ele, Hilda — contestou Mora Fuentes. — Aliás, fazer carinho nesse cara deve ser como acariciar uma cascavel de peruca.

Ela deu uma breve risada e acrescentou:

— Cadê meu café, Yuri?

— Melhor pedir pro Chico, Hilda. Já ia ferver a água, mas eu e o Candide quase saímos no braço agorinha. Ele finalmente conseguiu me tirar do sério.

— Dois caras magros lutando... — tornou Zé, acendendo outro cigarro. — Também sou magro, mas vocês dois... Seria como assistir a uma briga entre duas bicicletas.

— Escorpianos sempre querem resolver tudo na porrada — disse Hilda, em tom de censura.

— Se pelo menos o Yuri tivesse o tamanho do Dante — disse Mora Fuentes. E olhando para mim: — Você sabe que ele também é escorpiano, né?

— Sei. A Hilda me contou.

— Pois é, se você fosse do tamanhão do Dante, ia poder jogar o Candide lá no meio do pátio pra gente.

— É, mas desta vez não vai rolar, não.

Hilda me apontou a garrafa de vinho do Porto na prateleira de pedra, às minhas costas, que não era senão a parte traseira da lareira da sala ao lado. Tomei da garrafa e lhe servi uma taça.

— Até na hora de foder escorpianos gostam de dar uns tapas... — comentou Hilda, antes de sorver seu primeiro gole de vinho daquele dia.

Mora Fuentes se agitou na cadeira:

— Pronto, lá vem *A obscena senhora D*. A gente já tá cansado de saber que você curte essas heterodoxias, Hildeta. Mude o disco, vá.

Ela riu.

— Hilda — comecei, lembrando-me da conversa fiada de Candide —, você comentou comigo uma vez que a casa tem esse nome porque o sol é um dos símbolos de Deus. Também me falou que prefere que ela tenha, hoje, um espírito de convento. Mas qual era o espírito da Casa do Sol antes?

— Quando estou sozinha ou com meus amigos, a casa tem sempre esse espírito. Mas às vezes, dependendo de quem aparece, tem o mesmo espírito do restante do planeta.

— E que espírito é esse?

Sem dizer nada, apenas me apontou uma gravura emoldurada num sanduíche de vidro e dependurada ali na parede. Era a imagem de um porco e — grafados em caixa-alta no corpo do animal — os dizeres: "O espírito da coisa".

— Chinchim, Chinchim — fez Hilda, dirigindo-se a uma de suas cadelinhas, que se aproximou eufórica. — Tão lindinha, tão lindinha...

Já eram quase catorze horas quando o almoço ficou pronto. Chico veio nos avisar que eu e Mora Fuentes poderíamos nos servir dos acompanhamentos, mas que o salmão e o vinho italiano, segundo Candide, eram apenas para *a grande poeta Hilda Hilst*. Eu e Mora Fuentes concordamos que seria muito melhor deixá-los a sós, mas Hilda não permitiu.

— E se ele estiver querendo me envenenar? — pilheriou ela.

— Bom, Hilda, aí é problema seu — respondeu Mora Fuentes. — Você é que é a *ídala* número 1 dele...

— Você experimenta um pedaço do peixe, Chico? — indagou ela com sua voz de menina de 16 anos.

— Experimento! Na hora! — respondeu ele, gaiato, voltando em seguida à sala de jantar.

— Ai, ai, Hilda — tornou Mora Fuentes, suspirando. — Quem vê até pensa que você não sabe como é difícil arranjar bons empregados hoje em dia...

A mesa já estava posta, mas só havia duas taças: uma para Hilda e outra certamente para Candide. Eu e Zé Mora Fuentes nos entreolhamos e escolhemos os lugares com copos comuns. Chico ajudou Hilda a sentar-se e ela lhe agradeceu com um sorriso. O vinho do Porto já a deixara no umbral do mundo dos sonhos, e, caso não tivéssemos essa visita, ela teria adiado o almoço para mais tarde. Isso não era incomum naqueles dias. Muitas vezes ela iniciava o almoço — talvez apenas para nos fazer companhia —, indo deitar-se em seguida quase sem comer. Costumava terminar a refeição após as dezesseis, horário em que voltava a levantar-se.

— Chico, você pode trazer meu cardigã? Está um pouco frio aqui.
— Seu o quê?
— Minha blusa de lã, Chico. Tá lá na cadeira do escritório.

Nesse momento, Candide surgiu à porta da cozinha, trazendo uma bandeja: lá estava o salmão, todo enfeitado e parecendo muito apetitoso. Amanda começou a latir, secundada por outros três ou quatro cachorros. O cozinheiro torceu os lábios, mas se controlou, ao passo que os cães aos poucos se calavam. Para nosso alívio, o belga biruta voltara a vestir-se. Se não fosse tão antipático e irascível, eu teria gracejado com um "Doutor Livingstone, eu presumo!", uma vez que se vestia feito um desses ingleses de safári: bermudas cáqui cingidas por um cinto de couro estreito, botas de caminhada de cano curto marrons, camisa de manga curta bege com botões e, à guisa de gravata, um lenço azul-marinho amarrado em laço ao pescoço. Com aquela barba branca e aquela magreza malárica, era o doutor David Livingstone em pessoa. Só faltava o lago Tanganica lá fora, a refletir um céu muito azul. Mas calei-me — não pretendia, de forma alguma, provocá-lo. Ele, pois, depositou a bandeja no centro da mesa, diante de Hilda, que estava de costas para a lareira, cujo fogo se apagara, e dirigiu-se novamente à cozinha. Não sem antes dizer: "Uma receita especial para você, Hilda Hilst". Quando a porta da cozinha se fechou atrás dele, Hilda perguntou:

— Ele realmente disse meu sobrenome?
— Foi o que eu ouvi — respondeu Mora Fuentes. — Você também ouviu, né, Yuri?

Sorri:
— Ouvi, sim.
— Tá vendo, Hilda? Não foi nossa imaginação. Ele é um moço muito educado...
— E bota educado nisso — acrescentou Chico, que acabara de colocar o cardigã sobre os ombros dela.

Hilda olhou para o caseiro:

— Você já almoçou, Chico?

— Já comi, sim.

— Que bom. — E acendeu um cigarro. — Sua mulher ainda está com medo do pau do Candide?

Chico riu:

— Tá, sim, Hilda. Ela fugiu pras montanhas, e nem olhô pra trás.

Hilda deu uma risadinha:

— Eu não cheguei a ver o pau dele, mas, se a Juliana correu para as montanhas, deve ter um tamanho deslumbrante.

— Ai, Hilda, olhaí o salmão! É mais ou menos do mesmo tamanho, só que com mais escamas — emendou Mora Fuentes.

A porta voltou a se abrir e, com alguma dificuldade, Candide reapareceu equilibrando outras três grandes vasilhas nas mãos e nos braços. Sempre que ele estava presente, eu, Mora Fuentes e Chico nos calávamos. Grampola, Zidane, Helena, Teco, Bien Nègre e mais outros cinco cães, que haviam sido atraídos pelos primeiros latidos e agora se reuniam ali conosco, ao contrário de nós, armavam um alarido enorme cada vez que Candide saía da cozinha. Conforme o estranho ia se aproximando e mostrando-se inofensivo, voltavam paulatinamente ao silêncio.

— Ô Candide, você não quer que eles te ajudem? — indagou Hilda, solícita, apontando para o caseiro e para mim.

Ele moveu a cabeça negativamente:

— Não é preciso. — E, chegando à mesa, depositou os acompanhamentos: um arroz colorido, uma salada com muito palmito e uma tigela com algo cremoso que não identifiquei. — Só vou buscar o vinho, já deve estar numa boa temperatura — disse. E saiu novamente, apressado, seguido por um ou dois cães.

— Chico, fica lá pra abrir a porta — disse Hilda. — Ele vai acabar tropeçando nos cachorrinhos e derrubando essas coisas.

Antes, porém, que o caseiro terminasse de atravessar todo o comprimento da sala — era uma única e longa sala dividida em dois ambientes, sala de TV e de jantar —, a porta da cozinha tornou a abrir-se, e Candide surgiu empunhando uma garrafa de vinho branco e uma jarra d'água. Passou então lépido diante de Chico, que, estático, voltou o olhar pidão para Hilda. Claro, estava louco para ser dispensado daquela comédia; afinal, era domingo, e queria retornar à sua casinha de contos de fadas, ali ao lado da casa principal, para passar o restante do dia com a família. Atenta, Hilda notou e fez-lhe um gesto, indicando que podia ir. ("Casinha de contos de fadas" não é nenhuma ironia: em meio ao suntuoso jardim da Casa do Sol, sempre imaginei que a casa da avó da Chapeuzinho Vermelho teria necessariamente de se parecer com a residência do caseiro de Hilda: do contrário, não teria qualquer apelo literário.)

— *Voilà*! — disse Candide, retirando com a mão a rolha da garrafa, previamente aberta.

Ele então serviu duas taças e propôs um brinde. Mora Fuentes, alheio à cena, estendeu o braço para pegar a jarra d'água. Hilda não ficou satisfeita.

— Você não vai servir meus amigos? — indagou ela, calmamente.

— Eu trouxe o vinho apenas para nós dois, Hilda Hilst.

Hilda, que abominava qualquer atitude mesquinha ou egoísta, franziu a testa, pegando ela mesma a garrafa:

— Meus amigos bebem comigo — decretou, e fez menção de nos servir. Como eu estava mais perto dela, me levantei para ajudá-la. Ela me entregou a garrafa, e servi meio copo para Mora Fuentes e para mim. Candide, que se precavera contra essa situação trazendo apenas duas taças para a mesa, não gostou nada daquilo, mas não reclamou. Contudo, seu rosto anuviou-se nitidamente.

— Um brinde a você, Hilda Hilst! — disse, sem o mesmo entusiasmo de antes. — Que sua casa retorne aos bons tempos de total liberdade!

— Saúde!

— *Salud*!

— *Santé*!

Chocamos levemente nossos vasos, e, para minha surpresa, ele não evitou nossos pobres copos de requeijão. Digo, os copos dos amigos dela. Isso me pareceu de muito bom augúrio, principalmente porque Hilda ficou visivelmente satisfeita com o resultado de sua intervenção. Bebemos, e Candide começou a explicar a Hilda quais eram os pratos que havia preparado. Ela sorria, mostrando-se interessada, embora eu e Mora Fuentes soubéssemos que ela vinha se alimentando mal havia muito tempo, e que já não tinha qualquer inclinação real por culinária. Certa vez até lhe indaguei se não estava, de maneira velada, tentando praticar a "endura", isto é, o suicídio ritual dos Cátaros. Ela riu, e disse que não era tão doida quanto Simone Weil, que acelerara sua morte exatamente desse modo, negando-se a comer. Tão logo os três se serviram da salada, tomei os talheres para imitá-los. Na hierarquia da casa, eu era o caçula, e sempre ficava por último nesses momentos.

— Você vai querer o peixe agora? — indagou Candide, dirigindo-se a Hilda, assim que ela terminou de ingerir um bocadinho de salada.

— Quero, sim — respondeu ela, docemente. — Você corta um pedaço pra mim?

Bastante empolgado com essa honra, Candide se levantou e pegou um pedaço do salmão — uma posta grande demais para ela, sabíamos, mas ninguém se manifestou. Ele então se inclinou na direção dela, depositando o peixe em seu prato, ao lado dos aspargos. Embora ainda não soubéssemos, o Destino já vinha bem avançado, aproximando-se célere com novas e medonhas maquinações. Como tudo o que é óbvio demais para despertar desconfiança, a situação seguinte passara a demasiados quilômetros de distância de nossas imaginações. Ninguém ali reagiu como quem fosse capaz de adivinhar semelhante possibilidade.

— Você quer mais, Hilda Hilst?

— Não, Candide, já está bom assim. Obrigada.

Logo que Candide ameaçou retornar a seu lugar, Zidane ergueu-se nas patas traseiras, bem ao lado de Hilda, e colocou as dianteiras sobre a mesa, metendo sem mais delonga o focinho no prato dela. Nós já estávamos mais do que habituados às safadezas desse animal, que, apesar de já ser o maior cachorro da casa, era também um dos mais jovens e indisciplinados. Em geral, para fazê-lo afastar-se, bastava bater palmas uma única vez ou falar seu nome alto e bom som. Antes, porém, que eu ou Mora Fuentes tomássemos tal atitude — pois, a depender de Hilda, Zidane poderia compartilhar o almoço inteiro com ela sempre que quisesse —, Candide, para nosso grande espanto e confusão, e numa presteza sem par, já havia pegado o cajado que Hilda costumava usar para caminhar pelo jardim, encostado ali ao lado da lareira, e, num rápido e eficiente movimento, golpeou com inusitada força a cabeça do pobre cão, que, ganindo, deixou a sala com incrível velocidade. Eu e Mora Fuentes, pasmos e paralisados, trocamos olhares cheios de expectativa. Para entender o que veio a seguir, o leitor, ou a leitora, deveria conhecer *ThunderCats*, um desenho animado dos anos oitenta. Havia nele um vilão chamado Mumm-Ra, que, no dia a dia, não passava de uma múmia mirrada e indefesa, toda enrolada com faixas e coberta por uma velha capa vermelha, a descansar em seu esquife. No entanto, quando ameaçado pelos *ThunderCats*, heróis da série, aquele rosto descarnado arregalava uns olhos enormes e dizia: "Antigos espíritos do mal, transformem esta forma decadente em Mumm-Ra! O de Vida eterna!" E, então, seu corpo crescia feito o do *Incrível Hulk*, rasgando as faixas e convertendo-se num monstrengo enorme e terrível. (Você encontrará essa cena no YouTube com a maior facilidade.) É óbvio que não foram "os espíritos do mal" ou "os antigos espíritos de porco" do planeta Terra — e, para prová-lo, testemunharei até o fim o quão bondosa, generosa, compassiva e imune a esses demônios era a mulher Hilda Hilst —, mas, naquele dia, ela se transfigurou diante de nós de maneira assustadora. Levantou-se de um pulo, pôs-se muito ereta e estufou o peito, derrubando o cardigã que tinha aos ombros, tal como soía acontecer com Mumm-Ra — embora o dele não fosse exatamente um cardigã, mas uma capa, e muito menos ele, uma poeta idosa. O fato é que Hilda ficara possessa, o rosto congestionado, o corpo todo trêmulo. Seus olhos, faiscantes, saltavam das órbitas.

— Seu idiota filho de uma puta! — esbravejou ela, apontando um dedo inquisidor para Candide. — Como você se atreve a fazer isso com meu cão?!

Agora foi ele quem se atrapalhou:

— Mas, Hilda, ele ia...

— Cala a boca, seu canalha!! — berrou com ainda mais força. — Depois de tudo o que aprontou aqui anos atrás, você vem até minha casa sem pedir desculpas, como se eu não tivesse memória...

— Mas...

— Eu estou falando!! — ralhou ela, e ele então fechou a cara, uma expressão funesta no olhar. — Pensei que você ao menos tivesse mudado — prosseguiu ela —, que estivesse arrependido e que esse almoço era sua forma de obter conciliação... Mas, *nããão*! Faz todo o contrário:

você atormenta e desrespeita meus amigos, espanta meus empregados com esse seu comportamento dementado e infantil, e, por cima de tudo, ainda resolve ferir um dos meus cachorrinhos! Como se atreve?!

Percebendo que seu almoço redundara num estrondoso fracasso, e que nada do que dissesse apaziguaria Hilda, Candide decidiu voltar sua artilharia contra mim e contra Mora Fuentes.

— Vocês dois são os culpados! Seus babacas! — berrou, cheio de ira, encarando-nos alternadamente. — Vocês destruíram a poeta Hilda Hilst e a Casa do Sol!

"Pronto, danou-se de novo...", pensei com meus botões, notando que, além de ele ainda trazer o tal cajado à mão direita, agora a minha é que era a cabeça mais próxima. Engoli em seco, a boca amarga. Ser o possível próximo alvo fez do sabor que me restara do almoço um gosto de cabo de guarda-chuva dos mais usados. Mora Fuentes, por sua vez, suspirou longamente, mas tampouco dirigiu a palavra a nosso acusador. Antes, olhou para Hilda e tentou colocar panos quentes:

— Hilda, ele já entendeu, não precisa se exaltar tanto... Olhe a pressão alta... Você teve isquemia há pouco tempo, senta aí...

E ela, ignorando a admoestação, voltou à carga:

— Candide, seu louco! Deixe de falar besteiras e ponha-se daqui para fora! Vamos! Não quero vê-lo nunca mais na minha casa!

Para meu alívio, ele jogou o cajado ao chão e, logo em seguida, como numa montanha-russa, deixou-me novamente tenso:

— Tudo bem, Hilda Hilst. Eu vou embora. Sei que você não é mais dona da sua razão. Mas voltarei para matar esses dois! — E, dando-nos as costas, saiu pela porta da frente, sendo acompanhado por alguns cães. Grampola, que sempre fora uma excelente detectora de auras castanhas, era a única a rosnar.

— Tá vendo como é, Yuri? — comentou Mora Fuentes, virando-se para mim. — Mesmo que a Hilda estivesse apontando uma bazuca pro cara, nós dois é que somos os responsáveis. É por isso que meu colete de *kevlar* está sempre limpinho e engomado. Espero que tenha trazido o seu, não tenho outro pra te emprestar...

Cerca de uma hora mais tarde, ainda à mesa, enquanto eu e Mora Fuentes, em meio a muitas risadas e trocas de novas informações, relembrávamos as peripécias daquela manhã, Chico entrou pela porta da frente.

— Hilda foi se deitar?

— Foi. Faz uns quarenta minutos, acho — respondeu Mora Fuentes.

— O que Candide viu?

— Ele viu Hiiiil-Dá! A de Vida eterna! — falei, sem ser entendido por ambos.

— Ah, Chico, ele deve ter visto muitas coisas, a maior parte delas, alucinações, claro — tornou Mora Fuentes.

Chico franziu a testa:

— Não é isso que tô perguntando, Zé.

— Tá, Chico, você quer saber por que ele ficou puto, né? Quer saber por que ele foi embora, né? Então, vai ter de telefonar pra ele e perguntar.

— Oxe! Cês tão tudo bêbado. Candide foi embora não! Ele tá é aí fora. Faz um tempão que tá andando em roda com a bicicleta dele, aí defronte do portão, defronte da figueira...

Eu e Mora Fuentes, repentinamente sóbrios — sim, havíamos tomado o restante do vinho italiano —, nos encaramos: seria possível que aquela agonia ainda não acabara? Decidimos averiguar com nossos próprios olhos. Saímos pela porta principal.

— Puts!...

Do alpendre fronteiro, vimos Candide uns 30 metros adiante, andando em círculos na sua "bicicleta da Barbie", uma bicicleta feita especialmente para homens altos e magros que, apesar desses traços distintivos, todavia se parecem com Papai Noel e não têm medo do ridículo — o que, claro, não deixa de ser uma virtude. Eu juro: a bicicleta dele era bordô — "rosa, fúcsia, bordô, ninguém sabia o nome daquela cô" —, e tinha um cestinho à frente do guidão cheio de flores brancas, dessas que a gente encontra à beira da estrada. Coisa mais fofa. Sem mencionar que o sujeito era grande demais, quase metendo o pezão na roda dianteira a cada pedalada. Eu disse quase? Sua roupa empoeirada indicava que ele já havia se esborrachado umas quantas vezes — para deleite da plateia canina... Sim, à medida que ia pedalando, o olhar voltado para baixo, concentrado, uns cinco cães o observavam de perto, uns sentados ao sol, outros deitados sob a sombra da figueira. Entediados, até mesmo os animais pareciam achar aquilo um despautério.

— Ele deve estar doidão demais para atravessar a rodovia, Zé — comentei. — Vai ver tá esperando passar a onda...

— Pior é se ele estiver achando que já está a caminho de casa...

Grampola, que também desconhecia a permanência de Candide na chácara, saíra conosco ao alpendre, e, ao nosso lado, logo que detectou aquela aura belga suspeita, começou a latir histericamente. Esse alarme, conforme era comum, serviu como estopim para incendiar o canil localizado atrás da casa: em poucos segundos já havia mais de 70 cães a ladrar com ela, que se tornou então uma espécie de corifeu secundado por um oculto coro canino. Neste momento, Candide freou a bicicleta, levou um pé ao chão e olhou em volta. Vendo-nos, levantou um punho fechado e tornou a bradar:

— Eu vou matar vocêêêês!!

Em seguida, voltou a embalar a bicicleta, em pé sobre os pedais, saindo a toda pelo portão da frente.

Mora Fuentes deu um longo suspiro de alívio:

— É, Yuri, agora, sim, acabou o dia. — E abriu um meio sorriso. — Mas, por via das dúvidas, vou lá procurar meu colete à prova de balas...

O resto da tarde e o início da noite passei em meu quarto — lendo, respondendo e-mails pessoais, escaneando mais fotografias antigas para o site oficial da Hilda, e outras coisas a este modo. Num dia como aquele, jamais me aventuraria a escrever um conto ou qualquer outro texto que exigisse muito da imaginação. Estava cansado, não apenas por enfrentar a "imaginação" da vida real, mas também pelo esforço de convencer a mim mesmo de que a "cândida" ameaça de morte não passava de uma bravata ou de uma *bad trip* momentânea. Por isso, não vi quando Hilda se levantou para terminar o almoço, nem fiquei sabendo se ela se inteirara daquela última cena. O protocolo defendido por Mora Fuentes, e do qual me deixou a par antes mesmo que eu me mudasse para lá, decretava que devíamos poupá-la de informações demasiado estressantes. Hilda, que havia sofrido duas isquemias em anos recentes, tomava medicamentos para controlar a pressão alta e, por isso, não seria conveniente interferir na sua convalescença. A cena do "ataque ao cão" perpetrada por Candide já a havia deixado em campo minado. Melhor seria não estimulá-la a caminhar por ali.

Por volta das dezenove horas o ramal do meu quarto tocou: era Hilda.

— Yuri? Tá vivo ainda?

— Tô, Hilda. Bem vivo.

— Que bom — respondeu, rindo. — Olha, eu e o Zé estamos falando daquele filme do Resnais... Como chama mesmo, Zé? Isso: *Hiroshima mon amour*. A gente tem essa fita aqui?

— Que eu me lembre, sim.

— Ah, então a gente assiste a essa hoje.

— Tá certo.

Fiquei aliviado por ela já ter um filme em mente. Escolher um filme para ela era sempre um tiro no escuro. Sempre que eu pensava "ah, este ela vai curtir", a senhora H acabava levantando-se aí pela metade da história, reclamava da chatice do roteiro, e ia deitar-se. Foi o que ocorreu quando a fiz assistir a *Contato*, uma adaptação do livro homônimo de Carl Sagan. A protagonista, tal como Hilda, era apaixonada pela memória do pai já morto e, também como Hilda, vivia cheia da esperança de contatar extraterrestres. (Hilda, que acreditava piamente em alienígenas, afirmava ter avistado um disco voador enorme ao lado de sua casa em 1966 ou 1967.) E, para aumentar minha certeza de que ela se encantaria com o enredo, havia um trecho em que a protagonista faz uma espécie de viagem astral — catalisada por uma enorme máquina projetada por engenheiros de outro mundo —, durante a qual se encontra com um extraterrestre cuja aparência é a de seu próprio pai! Depois, em face da maravilhosa experiência, a personagem ainda declara que deveriam ter enviado um poeta no lugar dela, não uma cientista... Claro que Hilda iria adorar um filme assim, pensei na ocasião — mas ela o detestou! Tal como tampouco lhe agradaram *Uma simples formalidade* (Tornatore), *Asas do desejo* (Wenders), *Pulp Fiction* (Tarantino), *O Show de Truman* (Weir), *Brazil, o filme* (Gilliam) e *Stalker* (Tarkovsky), entre outros.

— Que filme chato, Yuri! Credo! — Costumava dizer, enquanto abandonava a poltrona.

Outras vezes acontecia justamente o contrário: eu colocava uma fita VHS já com a certeza de que seria vaiado pela escolha, e ela acabava encantando-se com o filme. Como ela residia na Casa do Sol desde 1966, até recentemente uma zona rural, eu costumava comprar ou locar filmes produzidos a partir dessa data, os quais, devido à distância e à dificuldade de se dirigir até a cidade, ela talvez desconhecesse. (Ou isso, ou então teríamos de assistir, pela milésima vez, a *Rebecca*, de Alfred Hitchcock, que ela adorava.) Ademais, toda vez que eu arranjava um filme para assistirmos juntos, ela antes me pedia para lhe narrar a história. E eu então lhe resumia o enredo.

— Acabou? — perguntava.

— Não, Hilda, claro que não. — Eu lhe dizia. — Mas não vou te contar o final, né. Quer que estrague o filme? (Sim, naquela época ainda não usávamos, aqui no Brasil, o termo em inglês *spoiler*.)

— Mas quero saber se é bom mesmo — replicava ela.

E, então, eu me via obrigado a lhe narrar o filme inteiro tintim por tintim, incluindo o enigmático desenlace.

— Ah, desse eu gostei! — dizia, por fim. — Vamos assistir.

E muitas vezes, claro, mesmo tendo gostado da minha sinopse, não gostava do filme:

— Você contou a história melhor do que o diretor... — reclamava.

Numa ocasião, solicitou outro filme que também tratasse de extraterrestres — desta vez "um que fosse bom" —, e o único que consegui naquele dia foi o mais batido da minha infância: *E.T.: o extraterrestre*, de Steven Spielberg. Eu havia pedido ao Ubiara, o motorista de táxi, que trouxesse *Contatos imediatos do terceiro grau*, do mesmo diretor, mas na locadora já não havia nenhuma cópia. Imaginei que Hilda xingaria a feiura reptiliana do E.T., o roteiro esdrúxulo, que o acharia pueril e até mesmo estúpido. Mas ela o adorou! Nunca a vi chorar tanto durante uma de nossas sessões de cinema. Ficou satisfeitíssima e me agradeceu muito a escolha. Demorei a compreender que, no cinema, ela valorizava acima de tudo os filmes que a emocionassem. Odiava "filme cabeça", pretensioso. Se o enredo a fizesse ter *insights*, se fosse intelectualmente estimulante, que assim o fosse por meio da emoção, do drama, e não mediante diálogos amalucados ou ideias demasiado intrincadas. No fundo, ela concordava plenamente com Orson Welles — "um filme é um sonho", e a literatura *é que é* a arte superior voltada aos grandes voos do pensamento —, e concordava também com Faulkner: uma narrativa deve atingir o coração. Hilda não estava nem aí para enigmas, quebra-cabeças — ela queria era se emocionar. Para ela, mais ainda do que na literatura — que ela considerava mais completa (quem discordaria?) —, filmes que não emocionam, que não comovem, não servem para nada. Em última instância, as únicas escolhas invariavelmente acertadas eram as adaptações de Shakespeare, mormente as de Kurosawa, Laurence Olivier e Kenneth Branagh, as quais ela sempre elogiava, mesmo que o turbilhão de emoções também a fizesse fugir para o quarto, assustada com a representação dos horrores do mundo e da humanidade, esses horrores "cheios de som e fúria, significando nada".

Faminto, decidi dar uma passada pela cozinha antes de ir à sala. Me detive no átrio um ou dois minutos, observando o céu, que já exibia as primeiras estrelas. Karina, uma de minhas três irmãs, me ensinara a reconhecer algumas constelações — Órion, Escorpião, Centauro, Touro etc. —, e eu sempre as procurava quando havia alguma oportunidade. Enquanto estava ali, Mora Fuentes surgiu pela porta que unia o pátio à sala.

— Yuri, vem colocar o filme pra gente. Como não tem novela, a Hilda tá se martirizando com o *Fantástico*.

— Dá tempo de comer algo antes?

— Coloca a fita primeiro e come depois. Você é o que temos de mais próximo a um adolescente aqui, o mais tecnológico. Eu sou uma negação. Tentei ligar o vídeo e nada. Só aparece o logotipo da DirecTV, que a gente nem paga mais. Fiquei todo atrapalhado e a Hilda lá, me chamando de obsoleto, de ultrapassado...

— Beleza, Zé — respondi, divertido. — Vou só beber um copo d'água e já apareço.

Passei pela cozinha e, enquanto bebia a água, dei com a caixa plástica do Candide, ainda cheia de cookies. A síndrome de abstinência de chocolate voltou a atacar. Pensei: "*Ma che janta che nada!*", e levei a caixa comigo para a sala. Hilda estava sentada em sua poltrona, com os invariáveis copo e cinzeiro na mesinha à sua frente.

— Yuri, você não está nem aí pra mim, some a tarde inteira!

— Como assim, Hilda? — repliquei. — Fiquei escaneando suas fotos, adicionando textos ao seu site. Quem disse que não tô nem aí pra você?

— Então, salve a gente deste domingo, por favor. Cada notícia medonha! O fim do mundo!... Se não é isso, ficam falando de corrupção, de merenda escolar, mostrando um monte de criança famélica, desdentada. Uma tristeza! Vai, faz isso aí funcionar, coloca a fita do Resnais.

Sintonizei a TV no canal 3, acionei o botão VCR-TV do controle remoto, coloquei a fita e, *voilà*, lá estava o *Hiroshima mon amour*.

— Tá vendo como é fácil, Zé? — caçoou Hilda.

— Sei... — riu-se Mora Fuentes. — Aposto que o Yuri programou o aparelho pra só funcionar com ele. Assim ele se torna imprescindível...

Como sempre, ao menos nove cães nos acompanhavam ali na sala, a maioria deitada nos dois sofás maiores. Para não alvoroçá-los, abri a Tupperware silenciosamente, ofereci cookies aos demais humanos presentes, que não os quiseram, e começamos a ver o filme. Um clima onírico, imagens em preto e branco, diálogos rebuscados cheios de pausas e silêncios, muitos tempos mortos, uma mulher que relaciona o atual ficante japonês ao ex-namorado alemão... Hilda, de tempos em tempos, dava longos suspiros. Eu, provavelmente por efeito da feniletilamina do chocolate, estava até curtindo o enredo. Hilda, de início, nada dizia, meramente fumava um cigarro após o outro. Às vezes, sua mente parecia decolar e acompanhar a fumaça até outras paragens. Durante a cena em que a personagem, à medida que lava o rosto e se olha ao espelho, discursa sozinha num banheiro público, Hilda virou-se repentinamente para nós:

— Para que isto?

— *Para que isto* o quê, Hildeta? — perguntou carinhosamente Mora Fuentes.

— Com quem ela tá falando, Zé? — tornou Hilda, em seu tom de menina ingênua.

— Ai, Hilda! Deve ser com o espelho mágico, né. Com quem mais seria?

— Mas ninguém fala desse jeito, Zé.

— A Marguerite Duras devia falar. Você sabe como são essas escritoras, não sabe? Superpalavrosas, poéticas e tal...

Hilda sorriu e comecei a rir baixinho. Quando ela começava com esses comentários, e modulando a voz daquela maneira, é porque o filme logo logo iria ganhar o troféu abacaxi. Zé Mora ainda tentou dar um empurrãozinho no Resnais, fazendo elogios à performance dos atores, à fotografia, ao roteiro da Duras, mas... enfim, não deu outra: alguns intermináveis minutos mais tarde, após muitos resmungos e suspiros, Hilda empurrou a mesinha que tinha diante de si e, apoiando-se nela com os cotovelos, levantou-se.

— Que fita mais cacete, meu Deus! Que maçada!

Mora Fuentes interveio:

— Ah, Hilda! Também não é assim, né. Você tá cansada, caramba. Hoje foi um dia daqueles... Nem se o James Joyce estivesse aqui agora, em pessoa, descrevendo como adorava ouvir os peidinhos infantis da Nora Barnacle, nem assim você ficaria interessada...

Ela fez uma careta aborrecida:

— Não é isso, Zé. Vou pro meu quarto, mas não é por estar cansada.

— Por estar eufórica é que não é...

Ela o encarou, muito séria:

— Zé, eu ainda ia completar 30 anos quando vi esse filme pela primeira vez. Faz quarenta anos! Quarenta!! E eu gostei muito na época. Mas... sabe por quê?

— Hum.

— Porque, quando a gente é jovem, a gente é completamente idiota.

Apesar de estar de boca cheia, dei uma gargalhada tão súbita e espontânea que polvilhei Aninha, Mister Totó e Sílvia com o farelo do último cookie. E, como um carro sem freios na rodovia dos Imigrantes, não consegui mais parar. Casquinava, casquinava. Bien Nègre chegou a latir para mim. Só parei quando engasguei. Neste instante, Hilda, que me observara todo esse tempo, disse:

— Olhaí, Zé. Olha o Yuri. Não completou 30 ainda. Reage assim a essa verdade trágica. A gente sabe que ele é inteligente. Mas também é jovem, coitado, e por isso ainda é um idiota!

— Sobrou pra você, Yuri. — E Zé me piscou um olho.

— Desculpa, Hilda — soltei, retomando o fôlego. — Não esperava por essa...

Ela deu de ombros e saiu, de braço com Mora Fuentes, em direção ao quarto.

— Boa noite, querido — disse ela para mim.

— Boa noite, Hilda — respondi, mais controlado, mas ainda com vontade de rir.

— Você ainda é um menino. Aproveite bem sua fase idiota. — E foi ela quem riu, debochada.

— Já estou aproveitando.

— Não esquece de sair vivo para contar tudo por escrito depois.

— Tá bom, Hilda.

— Ela quer dizer que você tem de usar camisinha, Yuri.

Hilda voltou a resmungar:

— Ai, Zé, como você fala besteira também, credo!...

— Sempre um prazer, querida.

E caminharam, murmurando delicadezas e provocações, até a porta do quarto dela, onde Zé a deixou. Em seguida, após desligar a luz do escritório, ele voltou à sala.

— Bom, Yuri, também me retiro aos meus aposentos. O dia hoje foi de lascar. Vai continuar vendo a fita?

Eu, que apesar de manter os olhos na tela estava noutro planeta, caí em mim:

— Hum? Não. Vou não. Na verdade, nem estava mais prestando atenção.

Ele riu:

— Depois dos comentários da nossa crítica-mor, ficou difícil, né.

— Sei lá. Eu tô é avoado mesmo.

— Tá certo. Boa noite então.

— Boa noite, Zé.

Não lhe disse nada, mas estava desconfiado de que tinha febre. Uma súbita batalha entre frio e calor parecia ocorrer em meu corpo. E veio a taquicardia. Senti o pulsar do coração em minhas fontes. Chegou o mal-estar, uma sensação de desmaio iminente. Me aprumei e respirei fundo. Inspirei e expirei várias vezes, bem devagar, com o diafragma. De fato, eu não estava cem por cento. Decidi que o melhor a fazer era ir me deitar também. Quando me levantei para pegar o controle remoto sobre a mesa de centro, a personagem do filme dizia: "Eu o esquecerei. Já o estou esquecendo!" Essa declaração adicionou à minha indisposição uma incômoda pressão no peito. De repente, em meio a um calafrio, me vieram à tela mental os semblantes de algumas ex-namoradas, uma sequência impressionante de sorrisos que me haviam marcado. Duas ou três delas em especial permaneceram ali, brincando com minhas lembranças, e fiquei então me perguntando se já teriam se esquecido de mim. Dois anos antes, durante meu aniversário, em São Paulo, dentre as amigas que me telefonaram, nada menos do que três eram ex-namoradas. Não negarei o quanto esse inédito fenômeno tinha sido bom para meu ego. Mas, sinceramente, fora ainda melhor saber que estavam bem, tocando a vida, e felizes. Afinal, sempre acreditei que, se um relacionamento termina mal, é porque, no fundo, ainda não terminou — daí minha satisfação em sabê-las felizes. Por outro lado, havia sido estranho não ter sentido vontade de retomar a relação com nenhuma delas. Por que não senti? Por estar numa posição privilegiada, isto é, por ser o objeto de toda aquela afeição? Devido à *procura por mim* ser maior do que a *oferta de mim mesmo*? Ora, de repente, ao ouvir a declaração daquela personagem — "Já o estou esquecendo!" —, quis de volta minhas ex-namoradas! Quero dizer: ao menos uma delas. Minha indisposição tinha um quê de crise existencial a exigir uma enfermeira amorosa. Estar só, numa sala recheada de cães mudos e alheios, parecia piorar meu estado. "Que porra está acontecendo?", matutava. E, cheio de ansiedade, não conseguia tirar aquele aniversário da cabeça. Ao receber os mais carinhosos telefonemas, o *idiota* e *egoísta* do Yuri falara com suas ex-namoradas da forma mais simpática e afetuosa, mas, naquele e nos anos seguintes, não devolvera a gentileza, não lhes telefonara em seus respectivos aniversários. E, claro, elas voltaram a sumir no mundo. E agora ele sentia um tremendo vazio no coração, uma imensa carência, uma solidão acachapante e febril. E se alguma delas realmente fosse a mulher de sua vida? Sim, sim, esqueça a terceira pessoa: e se uma delas fosse a mulher da *minha* vida? Ora, pela primeira vez, a perspectiva de uma velhice solitária como a da Hilda me assustava tremendamente. E, afinal, teria ela se lembrado, no decurso do filme, de algum relacionamento de cujo fim se arrependera? Do João Ricardo, talvez? Do Paes Barreto? Dos seus ex-namorados que desapareceram no mundo, esses dois foram os que mais se aproximaram do seu coração. Ao menos foi o que pude depreender de nossas longas conversas. O primeiro também manifestou fortes pretensões literárias e, segundo entendi, não se sentia confortável com as pretensões equivalentes da então companheira. Sempre que ela se punha a escrever, João Ricardo se incomodava tremendamente, até mesmo acusando-a de assumir feições masculinas durante o trabalho. (Dante Casarini, seu ex-marido, também reclamara do mesmo fenômeno.) João queria Hilda e a literatura *para* ele. E Hilda, pois, sempre teimosa e libertária, deixou-o pela literatura. Sua vocação mostrou-se mais forte do que a paixão: "Como é?! Ou você ou a literatura? Fico com a literatura". Ela sabia que uma decisão séria, que a lealdade a uma vocação, exige sacrifícios. Às vezes, após algumas taças de vinho do Porto, Hilda deixava transparecer certo arrependimento, não por ter preferido a literatura a um amor, mas por não ter conseguido manter-se ligada simultaneamente a ambos. Tendo sacrificado suas paixões no altar da poesia, não conseguia receber, em vida, os louros que sentia merecer por semelhante coragem e desprendimento. Tinha plena consciência do valor e da importância do seu trabalho, mas não entendia por que não era lida senão por um pequeno círculo de iniciados. Valera a pena ter alimentado sua criação com a carne das diversas paixões cultivadas? Não era segredo para nenhum membro de seu círculo mais próximo que, de um modo geral, a cada um de seus livros de poesia correspondia a paixão por um homem: *Trovas de muito amor para um amado senhor*, por exemplo, fora escrito para Paes Barreto; *Júbilo, memória, noviciado da paixão*, tal como indicam as iniciais do título, para Júlio de Mesquita Neto, jornalista e diretor do jornal *O Estado de S. Paulo*, que, certa feita, chegou a confessar, à própria Hilda, que a temia. Ora, ele era casado — e bem casado —, e não podia, pois, corresponder a essa paixão de poeta cuja duração, como era patente, nunca ia além de cada livro publicado. Hilda muitas vezes denunciava esse seu sentimento de perda ao me aconselhar sobre alguma garota que me procurava: "Fique com ela", "case-se com ela", "chame-a para dormir aqui", e assim por diante, como se estivesse a dizer "não deixe passar essa oportunidade". Não era algo do tipo "vá curtir, vá aproveitar a vida, vá buscar prazer". Nada disso. Conversamos a respeito enquanto eu escaneava páginas do seu diário íntimo, publicadas por mim em seu primeiro site oficial sob o título *Fac-símiles de um diário de 1973*. Ainda estão on-line. Uma dessas páginas está cortada pela metade, a de 14 de abril de 1973. Nela se lê: "Gisela [Magalhães] veio me ver. Fiquei muito feliz. Falamos tanto, memórias, o rosto nosso de antes. Porre ótimo". E Hilda me pediu para excluir a parte inferior da página, onde se lia: "E sexo com alguém que não sei quem é".

— Não coloque isso, Yuri. Eu e Gisela saímos daqui e fomos até Campinas. Bebemos muitíssimo, um porre ótimo mesmo. Depois, conheci esse homem no bar. E a gente fodeu no meio do mato, aqui perto. Nem sabia o nome dele. Nunca soube.

— Não foi bom pra você?

Ela fez um muxoxo:

— Sexo é uma besteira, Yuri! Uma besteira! Sempre é, quando você não ama. Umidades, fricções, gemidos, e depois, o vazio... Uma maçada! Tira isso daí, não publica na internet, não. Melhor evitar esse mau exemplo para os adolescentes. Principalmente agora, com aids e todas essas coisas horríveis.

— Se você tivesse se apaixonado pelo cara, teria sido diferente, né?

— Paixão? — retrucou ela. — Minha mãe é que estava certa: "Se tens um inimigo, deseja-lhe uma paixão", sempre repetia... É péssimo estar apaixonada: *bossa* filme de terror! No começo, podem se confundir, mas amor não é paixão. O amor continua e se intensifica, enquanto a paixão vai e vem, como as marés. Isso é um truísmo, né. Minha empregada já ouviu isso mil vezes nas novelas da Globo. E eu também. Mas, na prática, quando a pessoa está no meio do maremoto, fica confusa, nunca se lembra da diferença.

— Mas a paixão pelo menos lhe rendeu alguns livros...

Ela sorriu melancolicamente:

— Quando a gente, ou a pessoa por quem a gente está apaixonada, não deixa a paixão evoluir até se tornar amor, a paixão se torna uma doença. Entende? Aquele desejo doloroso de se expandir, aquela obsessão em engolir o outro, aquela vontade de iniciar algo novo que nunca se inicia. Sempre que a paixão se tornou uma doença para mim, a poesia é que foi a cura.

— Entendi. — No caso dela, a fórmula me parecera mais do que exata. Então, acrescentei: — Na sua poesia, a paixão foi como o cisco que cai no interior da ostra... Para se proteger, ela o cobre de nácar e o transforma em pérola...

— Sim, comigo foi assim.

— E, apesar desse ganho, dessa alquimia, você ainda vê a paixão como algo que se deseja apenas aos inimigos?

Ela suspirou, o olhar perdido algures, meditando. Por fim, deu uma longa tragada no cigarro e voltou a me encarar:

— Olha, Yuri, eu sempre me interessei por homens que tivessem pelo menos um destes três atributos da divindade: ou inteligência, ou beleza, ou poder. Eu queria receber essas coisas, entende? Porque, enquanto o caráter masculino é necessariamente *doador*, o feminino é sempre *receptor*. Como a simbologia do Céu e da Terra na tradição chinesa, né: quem fecunda *dá*; quem é fecundado *recebe*. Demorei a perceber isso de forma consciente: eu era a *Terra* a procurar a água do *Céu*. No fundo, Deus é masculino até para os homens, Yuri. Um homem de verdade só é feminino, ou seja, passivo, diante de Deus e de mais ninguém. Mas eu sou mulher, e queria alguém dotado da *semelhança* Dele acima de mim. Entende?

— Acho que sim.

— É verdade que essa busca sempre me ocorreu de forma instintiva. Nunca fui uma feminista.

Isso era verdade, o que, claro, me lembrou de outro caso: eu estava presente quando, em 1999, a jornalista Marilene Felinto foi entrevistar Hilda para a *Folha de S.Paulo*. Ao telefone, a jornalista dissera que seria "a entrevista do século". Feminista convicta, Felinto esperava encontrar uma escritora que professasse ideologia semelhante à sua, recheada de discursos e slogans antimasculinos — mas quebrou a cara. Nunca me esquecerei do grande desapontamento que levou consigo ao partir.

A certa altura dessa entrevista, como quem alude a uma bobagem juvenil do passado do entrevistado, e tentando provocar uma retratação de Hilda, a jornalista observou:

— Numa entrevista, em 1949, você disse que o homem tem de ser psicologicamente mais forte do que a mulher, e que a emancipação feminina é uma balela.

Hilda respondeu:

— Não só psicologicamente. Eu também gostava do macho mesmo, daqueles do tipo Ceasa, sabe? Eu tive um homem, o João Ricardo, que já era lindo, deslumbrante, e ainda fazia boxe: eu achava o máximo. Não dá para ser submissa diante de uma besta quadrada. Eu nunca tive interesse por nenhum homem molengão. Tinha de ter as duas coisas juntas, ser ao mesmo tempo brilhante e também um macho visível. E eu nunca consegui ter uma relação com uma mulher. Fui muito cantada por mulheres também. Mas, se eu vejo uma vagina, tenho horror, medo da gruta escura lá dentro.

E Hilda ainda acreditava nisso. Só usara o tempo verbal no passado porque, quase duas décadas antes, aos 50 anos, ela já havia desistido dos relacionamentos amorosos. Para ela, se o homem não fosse um "macho alfa", cairia, invariável e juntamente com todos os demais "betas", na sua *friend zone*.

Ademais, outra atitude nada feminista da parte de Hilda ocorrera em 1998, quando ela me disse que precisava de alguém para morar ali na Casa do Sol, alguém que fizesse as vezes de secretário. Sem saber que ela pretendia me convidar, lembrei-me de uma amiga que estudava Letras na USP, e fiz-lhe a sugestão. Para meu espanto, Hilda replicou:

— Não, mulher, não. Mulheres são chatas demais, rasas. Ou são fúteis ou então são pseudointelectuais...

Outro indício de que Hilda cantava e andava para o feminismo era sua preferência por narradores masculinos, predominantes em seus textos de ficção. Bem, esse já seria um tema controverso demais e alheio a esta narrativa.

Voltemos, portanto, ao que Hilda me revelara na intimidade e que, naquela noite, voltava à tona da minha mente:

— Sempre quis um homem que, em algum sentido essencial, fosse um doador, um provedor, um protetor. Por isso, meus namorados eram ou muito inteligentes, ou lindos, ou então ricos e poderosos. O problema é que, entre esses, a inteligência é o único atributo que realmente nos faz companhia e que sobrevive ao transcurso do tempo... Bom, há essas doenças degenerativas que deixam a pessoa *gling-glang*, né, mas são raras... — E sorriu. — Mas, de um modo geral, a inteligência é que é o atributo mais duradouro e sedutor. Se você pensar bem, é a única qualidade que sobrevive à morte do corpo. Ninguém vai manter a conta bancária após a morte. Esses homens endinheirados... Meu Deus!... Lá dentro do iate deles podem não passar de uns chatos superficiais, estátuas de vento. E a maioria deles pensa que é rico por ser inteligente! Podem ser muito espertos, mas *esperteza* não é inteligência. De fato, são ricos apenas porque se dedicaram a algo que muitas pessoas querem ou precisam consumir. Foram astutos! Mas confundir isso com inteligência... Que besteira! Eu já estive com um homem riquíssimo, num hotel europeu cinco estrelas, e não parava de pensar: "Ai, que pena que ele não é fulano... Fulano é tão engraçado, tão perspicaz, tão deslumbrante..." Foi patético perceber isso naquela situação. Ele só sabia falar de negócios, achava uma besteira eu escrever poesia, sabe?, essas coisas...

— E os bonitos?

— Ah, os bonitos, com o tempo, além de envelhecerem como qualquer um, começam a entediar a gente, parecem achar que basta existir para serem interessantes. Você sabe: as mulheres meramente bonitas são a mesma coisa. No final das contas, só a inteligência empolga sempre: quer dizer, se ela não for apenas uma astúcia, uma repetição simiesca de bobagens que a pessoa lê ou escuta... A verdade é que, infelizmente, nunca namorei um homem que me desafiasse intelectualmente, nunca namorei um homem brilhante mesmo, um gênio como... como meu pai. A maioria dos homens inteligentes tem seus limites também, sabe? Vivem presos num preconceito, numa ideologia, numa doutrina ou num niilismo mórbido, o que é sempre um tédio, uma maçada. Eu amei muitos homens que me achavam uma doida varrida e, por isso, não queriam nada sério comigo. O fato de eu acreditar em Deus, na imortalidade da alma, em extraterrestres, em anjos, em espíritos, em transcomunicação, tudo isso só os deixava travados durante uma conversa mais profunda.

Eu sorri:

— Pois é, eu passo por situações semelhantes. Você fala certas coisas e as pessoas ficam de boca aberta, como diria o Nelson Rodrigues, babando na gravata.

— E a maioria das pessoas é assim, Yuri! Sacos vazios, sem uma sombra sequer da verdadeira inteligência, sem o menor traço de imaginação.

Em geral, dizer que se acredita nessas coisas é apenas dizer que as acha possíveis, e, tendo lido e estudado a respeito, reconhecer que ninguém ainda refutou satisfatoriamente a possibilidade de cada uma delas. Ter imaginação também é isso: dar o primeiro passo para a compreensão. Logo, pense em como seria apaixonar-se por alguém desse tipo, alguém desprovido de imaginação. Quando a gente percebe, está ali com a pessoa apenas por sexo, por necessidade material ou por inércia... Deve ser ótimo ser uma mulher idiota: qualquer bacharelzinho já é um gênio! — E riu.

— Bom, então seu pai era perfeito, né: o cara era rico, inteligente e bonito.

— Meu pai era maravilhoso! Um homem deslumbrante! Mas, depois que perdeu tudo com a quebra da Bolsa de Valores em 1929, ficou louco. Louco mesmo. Me confundia com minha mãe... Com o tempo, morando num quartinho nos fundos da casa dela, e depois no sanatório, foi ficando feio também: sem dentes, o rosto engelhado, aquele olhar desvairado... Uma vez, fui visitá-lo no sanatório, e ele me perguntou: "O que tem do outro lado do muro?" A consciência dele já não ia além da circunstância imediata, do hospício. Este mundo aqui é quase um inferno, Yuri: destrói até mesmo o homem perfeito!

Certa vez lhe mostrei minhas anotações referentes ao livro que Miriam Virna, diretora teatral brasiliense, me emprestara alguns anos antes: *A força sexual ou o dragão alado*, de Omraam Mikhaël Aïvanhov. Há um trecho no qual o autor afirma que o indivíduo, tendo se tornado incapaz de receber a "energia criativa" diretamente da *Fonte*, isto é, de Deus, passa então a buscá-la em seus semelhantes, vampirizando-os — principalmente por meio da paixão e do sexo. Mesmo que a pessoa não creia literalmente nas colocações do autor — porque suas descrições do mundo astral são demasiado bizarras e fantásticas —, deveria no mínimo encarar suas palavras de maneira simbólica. Segundo ele, o ato sexual reiterado cria liames invisíveis entre os envolvidos, e, quando um deles tenta romper tal ligação, a dor causada ao outro pode até mesmo enlouquecê-lo. Claro, o amor nos salvaria dessa "paixão diabólica". Mas quem disse que todos os que se julgam sexualmente maduros conhecem de fato o amor?

Na ocasião, Hilda lera minhas anotações com atenção:

— É isso! É isso mesmo — murmurou ela, muito séria. E concluiu: — Nesses momentos em que a paixão se torna puro vampirismo, quando não há afeição, sexo é um terror! Um terror!

Na sala, enquanto eu repisava esses diálogos, mantinha o controle do videocassete na mão e o olhar fixo na tela, que agora mostrava meramente o chuvisco de fora do ar. Eu já devia estar ali, sentado, fitando o nada, havia horas! Ou infinitos minutos, sei lá. Naquele momento, uma enorme angústia exagerava o mundo para mim. Havia uma estranha tensão no ar. Minha solidão física insistia em tornar-se metafísica. Atentos, alguns cachorros me encaravam, uma coisa deveras estranha. Pensava no filme, nas ex-namoradas, nesse labirinto patético que é a vida de quem busca a companhia de alguém que realmente ame. Lembrei-me então do telefonema que, semanas antes, a pedido de Hilda, eu fizera ao Paes Barreto, com quem ela não falava havia 20 anos ou mais. A esposa dele havia falecido recentemente e, portanto, uma porta se abrira. Sim, quando se conheceram nos anos cinquenta, Paes Barreto, cerca de 20 anos mais velho do que ela, já era um homem casado. Ainda assim, eles se apaixonaram, mantiveram um relacionamento, viajaram juntos. Hilda me disse que ele pretendia separar-se da esposa e casar-se com ela, mas Hilda, apesar de tentada, pois realmente o amava, não queria o carma de ser a destruidora de uma família, e então o rejeitou, afinal, ainda havia todo o tempo do mundo. Paes Barreto, que amava a família, aceitou corajosamente essa decisão. No entanto, ela me confessou que se arrependeu diversas vezes ao longo da vida, pois, além de Paes Barreto, nenhum outro homem, do tipo macho dominador, a tratara com tanto respeito, carinho e paixão, nenhum outro homem a compreendera tão bem. Rindo, ela me dizia que a esposa de Paes Barreto, nos anos seguintes, já ciente daquele caso findado, sempre rasgava os jornais quando saía alguma notícia sobre Hilda ou sobre algum de seus livros. Ao menos era o que lhe segredavam amigas comuns. E, na ocasião daquele falecimento, ciente de que já não havia um casamento a atrapalhar, Hilda me pediu para encontrar o telefone de antigo amante, o "amado senhor" de seus poemas, com quem já não conversava havia tanto tempo. Descobri o número e, sabendo que Hilda não se incomodava nem um pouco em dividir sua intimidade comigo, permaneci no escritório enquanto conversavam. Fiz a ligação e o avisei:

— Senhor Paes Barreto? Um telefonema da parte de Hilda Hilst. — E passei o aparelho para a poeta.

— Barreto? É Hilda! — Pausa. — Sim, meu querido, eu sei, eu sinto muito. — Pausa. — É verdade, me desculpa. — Pausa. — Eu também tenho muitas, muitas saudades... Não chora.

Nesse instante, Hilda começou a chorar compulsivamente, causando-me grande constrangimento. Não querendo incomodá-los, pois senti que era um momento muito importante, íntimo, eu me levantei, dirigindo-me à porta do escritório, de onde ainda a ouvi dizer:

— Eu também, Barreto, eu também. Eu te amo muito, meu querido!

Não chegaram a se reencontrar neste mundo. Ambos faleceram pouco depois desse telefonema, com apenas três ou quatro anos de diferença. Os 20 anos a mais de Paes Barreto não fizeram a mais mínima diferença: a morte os igualou. Na ocasião, realmente me passara pela cabeça: é a última vez que esses dois conversam aqui na Terra...

Um cachorro ladrou, violentando o silêncio e derrubando-me das nuvens, como o teriam feito os pratos de metal de uma orquestra sinfônica — era Laika. E o estridente latido me causou uma lúgubre comoção, como se pressentisse subitamente que jamais voltaria a falar com qualquer das mulheres que amei ou, o que era pior, que jamais voltaria a encontrar alguém para amar. Ou pior: que, como Riobaldo, só tivesse a certeza do amor quando já fosse tarde demais. Uma estranha palpitação transformou a sensação em certeza. E comecei a suar frio, como se a morte estivesse logo à entrada do condomínio.

— Caralho, o que está acontecendo comigo?

Laika intensificou ainda mais seus latidos, sendo secundada pelos demais. Zidane e Sílvia, os dois maiores, iniciaram sua participação com uma potência espantosa, fazendo-me franzir o cenho. Sim, como ocorrera com as panelas da cozinha, esses ruídos repentinos e estridentes novamente me derrubavam do equilíbrio, perturbando-me como uma pedra sonora atirada à superfície do lago da minha mente. Em seguida, todos — provavelmente uns onze cães, pois Hilda levara os quatro menores para dormir com ela —, todos correram para a varanda, atropelando-se e espremendo-se pelo gargalo da porta da frente semiaberta. Aquele alvoroço me causou novo estremecimento: Candide havia retornado para cumprir sua ameaça! Era algo óbvio, os cachorros raramente aprontavam semelhante algazarra sem um motivo palpável. No mês anterior, havia sido um porco-espinho, um motivo para lá de palpável. Em sua inocência, Sílvia o atacara e, quanto mais se feria naquele escudo traiçoeiro, mais agressiva se tornava. Claro, sua investida durou até o ponto em que a dor se tornou insuportável. Quem nunca viu o estado de um cão, após um ataque frustrado como este, não sabe de que cena horrível e patética escapou. O animal fica cravejado de espinhos, grandes como agulhas de crochê, principalmente nas patas dianteiras e no focinho. Espinhos esses dotados de uma textura que é lisa ao penetrar na carne, mas áspera e pegajenta ao sair. A boca, incapaz de fechar-se, a babar sangue, exibe-os quais dentes enormes e vampirescos, transformando-se numa bocarra de monstro de filme de terror. Na ocasião, Sílvia, desesperada, cabisbaixa, perambulara de um canto a outro da casa, sem deixar-se tocar e fugindo dos demais cães, que latiam como se ela, de fato, fosse uma fera desconhecida. Foi necessário amarrá-la com vários segmentos de corda, anestesiá-la — já tínhamos o anestésico deixado pelo veterinário para emergências assim —, e, com um alicate, arrancar espinho por espinho. A cadela, grande e forte, e mesmo amarrada, teve de ser contida à força por mim e por Mora Fuentes, enquanto Chico, o caseiro, fazia as vezes de cirurgião. Uma trabalheira dos diabos, mas, ao menos do meu ponto de vista humano, uma situação menos grave do que a visita de um lunático que jurou vingar-se. Vingar-se de... de minzinho!

— Não vou esperar sentado — murmurei comigo.

Então, me levantei, peguei o cajado, o bastão, o báculo — àquela altura sabia lá eu o nome daquela joça —, enfim, peguei aquele pedaço de pau que Hilda usava para caminhar pelo quintal e segui os cães. O mais provável, imaginava, seria encontrar Candide armado de revólver ou pistola — do contrário teria levado seu plano a cabo antes mesmo de ter partido naquela tarde. Apesar de acreditar nessa hipótese, não a via como uma grande desvantagem minha, afinal, em contrapartida, eu tinha uma dezena de cães no meu exército — se é que não fugiriam ao primeiro estampido da arma de fogo. (É difícil confiar plenamente em quem ouve ultrassons.)

Ao chegar à varanda, seguido apenas por Marujo e por Teco, notei que o restante da matilha corria na direção da enorme figueira. Os cachorros que já se encontravam lá latiam para algo alheio ao meu campo de visão. E, é claro, seus ladridos, espalhados noite adentro, alcançaram o canil, contaminando outros sessenta cães, que então se uniram à balbúrdia. Se Hilda despertasse, ficaria apavorada. Eu precisava ir até os líderes da revolta e calá-los. E, se calhasse, enfrentar o invasor. Determinado a resolver a questão, fui-lhes no encalço.

Ao dar meu primeiro passo ao relento, não pude conter um indiscreto "Uau!". Sim, pois o céu estava infinitamente estrelado, tal como o céu noturno dos páramos do Equador, esse céu que jamais é visto nas grandes cidades. De tão brilhantes, os astros iluminavam o jardim qual lua cheia. A constelação de Escorpião ocupava o zênite, com Antares a presidir aquele impressionante serviço de iluminação cósmico-pública. Claro, as estrelas não chegavam ao ponto de produzir sombras duras, recortes negros e reticulados sob as árvores e arbustos, tal como ocorria durante o plenilúnio. Havia menos contraste e menor intensidade. Mas eliminavam totalmente a necessidade de lanternas. Embora pálida, tudo parecia emitir uma luz própria, como num cenário digitalizado. Eu podia caminhar normalmente, vendo cada pedra do caminho, o que, por outro lado, trazia um risco: tornar-me tão visível ao inimigo quanto os cães o eram para mim. Alterei então minha rota em quarenta e cinco graus, e fui na direção do portão principal, à época abandonado, separado da casa por uma aleia que certamente iria me camuflar. Era em noites assim que eu, acompanhado apenas pelos cachorros, costumava acender uma fogueira e curtir o silêncio. Hilda não gostava de se aventurar no escuro e na friagem, sentia-se frágil e vulnerável, e, nessas expedições noturnas ao quintal de sua casa, me acompanhou uma única vez. Na ocasião, ela quis verificar com os próprios olhos a lenha que eu extraíra de uma árvore derrubada pelo vento. Não conseguira me imaginar com um machado em mãos.

— Já rachei lenha no refúgio do vulcão Cotopaxi a 4.800 metros de altura, Hilda. Tá pensando que sou apenas um protótipo de intelectual?

— Tô — respondera ela. — Me mostra a fogueira.

Ficou conversando comigo à luz do fogo ainda uma meia hora, ao cabo da qual eu a acompanhei até seu quarto, onde a deixei, voltando, em seguida, para minha meditação de acampamento.

— A gente já tem lareira, Yuri — observara ela no percurso, sorrindo, de braço comigo.

— Mas na sala não tem céu! — eu replicara.

Ademais, eu sempre iniciava a fogueira acompanhado por uns quinze cães. Conforme iam notando que nada de extraordinário (ou comestível) estava por acontecer, retiravam-se um a um paulatinamente. O fogo não lhes despertava nada, nenhum lampejo de nostalgia ou de mistério. Quando havia lua, vista dali da fogueira, a Casa do Sol parecia flutuar no espaço. Muito provavelmente, dentro dela, a astronauta Hilda Hilst estaria a dizer suas orações antes de dormir. Uma ou duas horas mais tarde, quando crepitavam os últimos tições, somente Marujo restava comigo. Ao voltar para casa, encontrava os demais na sala de TV, ocupando civilizada e folgadamente sofás e poltronas. Fogueira era coisa de selvagens, pareciam acreditar.

Os cães continuavam latindo na direção daquele mistério oculto pela famigerada "árvore mágica". Para chegar lá, eu teria de atravessar uma ampla clareira — justamente aquela cortada pela estradinha que ligava a frente da casa à entrada dos carros. Eu ainda sentia o coração nas têmporas, as mãos suadas, a boca seca. Era a hora de agir. Metido entre arbustos não identificados e bromélias gigantes, perscrutei então os arredores, respirei fundo, segurei o cajado na horizontal com ambas as mãos, inclinei-me adiante — numa estúpida e ridícula tentativa de passar despercebido —, e, feito um ninja de desenho animado, atravessei a clareira a largos pulos. Eu não teria sido menos discreto se me fantasiasse de Chapolin Colorado. Sim, as ideias paranoicas já dominavam meu comportamento. Quem me visse de longe pensaria que eu é que era o invasor. E é óbvio que minha aproximação causou novo tumulto entre os cães, os quais, saindo de trás da figueira, me receberam com muitos latidos, rosnados e alguns ganidos — estes emitidos pelos menores, que se assustaram com minha performance de "Jack dos Saltos de Mola". Porém, não me atacaram, visto que, de perto, me reconheceram — mas, a essa altura, meu disfarce já era lixo.

— Pssssiu! Fica quieta, Sílvia! — bronqueei, irritado.

Feliz por me ver ali, Sílvia, festando e adiantando-se aos demais, atirou-se contra mim, desequilibrando-me com seu peso e com seu entusiasmo, o que me fez pensar:

— Pronto, estou morto: eis a melhor hora para o inimigo!

Enquanto a retinha nessa contradança — minhas mãos deste lado do cajado, suas patas dianteiras de lá —, aguardei, com o cenho franzido, o estampido da arma de fogo. E veio o grande susto.

— Yuri! — falaram alto e bom som em meu ouvido.

Com aquela súbita presença às minhas costas, minha reação imediata e instintiva foi mergulhar capoeiristicamente para a frente e dar um desengonçado aú, me embaraçando todo com aquele pedaço de pau e com Sílvia, que certamente não viu naquela cena burlesca senão uma continuação da brincadeira precedente, jogando-se, pois, insistentemente sobre mim, até me derrubar da cocorinha resultante e me deixar sentado ao chão, enquanto os demais cães, curiosos, me rodeavam para averiguar e farejar o que afinal se passava. Helena, solidária, enfiava o nariz gelado no meu ouvido esquerdo. E, claro, enquanto eu buscava o vulto com o olhar, ainda aguardava o tiro.

— O que é que você tá fazendo aí nessa escuridão, Yuri? — tornou a voz, desta vez, agradavelmente familiar: era Mora Fuentes.

— Quer me matar de susto, Zé?! — reclamei, envergonhado por ter reagido daquela maneira espalhafatosa de capoeirista meia-boca. No dia seguinte, para variar, ele certamente me alugaria por conta disso, arrancando risadas da Hilda. Não por malícia, é claro, mas porque naquela casa uma das grandes diversões era pegar no pé do próximo, e Zé Mora, com sua verve libriana habitualmente impagável, exageraria no ridículo do meu ato. Enfim, com mais essa infantil paranoia em mente, e aturdido com o movimento recém-efetuado, eu ainda permanecia de bunda ao chão. E, apesar da penumbra, agora podia ver nitidamente o rosto do meu amigo. Por trás dele, emoldurada pela Via Láctea, a Casa do Sol flutuava.

— Matar você de susto? — E riu. — Você é que está matando a casa inteira de susto! Ainda bem que o canil já se acalmou.

Empurrei Zidane e Laika a um lado, e então encarei meu interlocutor:

— Mas não fui eu. Eles é que começaram a latir sozinhos. Só vim ver o que estava acontecendo.

— E o que era? O Candide veio buscar nossas almas?

— Nem brinca, Zé. Eu tô com um pressentimento muito ruim...

— *Pressentimento ruim?* — repetiu ele, sorrindo. — Tem certeza de que não é o beque?

— Que beque? Faz séculos que não fumo nada.

— Quebec não: Montreal.

— Hum?!

— Nada não — E riu. — Você não fumou: ok. Mas comeu as bolachas do Candide, né?

— Comi.

— Então, Yuri: eram *space cookies*.

— Bolachas com maconha?!

— Vai me dizer que você não sabia?

— Puts! — exclamei, finalmente compreendendo toda aquela ansiedade iniciada ainda durante o filme, e também as risadas fáceis, a gargalhada diante da observação da Hilda, e, claro, as paranoias ridículas. E, uau!, compreendi, sobretudo, a origem daquela impressionante paisagem onírica coroada por aquele céu de telescópio Hubble.

— Levanta, vai — disse ele, estendendo-me a mão.

Aceitei sua ajuda e me levantei, espanejando a calça empoeirada.

— E agora? — perguntou. — Vai conseguir dormir tranquilo?

— Dormir? Sou um jovem idiota, lembra? Agora eu vou é curtir. Que mais posso fazer?

Ele riu.

— Boa noite de novo, Yuri.

— Boa noite, Zé.

Ele caminhou em direção à casa enquanto eu voltava a observar a paisagem deslumbrante ao meu redor. Por mais perdido que eu estivesse em minha vida, por mais carnalmente carente que me sentisse, ao menos tinha confiança em Deus, e estava morando na melhor das casas possíveis.

Homem também tem pelo

Em junho de 1999, quando eu já morava na Casa do Sol havia quase nove meses, a atriz e diretora Bete Coelho e a figurinista e cenógrafa Daniela Thomas foram visitar Hilda Hilst. Ambas participavam do projeto de adaptação para o teatro do livro *O caderno rosa de Lori Lamby*, cuja protagonista seria vivida por Iara Jamra. A peça, à qual assisti semanas mais tarde no Teatro N.Ex.T, no centro de São Paulo, ficou excelente, unindo na proporção ideal o humor e o horror deste que é o primeiro volume da trilogia erótica hilstiana. O sucesso ulterior da montagem, contudo, não impediu Hilda de indagar pela milésima vez:

— Por que ninguém se interessa em montar minhas peças? Por que só querem adaptar meus livros?

— Ai, Hilda! — suspirava ao telefone o amigo Mora Fuentes. — Quando você disser isso às moças, porque eu sei que você vai dizer, sua teimosa, não faça a reclamona, né. Você não está contente com o interesse delas pela Lori Lamby?

— Claro que sim, Zé. Elas são ótimas. Mas não é isso...

— Hilda — dizia eu então —, quando suas peças forem publicadas, os diretores vão começar a montá-las. Muita gente nem sabe que você também é dramaturga.

— Faz trinta anos que as escrevi! Trinta anos! — repetia, arregalando os olhos.

E foi mais ou menos nesse clima que, num dia frio mas ensolarado, recebemos as visitas. Em ocasiões assim, Hilda fazia questão da minha presença, entre outras coisas, para ser sua memória recente auxiliar.

— Yuri, quem é mesmo o autor dessa biografia do James Joyce que estou lendo?

— Richard Ellmann, Hilda.

— É verdade. Só me vinha à cabeça Richard Burton — E ria.

Ela vivia citando autores e livros e, como eu vinha organizando sua biblioteca, cabia a mim ir buscá-los nas estantes, já que ela estava sempre a ler um trecho ou outro para seu interlocutor. Vale lembrar também que, como toda figura pública, Hilda Hilst se transformava nesses contatos com os leitores e os fãs. No dia a dia, eu até me esquecia de que ela estava prestes a completar 70 anos: conversávamos como se ambos tivéssemos dezesseis. Claro, não foi assim desde nosso primeiro contato. Nossa amizade foi evoluindo. Mas essa diferença entre o antes e o depois saltava aos meus olhos quando, em minha presença, outras pessoas a encontravam pela primeira vez: de repente, minha "amiga adolescente que se interessava pelas mesmas coisas que eu", e que só vestia a carapuça de mestra quando eu dizia uma grande besteira, se transformava em quem realmente era: um colosso literário. Ninguém que a tenha conhecido em sua casa jamais se esquecerá da sua presença marcante, de sua sinceridade sem papas na língua e de sua modéstia aristocrática. Quando as visitas iam embora, ela me perguntava:

— Como me saí? — E então sorria. Tinha plena consciência do teatro do mundo e de seu papel nele.

Recebemos o anúncio da portaria do condomínio, e nos preparamos para recepcionar Bete Coelho e Daniela Thomas. Hilda decidiu recebê-las à mesa de jantar, diante da lareira, já que o escritório estava inusualmente frio. Chico abriu o portão, e o carro veio estacionar diante do alpendre. Os cães, obviamente, fizeram o escarcéu de sempre, rodeando o carro e aguardando as visitantes com todos os volumes e tons de latido.

— Olá, tudo bem? — eu disse, recebendo Daniela à porta e lhe estendendo a mão.

— Oi — respondeu, ligeiramente ansiosa, aceitando o cumprimento e me encarando por trás das grossas armações dos óculos. Uns dez cães a rodeavam, os pequenos latiam estridentemente.

— A Bete não vai entrar? — perguntei.

— Ela não quer sair do carro! Morre de medo de cachorros.

"Ih, lascou-se!", pensei com meus botões. Hilda jamais sairia de casa para conversar com alguém pela janela de um automóvel. Ela simplesmente não confiava em quem não se dava com animais. Meu lado diplomático começou a se preocupar: e se isso fizesse Hilda não dar sua bênção à peça? Não, ela não cancelaria sua autorização, mas aquela situação poderia azedar o trabalho de alguma forma. Talvez até aproveitasse o episódio como desculpa para não ir assistir à montagem. Embora estivesse mantendo um bom diálogo com Iara Jamra, por quem sentia grande simpatia, antipatizar com a diretora, por causa dos cães, não resultaria em nada de bom.

Entramos, e Daniela cumprimentou Hilda com efusão. Após os salamaleques, indiquei a cadeira para que se sentasse.

— Cadê a Bete? — perguntou Hilda, que até então exalava pura simpatia.

"Pronto", pensei, "vai começar".

— Ela não quer sair do carro — respondeu Daniela. — Está com medo dos cachorros. Não imaginava que se agitariam tanto.

O semblante de Hilda anuviou-se:

— Ué. Pensei que ela quisesse muito conversar comigo.

— E quer. Mas...

— Eles só ficam agitados no início, Daniela — atalhei. — Olha só como eles já se acalmaram. Bastou você se sentar.

— Eu vou lá falar com ela — respondeu, levantando-se e pressentindo nuvens de tempestade.

Daniela saiu e Hilda me encarou, um ricto de desgosto nos lábios.

— Era só o que faltava — resmungou.

Infelizmente, os cães que acompanharam Daniela logo reiniciaram a balbúrdia, o que, claro, só serviu para contradizer seus argumentos. Bete Coelho certamente não estaria disposta a ser uma raposa numa caçada inglesa. Hilda, concentrada e já visivelmente irritada, fumava seu Chanceller 100. Aguardamos em silêncio. Ao cabo de dois ou três minutos, Daniela retornou — sozinha!

— Desculpa, Hilda — começou, embaraçada. — Não adianta. Ela está mesmo com medo.

Como Hilda nada respondesse, e pelo andar da carruagem talvez já não fosse dizer mais nada, decidi ir testar meus próprios argumentos.

— Eu falo com ela.

Fui até o carro e dei umas duas batidinhas no vidro. Bete Coelho abriu a janela. Os cabelos curtos e muito negros deixavam sua pele ainda mais pálida.

— Oi, Bete. Meu nome é Yuri. Sou secretário da Hilda.

— Oi, Yuri. Ela está muito chateada comigo?

— Um pouco. Mas você não precisa ficar com medo dos cachorros. Eles latem muito apenas quando veem a pessoa pela primeira vez. Depois se acostumam e ficam quietos. Nunca morderam ninguém.

— Eu sei. Eu entendo que seja assim. Mas é involuntário! Juro! Estou em conflito aqui. Quero sair, mas não consigo.

Seu olhar comprovava sua angústia. Ela chegara à Casa do Sol e não veria Hilda Hilst? Como era possível?

— Olha — propus —, você pode vir comigo. Vem segurando no meu braço. Você vai confirmar que cão que late não morde.

— Obrigada, Yuri — retrucou, desconsolada. — Mas não vai dar. É um problema que tenho. Estou até tratando essa fobia com meu psicanalista.

Nesse instante, trinta milhões de neurônios modificaram repentinamente suas sinapses, e uma lâmpada, vista apenas por mim, acendeu sobre minha cabeça. Ora, justamente naquele mês, eu e Hilda estávamos lendo e discutindo o livro *A negação da morte*, de Ernest Becker. Nele, por meio principalmente de Otto Rank e Kierkegaard, Becker busca provar que só há uma maneira de escapar à neurose causada pela verdade de que todos morreremos um dia: voltar à *transferência original*. Na psicanálise, grosso modo, transferência seria o processo pelo qual confiamos nossa segurança psíquica a algo que nos ultrapassa, que nos transcende, a algo que esteja fora e acima de nós mesmos. Quando o bebê está mamando, sua mãe é a fonte e a mantenedora de toda sua saúde mental. Ele transfere suas necessidades mais profundas para ela. Ali, em seus braços, não há neurose, não há medo, não há ameaças de destruição. Conforme o indivíduo vai crescendo e se tornando um adulto, sua transferência passa a dirigir-se sucessivamente para outras pessoas ou coisas: para o pai, para um namorado, para um trabalho, para uma crença, para uma ideologia, e assim por diante. Quanto mais incerto, mortal ou volúvel for o alvo de sua transferência, mais neurótica se tornará a pessoa, e, por isso, de mais *mentiras existenciais* necessitará para não mergulhar na loucura de se ver apenas como um animal que em breve irá morrer. E não há ninguém que viva sem estar preso a esse processo, por mais inconsciente que seja, por mais que seja oculto o alvo de sua transferência. Daí o estado resultante de verdadeiro "escândalo", no sentido bíblico, isto é, de abalo da fé, quando tal alvo se desfaz no ar ou cai em desgraça. Nada explica melhor, por exemplo, um crime passional, no qual o marido, traído pela esposa, mata-a e em seguida dá um tiro na cabeça. Nada explica melhor o suicídio de nazistas que, momentos antes, descobriram que o Führer estava morto. Becker, portanto, desenvolve seu pensamento até nos mostrar que a única transferência perene, indestrutível e legítima é aquela que tem Deus por alvo: a fé. Seria essa a *transferência original*. Enfim, eu olhava para Bete Coelho, e me vinham à cabeça todas essas coisas. Mas é claro que eu não iria lhe dizer: "Tenha fé em Deus, Bete, e nada vai lhe acontecer". Não. Vestida com roupas escuras e pálida como uma frequentadora do Hell's Club, que eu também frequentei — sempre curti música eletrônica —, essa não parecia de modo algum a abordagem correta. O fato é que eu também sabia que, numa psicanálise, a terapia só se torna realmente efetiva quando, entre paciente e psicanalista, ocorre a transferência, quando o psicanalista se torna a salvaguarda do equilíbrio psíquico do paciente. Portanto, eu me inclinei em sua direção, sorri e, evitando toda essa complexidade sugerida pelo livro do Becker, simplesmente lhe disse:

— Bete, se você conseguisse enfrentar essa fobia agora e, apesar de todos esses cachorros, fosse até a sala conversar com a Hilda, tenho certeza de que seu psicanalista ficaria muito orgulhoso de você... — E, tendo dito isso, dei-lhe as costas e voltei à sala.

— Cadê ela, Yuri? — perguntou Hilda.
— Já está vindo.
— Sério?
— Sério.

E, de fato, em menos de um minuto, Bete Coelho surgiu à porta por si só, os olhos vidrados, direcionados para a frente, evitando olhar para baixo. Os cães, que haviam me acompanhado, cercaram-na latindo muitíssimo, mas ela, rígida, corajosa, enfrentando medos obscuros, permaneceu como uma estátua, os braços colados ao corpo. Com passos curtos e cuidadosos, mais parecia se deslocar sobre rodinhas do que caminhar. Dirigiu-se então até Hilda, que se levantou e a abraçou.

— É um prazer, Hilda. Me desculpa.

— Não entendi esse pânico todo — repreendeu-a Hilda, num tom bem-humorado. — Você por acaso também tem medo de homem? Homem também tem pelo! Sabia?

Todos riram dessa observação, e Bete Coelho se sentou na cadeira que lhe indiquei. As conversas prosseguiram de forma amena e, graças à bravura da atriz-diretora — que confirmou Sócrates, segundo o qual corajoso não é quem não sente medo, mas, sim, quem o sente e o enfrenta —, semanas mais tarde a própria Hilda foi assistir à montagem de O *caderno rosa de Lori Lamby*. Porque, cá entre nós, caso a autora tivesse antipatizado com Bete, teria sido muito difícil para Mora Fuentes arrastá-la da Casa do Sol até o teatro. (Ah, vale lembrar que, além de pelos, alguns homens também têm boas ideias.)

Ânus infantil, peitos juvenis

Sempre que Hilda Hilst narrava a visitantes ocasionais uma de suas inúmeras histórias cabeludas, ou meramente jocosas, havia ao menos um ouvinte predisposto a ruborizar-se e a arregalar os olhos, todo envergonhado, às vezes nitidamente chocado, o que muito a intrigava, pois a intenção da escritora nunca era escandalizar ninguém: em geral, buscava apenas o riso cúmplice. O fato é que Hilda não tinha papas na língua, e nenhum tabu era capaz de barrar-lhe a imaginação e, muito menos — vale dizer —, o seu comportamento.

    Lembro-me particularmente de uma tarde de verão, cujo calor nos martirizava, deixando os cães preguiçosos e nós, humanos, irritáveis. Além de nós dois, apenas o caseiro, Chico, estava na Casa do Sol, mas, nessa ocasião, permaneceu todo o tempo nos fundos da chácara, ocupado com a limpeza dos canis. Eu e Hilda, em seu escritório, conversávamos a respeito do livro *Viagem aos centros da Terra*, do escritor romeno Vintila Horia, livro que reúne entrevistas realizadas pelo autor com algumas das mais proeminentes inteligências de seu tempo: Werner Heisenberg, Raymond Abellio, Hans Urs von Balthasar, Carl Gustav Jung, Ernst Jünger, Bernard Lovell, Marshall McLuhan etc. A certa altura da discussão, Jung nos levou a Freud, e este, a outro livro que ela me fizera ler meses antes, o *A negação da morte,* de Ernest Becker. Nessa obra, entre outros temas, Becker observa que, de modo geral, o horror que se tem a certas condições do próprio corpo — e, por conseguinte, a seus órgãos e excreções — é apenas indício de um recalcado medo à própria morte, pois o corpo seria a maior evidência de nossa efemeridade. Hilda ia discorrendo sobre o assunto enquanto, com um leque chinês, abanava-se freneticamente, o suor a rebrilhar-lhe a pele. De repente, já muito ruborizada, me pediu:

— Por favor, Yuri, abra essa janela aqui atrás.

Levantei-me, dei a volta à mesa, e, postado atrás da cadeira dela, ergui a janela de vidro que dava para a fachada da casa. Mas havia apenas um mormaço, nenhum vento. Hilda desesperava-se:

— Pegue o ventilador, querido. Já estou quase passando mal.

No outro lado do escritório, sob a tapeçaria que pendia da parede, e na qual se via uma imensa mandala, havia uma mesa longa e estreita, abarrotada de livros e de objetos vários, entre os quais, um ventilador. Levei-o até sua mesa e o liguei. De nada adiantou: ele apenas lhe soprava um bafo quente e úmido. Então, agoniada, Hilda declarou:

— Desculpe, Yuri, não tem outro jeito... — e num movimento brusco, despiu-se da blusa, deixando à mostra seios surpreendentemente juvenis. Fechou então os olhos e, reforçando a ação do ventilador com seu leque, inclinou-se para trás, arrimando-se ao espaldar da cadeira: — Ah, agora, sim!

Comecei a rir:

— Por essa eu não esperava, Hilda.

— Nem eu. — E riu também, abrindo os olhos. — Espero que você não se importe.

— Não, não me importo. Minha avó paterna, lá no riacho da nossa fazenda, costuma fazer topless na minha presença.

— Meus peitos se parecem com os dela?

— Não, não. Os seus parecem os peitos de uma mulher de no máximo trinta anos.

— Meu médico me disse que é porque nunca amamentei.

— Sério?

— Sério. Mas também me disse que tenho de me apalpar com maior frequência, porque mulheres que não têm filhos podem ser mais propensas a sofrer de câncer.

— Caramba. Não sabia.

— Os médicos são ótimos para assustar a gente!

— Já me deram sustos também. De outro tipo, claro.

Apalpando um dos seios, ela voltou a rir:

— Você vai sair daqui com cada história pra contar!

— Verdade — respondi, divertido, tentando imaginar o que eu diria a alguém que nos pegasse desprevenidos.

E então me lembrei de um amigo, o professor Daniel Christino. Um dia, ao lhe narrar uma viagem a Minas Gerais, onde passara quatro dias numa rave, contei-lhe sobre uma agradável tarde numa cachoeira. Tendo nadado até ela, ocultei-me em seguida atrás da cortina de águas, encontrando ali, entre as pedras que afloravam à superfície, um local para me sentar — esconderijo que sempre me apraz. Ainda estava sentado naquela jacuzzi natural quando, dali a instantes, surgiram as namoradas de dois amigos meus, com as quais eu havia conversado na prainha minutos antes. Haviam me seguido a nado e agora estavam comigo naquele recanto dos mais isolados e íntimos. Ambas, fazendo topless, como duas ninfas gregas, ficaram ali a papear comigo na maior naturalidade — a ignorar completamente meus hormônios e meus genes de sátiro —, e com os lindos seios a me apontar quatro mamilos acusadores: uma maldade que não se faz com um escorpiano. Daniel, rindo, me narrou um caso semelhante ocorrido com ele e, por fim, me disse:

— Nessa situação a gente não consegue conversar encarando a figura. A gente conversa é "empeitando".

Como a discussão sobre os livros do Vintila Horia e do Ernest Becker parecia encerrada, para não ficar "empeitando" a Hilda, peguei o livro *Rútilo nada*, escrito por ela, e dei continuidade à leitura iniciada no dia anterior. Estava justamente no desfecho desse conto — cujo protagonista, durante o funeral do namorado da filha, rapaz por quem era apaixonado, não segura a onda e faz a maior cena — quando decidi perguntar à senhora H:

— Hilda, seus amigos gays não se chateiam com nenhum livro seu?

— Ah, uma vez um amigo meu ficou ofendidíssimo! — aquiesceu ela, arregalando os olhos. — Só porque eu usei nas *Cartas de um sedutor* a história que ele tinha me contado: quando criança, ele realmente costumava chupar o dedão do pé do pai dele enquanto o pai dormia. E eu dizia: "Mas, fulano, eu não citei seu nome! Ninguém vai saber que era você!" Não adiantou: nunca mais falou comigo.

Eu ri:

— Que coisa. Mas, e no geral? Esse aí só se chateou porque você usou uma história que ele te confidenciou, né.

— Bom, eles adoram minhas poesias.

— Sim, mas eu me refiro à maneira como você os retrata na ficção.

— Ah, em geral meus amigos gays não se ofendem com minha ficção, não. Mas nunca entendi por quê! — exclamou, rindo. — Eu escrevi cada coisa... Nas primeiras vezes, pensei que fossem me xingar, me cuspir, como muita gente quase fez. Nossa, já falaram horrores de mim, que eu era uma velha louca, depravada... Mas os gays gostam tanto da minha ficção quanto das minhas poesias.

— Estranho, né — comentei —, porque, pelo que li até agora, seus personagens gays ou são muito maliciosos, como esse do *Cartas de um sedutor*, ou são histéricos, como o cara do *Rútilo nada*.

— Não, não é verdade. Você não leu direito. Esse do *Rútilo nada* não é histérico: ele tem é um surto histérico. É bem diferente. E é graças a isso que ele pode pensar e sentir um monte de coisas com as quais as pessoas podem ou não se identificar. Aliás, não estou nem aí se não se identificarem... E o Karl não é só gay: ele é gilete... ou, como dizem, né... bissexual! — E sorriu.

— Karl?

— Do *Cartas de um sedutor*. Você não presta atenção nos nomes dos meus personagens, é?

— Desculpa, Hilda. Eu devorei esse livro e logo depois li os *Contos d'escárnio*, a *Lori Lamby*, e agora estou lendo este aqui. Acabei me esquecendo.

— Sei — disse, um tanto contrariada.

— Pois é... o Karl é muito malicioso, né.

Ela riu:

— Ah, a maioria dos gays que conheço é maliciosa também. — E, então, depois de acender outro cigarro e de meditar alguns segundos, acrescentou: — É... Eles são muito maliciosos, sim. Mas a gente também é maliciosa, né. Todo mundo é, ao menos uma vez por semana. Só que eles, os gays... Credo! Até os bonzinhos dizem uma frase destruidora a cada dez.

— Então não se chateiam quando você os representa assim.
— Não, eles se identificam! Acham que os compreendo bem.
— E não compreende?
— Bom, eu só escrevo sobre o que não compreendo, né. — E, falando mais baixo, como quem conta um segredo: — Uma vez eu disse pro Dener... não sei se você sabe quem é... um costureiro muito meu amigo, já falecido. Ele até se casou mais de uma vez, teve filhos, mas... diziam que tinha lá as aventuras dele... Eu perguntei: "Dener, qual será a graça de dar o cu? O cu é uma coisa tão besta!" Aí ele me falou: "Não sou veado, Hilda! É fachada, publicidade". — E ela riu. — Mas eu sempre faço a mesma pergunta aos meus amigos gays, e eles nunca me explicam. Desconversam, *bossa* sociedade secreta. É uma coisa que os deixa loucos, aquilo da paixão... Não sei. Parece que o cu é mesmo um mistério, né?
— Deve ser o *cutismo,* Hilda: o ocultismo do cu.
Rimos. E então ela se lembrou de um caso de sua juventude envolvendo o médico de sua mãe. Hilda me contou que, aos vinte e quatro ou vinte e cinco anos, tentou fazer sexo anal com Cássio Rodrigues, o famigerado Cassito, o mesmo namorado com quem viajara pela primeira vez à Europa e que, após o rompimento do namoro, alucinado de ciúmes, metralhara a portaria do prédio em que ela morava. Enfim... histórias. Acontece que a coisa não saiu conforme o esperado — me refiro ao sexo anal —, e ela se machucou. Confessou então o caso à sua perplexa mãe, Bedecilda, que propôs levá-la ao médico para um exame minucioso. Hilda não queria ir de maneira alguma! Vexada até a morte, tinha receio de admitir o incidente diante de terceiros — afinal, eram os anos cinquenta e coisa e tal —, mas, sob a pressão da mãe e do ardor no reto, foi. Uma vez no consultório, extremamente tensa, aguardou que o médico terminasse as perguntas de praxe — sim, parece que há perguntas de praxe para assuntos relativos ao ânus — para, posteriormente, orientá-la quanto aos procedimentos. Sua mãe, claro, a acompanhava: uma moça não se submeteria a uma situação dessas sozinha. O médico, pois, um senhor já de idade, muito sério, pediu-lhe que se despisse atrás de um biombo e que depois subisse à maca. Ela lhe obedeceu e, em seguida, deitou-se de bruços. O médico então lhe disse para ficar de quatro e ela, olhando de soslaio para a mãe, novamente se submeteu ao arranjo,

mas agora com a vergonha a deixar-lhe o rosto mais roxo do que o roxo do... você sabe. Por fim, o médico a penetrou com o dedo e começou a verificar a gravidade do ferimento.

— Você não pode fazer sexo anal, Hilda — proclamou ele, momentos depois. — Seu ânus é muito estreito. A não ser que você queira que eu faça dois cortes para aumentá-lo...

Nesse instante, no auge do embaraço, sem saber se ele estava a gracejar ou se falava a sério, ficou tão nervosa que deu uma primeira risada.

— Hildinha! O que é isso?! — censurou-a a pasmada mãe.

Com a bronca, o riso tornou-se descontrolado, convertendo-se numa gargalhada interminável.

— Para, Hildinha! Para!

Quanto mais a mãe a repreendia, mais ansiosa ela ficava e mais risadas dava. O médico, mortalmente constrangido, resolveu encerrar o exame, mas deparou-se com um problema: conforme ria, Hilda lhe prendia o dedo com seu esfíncter!

— Hilda — disse ele, em tom grave e oficial —, se você não parar de rir, não vou conseguir tirar o dedo.

A gargalhada, que ela mal começara a controlar, voltou a libertar-se com efusão, e intensificou-se a ponto de a fazer perder o fôlego. E sentiu o médico colocar a outra mão em sua nádega esquerda para forçar a saída do dedo.

— Hildinha, minha filha! Quer me matar de vergonha?!

E, como quem abre um champanhe, o médico, diligente, e não sem certo esforço, finalmente retirou o dedo com um leve estampido.

— E depois, Hilda? O que aconteceu? — perguntei-lhe, às gargalhadas.

— Ah, depois eu me vesti e ficamos os três ali, olhando para o chão, um mais sem graça que o outro, sem ninguém mencionar o fato. E, no final, enquanto me prescrevia uma pomada, o médico me disse: "Nunca mais faça sexo anal, Hilda. Você tem um ânus infantil. Não convém".

Rimos e, por fim, terminada sua história, voltamos a discutir algumas das entrevistas do livro do Vintila Horia — sim, ela lá, do outro lado da mesa, fazendo topless.

— Se você perceber que o Chico está vindo por aí, me avise.

— Tá bom, Hilda.

Depois de discutirmos o conceito de "romance metafísico", defendido pelo escritor Raymond Abellio em sua entrevista a Horia — conceito que, sem que se desse conta, ela dizia ter seguido em quase toda sua produção em prosa —, ela me contou que o título *Rútilo nada* havia sido inspirado no título de um livro do escritor português Vergílio Ferreira: *Nítido nulo*.

— Achei tão bonito.

Em seguida, chegada a hora do vinho do Porto, ficamos em silêncio com nossas taças. E eu, para não a ficar *empeitando*, voltei à minha leitura.

O aniversário da senhora H

Naquela noite, subitamente desperto, tomei um susto: havia gente em meu quarto! Sim, apesar da penumbra, notei umas quatro, talvez cinco pessoas, todas a conversar tranquilamente, copos em punho, uma delas a fumar.

— Mas o que é isso? — perguntei, indignado, sentando-me na cama.

Ninguém me fez caso. O mais bizarro, porém, é que eu não as reconhecia, eram-me completamente estranhas. Assim, constrangido, enrolei-me no cobertor — usava apenas cuecas — e fui até o armário pegar algumas roupas, indo em seguida até o banheiro adjacente, onde me vesti.

— Que gente folgada...

Voltei ao quarto, pedi licença a dois sujeitos sem camisa — ambos com pinturas indígenas no torso —, peguei o telefone e então chamei o ramal do escritório: nada. Depois, tentei o ramal do quarto da Hilda: neca de pitibiribas.

— Que história chata! Parece alguém contando um sonho — dizia uma mulher, sentada na ponta da minha escrivaninha, dirigindo-se a um dos homens pintados para a "guerra", o qual não parava de matraquear.

Preocupado, saí para a galeria e me dei conta de que a casa estava cheia: sim, ocorria de fato uma festa e, malgrado eu ser um dos moradores fixos — e tal como acontecera anos atrás no meu apartamento da Universidade de Brasília —, ninguém me avisara com antecedência. No centro daquele pátio árabe, sentados na mureta circular, alguns convivas riam e charlavam animadamente, enquanto, com os pés voltados para dentro da estrutura, refrescavam-se nas águas de uma fonte.

"Ué", estranhei. "O Zé finalmente transformou a velha torneira numa fonte de verdade."

Nas galerias que cercavam o átrio, passeando entre os arcos, e defronte às estátuas de santos esculpidas por Dante Casarini, ex-marido de Hilda, via-se uma pequena multidão. Nas esquinas do claustro, ao chão, havia até mesmo arranjos caóticos de velas acesas. Dirigi-me até um casal:

— Com licença — eu disse, interrompendo-os. — Vocês viram a Hilda?

Olharam-me de cima a baixo: a mulher, muito bonita, num vestido curto e calçando saltos, tinha tatuagens nos dois braços e no colo nu; o homem, de terno e com um lenço à guisa de gravata — num estilo que me lembrou o velho James West —, era careca e devia ter quase 1,90m de altura.

— Quem? — devolveu ela.

— A dona da casa, ué.

— Não a conheço — disse o homem, secundado pela mulher, que então moveu a cabeça negativamente.

Deram-me, pois, as costas, e voltaram a conversar lá entre eles, como se eu já não estivesse presente. A situação, que já era inusitada, deixou-me ainda mais cismado: o que significava isso? Como era possível alguém vir à Casa do Sol e não saber quem é Hilda Hilst?

Dei de ombros:

"Bem, ela tem de estar por aí", refleti, ansioso. E, desviando-me tanto dos solitários quanto dos diferentes grupos reunidos em roda aqui e ali, caminhei pela galeria em direção à porta que dava para a sala. Uma vez lá, no umbral, quase esbarrei num homem que, vestido como um garçom — paletó branco, gravata-borboleta preta, cabelos escuros assentados com gel —, levava de fato uma bandeja carregada com taças de espumante. Toquei-lhe o ombro:

— Por favor, você sabe onde a Hilda está?

Arregalou os olhos, surpreso, como se eu fosse o primeiro convidado a indagar pela anfitriã. Então, com um sorriso que me pareceu simultaneamente cordial e irônico, respondeu:

— Ela não está aqui.

— Uê. Mas onde ela está então? Ela não vai gostar nada de ver essa bagunça — repliquei, vendo que havia copos e garrafas acumulando-se pelas mesas e até pelo chão.

— Ela *não* está aqui — repetiu ele, enfatizando o "não". — Com licença — concluiu, azafamado, saindo dali, a largos passos, em direção aos quartos do fundo.

Determinado a não me dar por vencido, entrei na sala, onde me deparei com mais algumas dezenas de pessoas. Embora a maioria mantivesse o mesmo comportamento — ou passeando ou debatendo em rodinha um tema qualquer —, havia ao menos uma dúzia delas sentada à frente da TV, que, ligada num canal a que não dei atenção, parecia hipnotizá-las. A visão de uma mulher ruiva, o nariz aquilino, a boca praticamente sem lábios, sentada na nova poltrona da Hilda me irritou ainda mais. Apurando a vista, olhei em torno com a intenção de encontrar algum conhecido e... nada, ninguém. A cena se repetiu no escritório da Hilda, no corredor que dava para o seu quarto, e em seu próprio quarto: apenas desconhecidos a conversar, copos à mão, na atitude mais despreocupada do mundo. O curioso é que estavam todos paramentados como se estivessem numa rave ou numa festa de encerramento de uma *Fashion Week* qualquer: alguns praticamente fantasiados, outros muito elegantes, mas sempre num estilo chamativo, incomum. Resolvi voltar para o pátio.

"Se estou sozinho aqui, ainda vai sobrar pra mim", pensei, já imaginando o e-mail que Mora Fuentes me escreveria de São Paulo: "Como você deixou essa gente depredar a Casa do Sol?!"

Ao chegar ao pátio, olhei para cima e notei que as varandas do segundo andar também estavam apinhadas de gente. Fui até a escadaria, na lateral do pátio, quase em frente à entrada da cozinha, e comecei a subi-la. Quando já havia galgado a metade dos degraus, ouvi nitidamente:

— Yuri!

Mantendo a mão direita no corrimão, virei-me de imediato para trás, olhando por cima do ombro esquerdo — que surpresa! Não, não havia nenhum conhecido às minhas costas, muito menos Hilda, e nem sequer um desconhecido que porventura tivesse me adivinhado o nome. E, contudo, eu estava deveras comovido! Ou melhor: espantado, alerta e excitado, pois, ao me virar para trás, sentira meu corpo a virar-se na cama! Sim, eu ainda dormia, mas permanecia consciente dentro do meu sonho. Sonhava e sabia que o fazia.

"Caramba!", murmurei comigo mesmo. E então decidi que deveria explorar o ambiente, prestar atenção a tudo. Ao acordar, conforme nosso costume, chamaria o ramal do seu escritório e contaria a Hilda todo o meu sonho.

Olhei para a parede e a toquei: como era sólida, texturizada, real! E então reparei num detalhe importantíssimo que, em minha inconsciência onírica temporária, me passara despercebido: a Casa do Sol real, ao contrário daquela réplica de sonho, não possuía dois andares! Com mais esse dado em mente, terminei de subir a escadaria e caminhei pelas varandas do segundo piso. Lá embaixo, sem que nenhuma música estivesse a tocar — finalmente me dera conta desse fato —, a festa prosseguia. Ouvia-se apenas o murmúrio de muitas vozes e risadas.

Conforme ia entrando nos quartos, percebi afinal que estavam, com exceção de apenas um, totalmente desprovidos de móveis e decoração. Que decepção. Sim, havia gente aqui e ali, sempre a conversar e a desentender minhas perguntas.

— Você sabe onde é que nós estamos?
— Uê. Nós estamos aqui.
— Aqui onde?
— Aqui. Na festa.
— E onde fica esta casa? Onde é esta festa?
— Aqui, claro.

E voltavam a conversar outros assuntos, sem que eu conseguisse perceber a essência do que diziam, como se falassem outra língua.

No único quarto provido de alguns móveis — na verdade, apenas uma mesa, duas ou três cadeiras, e uma estante —, havia pilhas de livros por toda parte e muitas revistas espalhadas pelo chão. Reconheci os livros de algumas dessas pilhas: havia exemplares de *O caderno rosa de Lori Lamby*, do *Estar Sendo. Ter sido* e do *Ficções*. Algumas das revistas eram de histórias em quadrinhos, mas eu simplesmente não conseguia focar os textos que ocupavam os balões. Desanimado, vendo que minha exploração não me levaria a parte alguma, de repente me veio a ideia: o garçom! Sim, ele certamente saberia me esclarecer o que se passava, onde estávamos, e o significado daquilo tudo. Ora, ele havia sido o único a me encarar com um semblante sereno, lúcido e — o principal — demonstrara saber quem era Hilda Hilst: "Ela *não* está aqui", me dissera. Lembrei-me ali mesmo de uma longa conversa que eu e Hilda tivéramos meses antes com um estudioso de projeção astral que a visitara: Henrique Borges. (Parente do Wagner Borges? Nunca o soube.) E refleti: talvez aquele garçom fosse um "amparador" ou, na pior das hipóteses, o demiurgo daquele pequeno mundo astral. Decidido a procurá-lo, saí do quarto e, do alto da varanda, vi-o no exato instante em que, tendo atravessado novamente o átrio, voltava a entrar pela porta da sala. Corri então para as escadas, desci para o pátio e fui rapidamente em seu encalço.

— Com licença! Com licença! — dizia ao me desviar dos circunstantes.

Ao retornar à ampla sala, porém, não o vi em parte alguma.

— Danou-se.

Decidi ir para o alpendre, na fachada da casa, mas, ao atravessar a sala, olhando de relance à minha esquerda, reconheci uma colega do curso de Engenharia Florestal da UnB: era Ana Claudine. Sentada numa cadeira comum diante da TV, permanecia alheia ao que ocorria à sua volta. Aproximei-me dela e lhe dirigi a palavra:

— Claudine! Oi!

Ela permaneceu estática, de olhos arregalados, hipnotizada pelas imagens dos raios catódicos. Eu me abaixei diante dela, para encará-la, e, ao fazê-lo, notei que suas mãos e antebraços estavam inteiramente pintados de azul até a altura dos cotovelos. Absorta, em vez de me devolver o olhar, e tencionando manter sua concentração na tela brilhante, simplesmente se inclinou para o lado: seus olhos voltaram a brilhar com a luz da tela. Tomei-lhe as mãos e as pus diante do seu rosto, dizendo:

— Claudine, quando eu voltar a conversar com você, lembre-se das suas mãos azuis!

Não me respondeu. Repeti o pedido com maior ênfase, sem obter qualquer resultado. Decepcionado, me levantei e me pus novamente a caminho da porta da frente. Lá fora, a mesmíssima cena: uma festa carente de música na qual as pessoas apenas conversavam e riam. Diante da casa, devido às trevas de uma noite desprovida de lua e de estrelas, o jardim mais parecia uma assustadora floresta de contos de fadas.

— Yuri! — gritaram da extremidade do alpendre.

Virei-me e vi uma garota de cabelos curtos a me acenar. Aproximei-me e a reconheci.

— Bia?

— Sim.

— Bia Bohm?!

— Eu mesma.

Aquele reencontro me deixou intrigado, afinal, eu já havia sonhado com ela antes! Sim, nunca a conheci em estado de vigília e jamais soube se ela realmente existia ou se era apenas parte do meu mundo onírico. Em todo o caso, sendo uma pessoa relativamente próxima, eu a abracei e a cumprimentei com um beijo:

— Eu estava procurando a Hilda.

Ela sorriu:

— Bom, ela ainda não está aqui.

— *Ainda*?

— É, ainda não. Um dia, quem sabe...

— Não estou entendendo nada. Que festa é essa?

Ela me indicou um banco:

— Vem sentar comigo. — E se dirigiu até ele.

Eu a segui, e nos sentamos.

— As pessoas costumam vir aqui para conhecer umas às outras, para conversar — explicou ela. — Não é nada de mais.

— Eu também estava procurando um cara. Acho que era o garçom.

Ela riu:

— Eu o chamo de "babá". Ele toma conta das coisas por aqui.

— E o que significa tudo isso? Estamos no Céu? No Purgatório? No Umbral?

— Yuri, você é muito curioso! — disse e, inclinando-se, beijou-me novamente o rosto. Quando se afastou, eu já estava novamente com a boca cheia de perguntas, mas, erguendo a mão direita, ela disse:

— A gente se vê, querido. — E me tocou o ombro esquerdo, causando-me um choque.

Acordei instantaneamente em meu quarto da Casa do Sol, o corpo a vibrar e a formigar, e ouvindo um forte ruído semelhante a uma turbina de avião. Por fim, veio a calma, o silêncio e, rompendo-o com um tom que me pareceu extraordinário, o chilreio dos pássaros. Elétrico, exaltado, levantei-me de um pulo e abri a janela: já havia amanhecido. Corri para o telefone e chamei o ramal do escritório:

— Hilda? Bom dia.

— Bom dia, querido. Dormiu bem? Sonhou com alguma coisa?

— Nossa, Hilda, eu tive um sonho incrível, muito real. Parecia uma projeção!

— Que deslumbrante! Quando sair do banheiro, venha me contar.

Eufórico, enquanto escovava os dentes, tentava resgatar da memória cada momento daquele sonho. Percebendo como a mente pode ser escorregadia — alguns diálogos ouvidos ao acaso já se perdiam —, e antes mesmo de entrar no chuveiro, voltei ao quarto, peguei meu bloco de anotações, e fiz uma escaleta resumindo a experiência passo a passo. Depois do banho, vesti-me e, acompanhado por Marujo e por Teco, corri para o escritório da senhora H.

— Oi, Hilda — saudei-a, em meio aos costumeiros latidos de alerta de Cavalinha e Bien Nègre.

Ela depositou os óculos sobre uma biografia de Ludwig Wittgenstein e me encarou:

— E então? Como foi o sonho?

Antes que eu abrisse a boca, o telefone tocou e, demonstrando estar bem-disposta, ela mesma o atendeu: era J. Toledo, autor de *Flávio de Carvalho: o comedor de emoções* e do *Dicionário de suicidas ilustres*. Toledo era artista plástico, fotógrafo e escritor, um velho amigo de Hilda, e, segundo li na *Folha de S.Paulo* anos mais tarde, num artigo de Simeão Martí, haveria, tal como as personalidades que retratara no *Dicionário*, de matar-se também. Ele nos ligava quase todas as manhãs, em geral, logo depois de eu e Hilda já termos lido, no *Correio Popular*, jornal de Campinas, suas crônicas recheadas de humor e nonsense. Aliás, uma controvérsia, nunca satisfatoriamente sanada, ao menos para mim, criou-se em torno da fotografia que escolhi para o primeiro site oficial da Hilda: tanto Toledo quanto Mora Fuentes assumiam sua autoria. Trata-se da mesma foto que também adorna a capa do livro *Cascos & carícias*, editado pela Nankin: nela, vestida de preto, Hilda sorri e exibe um pirete, isto é, o dedo médio em riste.

— É verdade, Toledo, é verdade — dizia Hilda, rindo, e então me fazia um gesto para lhe alcançar o maço de cigarros. E então ria mais: — Nossa, Toledo, conte isso pro Yuri! — e me passava o telefone, pelo qual eu então ouvia uma das inúmeras narrativas dele, em geral engraçadíssimas, que poderiam referir-se tanto a uma aventura alcoólica vivida por ambos quanto a uma agrura qualquer vivida por um escritor cuja biografia ele estivesse lendo. (Aliás, dois ou três verbetes do *Dicionário de suicidas ilustres* foram escritos por mim e reformulados por ele.) Por fim, nos despedíamos.

— Agora conte o sonho — pediu ela.

Hilda costumava dar grande importância aos sonhos e, certa vez, para justificar-se, citou-me o *Talmud*: "Um sonho não interpretado é como uma mensagem não lida". Enquanto ia lhe narrando os pormenores, ela mantinha o olhar fixo em mim, atenta, o cigarro entre os dedos, a luz da janela a criar-lhe uma aura dourada em torno dos cabelos. Quando cheguei ao momento em que me deparara com uma escadaria em pleno átrio, que se estendia até um segundo andar, Hilda arregalou os olhos e, muito espantada, interrompeu-me:

— Não acredito! Que incrível, Yuri!

— Como assim, Hilda? É verdade, tinha um segundo andar.

— Não, Yuri, não é isso — tornou ela, apagando o cigarro no cinzeiro. — É que o projeto original da Casa do Sol previa mesmo um segundo piso. Era como eu queria, mas, como ficaria muito caro, desisti. Aí construímos uma casa térrea mesmo.

— Tá brincando.

— Verdade. E o segundo andar era para ser exatamente como você descreveu. Eu tinha uma planta com o desenho. Deve estar no baú ou, se não estiver, talvez esteja no arquivo da Unicamp. Quando o Vivo vier aqui, a gente pode pedir pra ele procurar — mas, infelizmente, semanas mais tarde, quando Edson Costa Duarte, o Vivo, finalmente apareceu, não nos lembramos de lhe perguntar a respeito.

Terminada minha exposição, perdemo-nos em mil e uma interpretações e especulações, quase todas inúteis e improváveis, afinal, jamais conseguiríamos chegar a uma conclusão definitiva quanto a qualquer uma das possíveis mensagens daquele sonho.

— Se foi uma projeção astral de verdade — comentou —, você não estava neste plano, senão você conseguiria voar. Na Terra, o corpo astral quase não tem peso.

E então me contou sobre uma experiência vivida no apartamento de uma amiga — segundo ela, uma cortesã de luxo que vivera muitos anos no Marrocos —, localizado no Rio de Janeiro, salvo engano, em Copacabana. Hilda dizia ainda lembrar-se da sensação de, ausente de seu corpo, sair pela sacada do apartamento e sobrevoar as praias defronte ao prédio.

— A sensação de segurança por não haver morte, o prazer de voar... são indescritíveis!

Falou-me também sobre a noite em que, em seu apartamento da rua Petrópolis, em São Paulo — o mesmo no qual à época desta narrativa estaria vivendo Ruth Escobar —, ela e Dante Casarini dormitavam numa "cama de casal São José". De repente, uma esfera de luz surgiu à janela. Hilda então teria flutuado até ser engolida por ela e, uma vez lá dentro, deparou-se com um ser humanoide que possuía — ainda segundo Hilda — a arcada dentária semelhante à de Teresa Austregésilo, então esposa de Jô Soares. Graças a esse fato, sentiu-se segura na companhia do misterioso ser, que ela supôs tratar-se de um extraterrestre. Viajaram juntos até um planeta desconhecido, no qual havia muitas torres semelhantes a essas torres de extração de petróleo. O sujeito lhe teria dito que seu planeta vinha sendo atacado por seres estacionados em Plutão... Em seguida, deslocaram-se até outro planeta, no qual havia uma espécie de abrigo de inverno. Lá dentro, muitas pessoas a comer, beber e conversar. Após dialogar com algumas delas, voltou subitamente a seu corpo, sentindo-o vibrar tal como eu sentira o meu. Também se sentira tão energizada, tão bem-disposta, que, lembrando-se de sua mãe, decidiu enviar-lhe mentalmente um beijo. Na tarde do mesmo dia, ao falar com a mãe ao telefone, Bedecilda lhe contou que sentira alguém beijá-la carinhosamente durante a madrugada:

— Fui eu, mãe! Fui eu! — dissera-lhe Hilda, entusiasmada.

Sim, a senhora H tinha muitas histórias bizarras ocultas em sua manga. E não exigia de ninguém a crença cega na concretude daquelas experiências — por outro lado, não admitia que lhe negassem a consciência de as ter vivenciado. Isto é, a pessoa, por exemplo, não precisava acreditar em extraterrestres, mas devia compreender que Hilda era sincera ao declarar que, de uma forma enigmática — talvez em desdobramento astral, talvez em sonho —, tivera a vivência de uma viagem sideral, pouco importando se a nave utilizada existia de fato ou não. Ora, nem ela tinha certeza do verdadeiro significado e valor daquelas experiências, as quais, com exceção da "transcomunicação instrumental", nunca buscara: simplesmente lhe aconteceram.

Lembro-me de diversos casos semelhantes ocorridos na Casa do Sol, os quais me foram relatados pela própria Hilda. Mas, como ela já falou sobre a maioria deles em suas entrevistas, descreverei apenas outros dois.

No primeiro, no início dos anos setenta, Hilda fora deitar-se tarde da noite bastante cansada e, após algumas horas de sono, despertou inopinadamente em plena madrugada: para sua surpresa, não estava em sua cama, mas, sim, flutuando acima da figueira, a mesma árvore diante da qual, ainda na infância, ela prometera a si própria: "Vou construir minha casa ao lado desta árvore". Amedrontada, acreditando estar morta, ouviu então uma voz a lhe murmurar:

— Chame pelos Filhos da Luz, a Luz do Criador! — E, ao repetir para si mesma aquelas palavras, voltou para o corpo.

O segundo caso ocorreu numa noite de 1966 ou 1967, logo após ter se mudado para a Casa do Sol. Hilda estava sentada na extremidade do mesmo sofá em que, naquele exato momento, dormia Dante Casarini, além dela, a única pessoa presente na chácara. Ainda não tinham luz elétrica e, por isso, ela lia um livro à luz de um lampião. Súbito, ouviu claramente:

— Hilda!

Pega de surpresa, virou-se para o marido:

— Foi você, Dante?

Mas ele, dormindo profundamente, apenas ressonava. Ressabiada, olhou à sua volta: teria sido uma assombração? Uma alucinação auditiva? Ora, uma alucinação, para quem, como ela, tivera um pai esquizofrênico, parecia a mais terrível das alternativas. Temia visceralmente seguir pelo mesmo caminho. Decidida a ignorar o fenômeno, respirou fundo e prosseguiu com a leitura. Um minuto mais tarde, ouviu novamente:

— Hilda!

— Deus do Céu! — sussurrou, amedrontada. — Quem está me chamando? Dante, você ouviu?

Ele continuava dormindo. Perplexa, Hilda tinha certeza: a voz soara diretamente em seus ouvidos.

— Hilda — tornou a misteriosa voz —, se você não vier aqui fora neste instante, não dará mais tempo.

Pasma por ter ouvido tão claramente aquele alerta, levantou-se e caminhou pela sala até a porta da frente, que permanecia aberta. No alpendre, olhou adiante e nada avistou. Mas então percebeu uma claridade no céu, à direita da casa. Com o coração aos pulos, andou vagarosamente até a extremidade da varanda e, parada em frente à janela lateral do escritório, divisou no céu um enorme disco voador encimado por uma estrutura em forma de tronco de pirâmide. Sua superfície prateada refulgia ao mesmo tempo que, dispostos longitudinalmente, círculos emitiam luzes de diversas cores. Flutuava sem emitir qualquer ruído a cerca de quinze metros do chão. Hilda ficou histérica:

— Dante! Dante! Dante! — gritava ao passo que golpeava com os punhos a janela do escritório. Não tirava os olhos do objeto, que parecia exibir-se para ela.

— O que foi, Hilda?! — respondeu finalmente Dante, ainda atordoado pelo sono.

Nesse momento, a nave começou a deformar-se, como que feita de mercúrio líquido.

— Corre aqui, Dante! Um disco voador!

Dante ergueu-se de um pulo e correu porta afora.

— Onde, Hilda?

— Aqui!

Dante chegou a tempo de ver a nave terminar de converter-se numa enorme esfera de luz que, após flutuar diante deles por mais alguns instantes, começou a mover-se rápida e silenciosamente na direção da fazenda de dona Bedecilda, desaparecendo em seguida atrás das copas das árvores distantes.

— Era lindo, Yuri! Não era um balão, era de metal. E dava para notar que havia escotilhas naquele tronco de pirâmide.

— Você não tinha bebido, né, Hilda.

— Nessa época eu não bebia absolutamente nada! — retrucou, ofendida. — Você disse que seu pai coleciona revistas de ufologia. Ele não me perguntaria isso.

— Aliás, uma das revistas *Planeta* dele, dos anos setenta, tem você na capa.

— Ah, é verdade! Foi uma matéria sobre transcomunicação.

E Hilda não era a única da família a narrar casos mirabolantes. Seu primo, o compositor erudito e professor de música da Unicamp José Antônio de Almeida Prado, numa de suas visitas à casa, em 1999, contou-nos sobre sua viagem a Medjugorje, no sul da Bósnia e Herzegovina. Católico fervoroso, Almeida Prado nos descreveu a chuva perfumada de rosas sobre o monte Krizevac, o coração luminoso que muitos além dele viram a flutuar e, enquanto ele orava diante da cruz, a voz de Nossa Senhora a falar-lhe ao ouvido. Depois de responder a inúmeras de nossas perguntas, ele, que era diabético, notou que havia esquecido seu suprimento de insulina. Convidou-me então a acompanhá-lo até uma drogaria. No caminho, falou entusiasticamente sobre seu professor, o compositor Olivier Messiaen, que compôs o *Quarteto para o fim dos tempos* enquanto prisioneiro de um campo de concentração nazista. Também me falou sobre a ressurreição dos mortos, e que, na sua concepção, no dia do Juízo Final, os mortos se levantarão materialmente de seus túmulos. Enquanto suas palavras ressoavam em meus ouvidos, perguntou-me:

— Hildinha me falou que você anda lendo os livros dela sobre projeção astral. É verdade?

Envergonhado como um garoto que tem as revistas *Playboy* e *Hustler* confiscadas pela mãe, a qual, por puro acaso, teria levantado o colchão para trocar o imundo lençol, comecei a gaguejar, afinal, não saio por aí revelando a meus amigos intelectuais, acadêmicos ou semelhantes tais gostos pervertidos de leitura.

— É... estou — respondi, vacilante.

— É que tenho uma história desse tipo que, com exceção da Hilda, nunca contei a mais ninguém — tornou ele. — Quer ouvi-la?

— Claro que sim — respondi, aliviado por não receber uma admoestação. (Artistas estão sempre levando bronca das pessoas sem imaginação, mas, felizmente, ele também era um artista.)

— Na noite em que comecei a compor o movimento das *Cartas celestes*, que trata de Urano — começou Almeida Prado —, fui acometido, ao piano, por um cansaço enorme, por um peso dolorido na nuca. Vendo que já era muito tarde, e aproveitando que estava mesmo tendo dificuldades com a composição, pus a um lado as partituras, o lápis, e fui me deitar: "Melhor retomar amanhã, com melhor disposição", decidi. Já na cama, deitado de costas, fiquei pensando no meu trabalho, na importância que aquela obra teria para mim e, assim, fui caindo naquela letargia que antecede o sono. De repente, senti, sabe? Aquele tranco no meu corpo e, meio aflito, abri os olhos: Yuri, que susto! Eu estava flutuando sobre o telhado da minha casa! Quando eu já começava a me desesperar, imaginando ter sofrido um infarto, surgiu à minha frente uma esfera de luz azul que, rapidamente, veio de encontro a mim. Na mesma hora, me vi dentro de uma espécie de tubo muito comprido, cujas laterais pareciam a superfície de um desses muros chapiscados, que me sugava como um aspirador. No fim da viagem, que parecia uma longa viagem de elevador, mas sem a sensação de inércia, eu me encontrei flutuando sobre uma planície muito bonita e sob um céu de uma tonalidade de luz que eu nunca vira: "Esta não é a Terra", pensei. "Você está em Urano", disse calmamente uma voz ao meu lado. Olhei em sua direção e vi um homem bastante alto, vestido apenas com uma túnica: "Não tenha medo, não vou lhe fazer mal...", e, pegando-me do braço, me levou a sobrevoar a região. Entre outras coisas, vi diversos prédios afastados uns dos outros, como em Brasília, mas sem o menor sinal de ruas. Depois de me mostrar tudo, ele me olhou diretamente nos olhos e falou com bondade e firmeza: "Você viu? Não há o menor sinal de conflito aqui. Todos os que aqui estão vieram em missão de paz. Estamos aqui para ajudar seu planeta. Não estamos em guerra com ninguém. Portanto, volte ao seu trabalho e refaça todo o movimento sobre Urano das suas *Cartas celestes*. Se permanecer como está, você estará mentindo, transmitindo uma mensagem falsa sobre nossa missão. Vá com Deus!" E, de súbito, a esfera de luz azul, vinda não sei de onde, chocou-se novamente comigo.

Refiz o percurso pelo tubo de muro chapiscado e, então, sofri novo tranco, já em minha cama. Levantei excitado, os pelos eriçados, o corpo formigando. Corri para o piano e, de uma única sentada, compus todo o novo movimento sobre Urano. E o cara tinha razão: antes ele estava muito Stravinsky, muito *Sagração da primavera*...

Foi o que Almeida Prado me contou naquela noite e que, mais tarde, Hilda me confirmaria: sim, ele lhe narrara exatamente a mesma experiência. Mas ele também me alertou:

— Eu sei que você é escritor, e que acabará escrevendo sobre essa história. Mas já lhe aviso: não vou confirmar nada! Eu tenho um emprego sério e não posso perdê-lo por me acusarem de estar louco. Tenho uma reputação a zelar, entende?

De fato, anos mais tarde, e pouco antes de sua morte, encontrei, no site de uma universidade cujo nome me escapa, uma entrevista com Almeida Prado na qual lhe perguntavam a respeito dessa "viagem a Urano" — certamente alguém tomara conhecimento dela em meu velho blog, até então o único resultado disponível no Google a citar o caso. Almeida Prado, rindo, negou tudo. E ainda acrescentou que se tratava de uma bobagem em toda linha, pura mistificação inventada por desocupados (ou algo assim), o que, malgrado eu já estivesse preparado para semelhante desmentido, me entristeceu um pouco, afinal, não acredito que ele tenha pregado uma peça tanto em mim quanto na Hilda. Mas compreendo sua posição. Ora, nem todo artista possui esse desprendimento *hilstiano*, esse que assume completamente as próprias experiências e idiossincrasias, por mais absurdas que soem ao vulgo. Sem falar na visão de mundo da poeta, em sua *Weltanschauung*, que tinha muitos pontos de contato com a minha, e na qual uma tal experiência se encaixa perfeitamente. Um católico que espera ver os mortos ressuscitarem em seus corpos físicos — ao contrário de um católico como Bruno Tolentino, que meses mais tarde me falaria sobre o conceito de "corpo glorioso" — não poderia aceitar facilmente a possibilidade da projeção astral. Para Hilda, a realidade é muito mais *deslumbrante* do que somos capazes de imaginar. Tanto é que o primeiro livro que me pediu para ler, assim que me mudei para a Casa do Sol, e que eu já havia lido anos antes, foi o mesmo com o qual meus pais de intercâmbio me haviam presenteado no Equador: *El retorno de los brujos* ou, em português, *O despertar dos mágicos*, de Jacques Bergier e Louis Pauwels — um longo ensaio sobre o *realismo fantástico* que, segundo os autores, seria o único *realismo real*. Nele, mediante uma infinidade de argumentos e fatos documentados, eles sustentam que a ciência moderna, por mais que seus defensores o neguem, tem um alcance muito limitado e mal toca a superfície da realidade, a qual, em sua essência, não pode ser senão fantástica, milagrosa. Eu e Hilda discutimos esse livro um mês inteiro. Foi graças a ele que me senti à vontade para lhe falar sobre *O livro de Urântia*, indicação que, como sempre, acabaria me causando alguns aborrecimentos, já que sempre haveria alguém para me dizer: "Pare de falar desse livro pra Hilda!"

O terceiro caso, ocorrido na Casa do Sol, e que nada tem a ver com a narrativa do Almeida Prado, aconteceu, salvo engano, durante os anos setenta. Hilda recebia a visita de alguns amigos, entre estes, Gisela Magalhães. Sentados no sofá da sala, conversavam e riam, informando-se mutuamente das últimas novidades. De repente, um homem, de terno e chapéu Gelot — "como um embaixador", dizia Hilda —, e muitíssimo parecido com o ator John Gavin, entrou pela porta da frente, depositou uma maleta ao chão, encarou a dona da casa e, sorrindo, disse:

— Enfim, cheguei!

Quando Hilda se levantou para recebê-lo, ele desapareceu como que por mágica. O problema é que, além dela, ninguém mais o viu.

— Meu maior medo sempre foi o de ficar louca — dizia a escritora, a sorrir, sempre confessando que não fora a primeira vez que vira espíritos diversas vezes.

E ela tinha suas razões para temer a loucura: tanto o pai quanto a mãe haviam falecido em sanatórios. Apolônio de Almeida Prado Hilst, seu pai, foi o primeiro a perder a razão. Hilda acreditava que a esquizofrenia paranoide que o acometera não era senão uma doença hereditária, mas eu não duvidaria se me dissessem que sua verdadeira causa talvez fosse uma possível contaminação por sífilis — ora, o homem só costumava dar as caras em Jaú, cidade próxima à sua fazenda, quando tencionava passar alguns dias em um bordel. Tanto era assim que Bedecilda, que o conhecera em Santos — e a quem, por não gostar do nome, ele chamava de Beatriz —, teve de esperá-lo lá dentro para reencontrá-lo. Quando

Apolônio a viu no bordel, deu-lhe uma bronca e lhe comprou uma pequena casa onde ela pudesse viver. Nunca se casaram. Mais tarde, com Apolônio já enfermo, Bedecilda teve outros amantes, entre os quais aquele que a presenteou com a fazenda em cuja área, anos depois, Hilda construiria a Casa do Sol. No final da vida, atormentada por seus pecados — Bedecilda engolira a religião tardiamente e às pressas, sem digeri-la propriamente —, passou a desconfiar que seu destino seria o inferno, o que a enlouqueceu. Claro, nesses casos, é sempre difícil distinguir um efeito de sua causa: talvez, ao contrário, ela tivesse adquirido primeiro a demência, e esta — estou especulando — é que a teria levado a acreditar que estava condenada. Como saber?

Alguns meses após o meu sonho, Mora Fuentes voltou a mudar-se para a Casa do Sol. Corria o ano 2000, e uma de suas primeiras decisões foi: precisamos animar a Hilda e mostrar para todos que ela nunca foi uma eremita — o que, ao contrário do mito apregoado pela imprensa, era verdade. Lembro-me inclusive de ter recebido, em 1999, ao menos dois jornalistas que, após conversarem comigo, com o caseiro e com a empregada, publicaram mais tarde matérias nas quais Hilda parecia viver completamente solitária. Nenhuma palavra sobre a presença de terceiros, como se Hilda não tivesse amigos, hóspedes e empregados. Era como se dissessem: "Vejam, escalei o Himalaia e consegui encontrar, numa caverna de difícil acesso, sua santidade Hilda Hilst!" Essa imagem de uma escritora estilita afugentava os velhos amigos e conhecidos, que passavam então a imaginá-la transformada em uma pessoa antissociável, vítima talvez de algum obscuro ressentimento. Mora Fuentes passou então a me sugerir novos conteúdos para o site oficial dela, assumindo também sua correspondência, que se tornou intensa. E também, afora outras resoluções, começamos a aventar uma possível festa de aniversário, pois, em abril daquele ano, Hilda completaria redondos 70 anos de idade. Vale dizer que, tivesse ela nascido em 1929, a festa jamais teria ocorrido, uma vez que em 1999 Hilda ainda se preparava psicologicamente para render-se à dentadura postiça. A despeito de sempre ter cuidado bem da saúde bucal, uma isquemia a fizera, durante o sono, travar o maxilar e quebrar os dentes. Aquilo abalara sua autoestima e, ao conversar com alguém, costumava manter uma mão diante da boca. Essa condição só parecia beneficiá-la quando não estava interessada em conversar ao telefone com alguém:

— Desculpe, estou com muita dificuldade de falar. Explique o que você deseja ao meu amigo Yuri. — E, simultaneamente contristada e aliviada, me passava o aparelho.

Mas voltemos ao ano 2000. A princípio, desanimada e cheia de preocupações, Hilda não queria saber de festa alguma.

— E os cachorros? Vão ficar loucos! A casa não pode receber tanta gente.

Mas Mora Fuentes, que sabia lidar com a senhora H como ninguém, foi convencendo-a ao longo de dois meses.

— Não é pra ser uma festa de arromba, Hildeta. É só uma festa íntima para alguns poucos amigos.

Inês Parada, a amiga que morava na casa que pertencera a Bedecilda, a antiga sede da fazenda, também a estimulava:

— Vai ser bom pra você, Hilda. Seus amigos vão gostar de revê-la.

Aos poucos, Hilda foi dando o braço a torcer e, por fim, resignada, percebeu que eram favas contadas. Assim, dois ou três dias antes da festa, viajou para São Paulo acompanhada por Mora Fuentes, com quem se hospedou. Reviu alguns amigos — entre eles Lygia Fagundes Telles, que não poderia comparecer à festa —, fez compras e, na sexta-feira, 21 de abril, dia da Paixão de Cristo, retornou para a Casa do Sol acompanhada por Mora Fuentes e por Olga Bilenky. Sim, já era seu aniversário: a festa ocorreria naquela noite. Hilda estava radiante, o passeio lhe fizera bem.

— Feliz aniversário, Hilda! — falei, abraçando-a. — Que Deus a abençoe.

— Obrigada, Dunga. Alguma novidade?

— Nenhuma em especial, Blancanieves — respondi.

Descarregamos o carro e, ao longo do dia, os comes e bebes foram se acumulando na geladeira e nas duas mesas da cozinha. Creio que, além do Zé Mora Fuentes e da Olga, Vivo também ajudou nos preparativos. Escrevi "creio" porque, hoje, tenho mais presente em minha memória a sequência de acontecimentos da festa ocorrida em meu sonho do que a da festa de aniversário da Hilda, a qual passei quase inteiramente, digamos assim, em "estado alterado de consciência". Sigamos.

No final do dia, depois de ajudar Chico a dar um trato na sala — até então a casa estava mais preparada para receber cães do que para receber visitas —, fui até o escritório onde Hilda estava a ler.

— Tudo certo, Yuri? — disse, olhando-me por sobre os óculos.

— Tudo certo. Tão lá na cozinha fazendo uns... quitutes.

Ela riu:

— Prefiro dizer "acepipes".

Começamos a conversar e, entre outros assuntos, ela então me contou sobre o dia em que assediou Marlon Brando. Ela estava viajando pela Europa havia quase seis meses e, naquela ocasião, estava acompanhada por um namorado famoso, o ator e cantor Dean Martin, velho parceiro de Jerry Lewis e um dos membros do *Rat Pack*. Uma noite, na França, enquanto jantavam no restaurante do hotel em que estavam hospedados, numa mesa próxima, Hilda reconheceu Marlon Brando, que, na época, vivia o auge da fama.

— Você me apresenta, Dean? — perguntou ao companheiro, apontando o jovem ator.

— O quê?! Claro que não — resmungou o outro, enciumado.

Naquela noite, acompanhada por uma amiga, desvencilhou-se de Dean Martin pretextando uma bobagem qualquer, descobriu o número do quarto ocupado por Marlon Brando e foi procurá-lo.

— Ai, Hilda. Isso vai dar confusão! — dizia a amiga.

— Calma, deixa que eu falo — replicou ela, batendo à porta do ator.

Como já passava das onze da noite, o corredor estava silencioso. Apesar de ouvirem vozes dentro do quarto, Brando não atendia. Insistente, Hilda bateu mais algumas vezes, ignorando a amiga, que já morria de ansiedade e embaraço. E finalmente ouviram passos. Segundos depois, a porta se abriu: o ator, com uma toalha enrolada na cintura, exibia o torso nu. Mantendo uma expressão de poucos amigos, fitou alternadamente as duas moças e, irritado, perguntou:

— O que vocês querem?

Hilda, gaguejando, respondeu em inglês que elas eram duas jornalistas brasileiras que gostariam muito de entrevistá-lo. Brando apoiou a mão direita na porta, que se abriu um pouco mais, e sem o menor traço de delicadeza, observou:

— Isto lá é hora de vir incomodar um homem? Não é porque vocês são bonitas que podem fazer isso — e, virando-lhes as costas, bateu a porta.

— Mas o que deixou a gente besta — prosseguiu Hilda — não foi o jeito com que ele nos falou. Foi ter visto, quando ele se apoiou na porta, que tinha um homem pelado deitado na cama dele!

— Marlon Brando era gay?! — perguntei, espantado.

Hilda deu de ombros como quem diz: "Vai saber..."

No início da noite, pouco antes da festa de aniversário, todos se retiraram para seus respectivos quartos: era hora de nos aprontarmos. Chuveiros ligados em todas as partes, fila à porta do banheiro de hóspedes, vozes, risadas. Mora Fuentes e Olga se ocupavam dos últimos detalhes. Depois de tomar meu banho e de me vestir, voltei para a sala, que estava vazia. Fui até a varanda da frente e fiquei a olhar o jardim. Alguns cães me acompanhavam. Não saí para a terra porque, se o fizesse, Zidane e Sílvia poderiam achar que eu estava me preparando para lutar kung fu com eles. Sílvia era filha de Zidane e Grampola, e tão grande quanto o pai. Gostavam de brincar de luta, sabiam morder sem machucar, mas eu já não podia sujar minhas roupas. Ouvi, então, às minhas costas, a voz da Hilda.

— Já chegou alguém, Olga?

— Ainda não — respondeu a amiga.

Virei-me e, quando a vi, fiquei espantado: felicíssima, usava um vestido turquesa novo em folha, estilo indiano — que comprara com Olga em São Paulo —, e, o que mais me impressionou, tinha um *bindi* da mesma cor na testa. Ora, não tendo jamais colocado os pés na Índia, até então eu só havia visto *bindis* a adornar frequentadoras de raves. Hilda realmente estava pronta para ser o centro das atenções. Consciente de sua elegância, ostentava o mesmo olhar das fotos antigas, aquele olhar de moça que se sabe bela. Aproximei-me:

— Hilda, você está demais! — eu disse.

— Obrigada — respondeu com sua entonação de menina.

Mora Fuentes chamou Olga da cozinha e eu acompanhei Hilda ao escritório, onde conversamos por alguns minutos. Durante todo o tempo, manteve sua entonação adolescente, com um ar coquete, o que me deixou alerta. Ela, que já era naturalmente muito feminina, agora estava tinindo. De repente, em meio a um comentário qualquer, seu colar se soltou e, agarrando-o num reflexo, pediu-me que o colocasse novamente.

— Obrigada, Yuri — disse, assim que terminei, olhando-me de uma maneira que nunca havia feito.

— Hilda... — comecei, sorrindo com ironia. — É impressão minha ou você está flertando comigo?

Ela riu:

— Nossa, eu não paquero mais ninguém! Nem um leão! — murmurou, surpresa, aludindo ao conto *Uma paixão no deserto*, de Balzac. E então, arqueando as sobrancelhas, suspirou, resignada: — Estou velha, não tenho mais nada para oferecer...

Chico assomou à porta:

— Dona Hilda, tem um carro chegando aí — alertou, já vestindo de gala suas palavras, pois raramente a tratava por "dona".

E, de fato, os convidados já começavam a aparecer. Infelizmente, jamais me lembrarei de todos. E é possível também que eu, devido a acontecimentos ulteriores, cite pessoas que nem sequer se fizeram presentes. Mas, sim, me lembro de alguns nomes: Dante e Iara Casarini, ex-marido de Hilda e sua atual esposa; Newton Bernardes, o renomado físico; Gutenberg Medeiros, professor da USP; Jurandy Valença, artista plástico; Inês Parada, nossa vizinha; Shirley Stefanowski, cineasta; e, se não me falha a memória, Almeida Prado, Maria Luiza Mendes Furia, Gisela Magalhães, Araripe Coutinho, J. Toledo etc. etc., sem contar os acompanhantes. (Entenda: apesar de alguns amigos da Hilda serem muito ciosos dela, eu não guardei uma lista dos convidados. Se, a despeito de terem comparecido, ouso esquecê-los — por mais que este livro não seja uma biografia —, dirão logo, como já fizeram antes diante de um outro texto meu, que os estou extirpando da vida dela. Melhor, pois, errar para mais do que errar para menos...) Ah, incluirei ainda, com nomes trocados, por razões que ficarão claras adiante, o casal Leandro e Lélia, jornalistas da Agência Estado.

Assim, a casa foi se enchendo e assumindo o ar festivo que, segundo me disseram tantas vezes, correspondia à sua segunda natureza.

— Aqui não é só mosteiro, não, gente — disse uma vez Vivo. — Aqui também é cabaré!

Eu andava pelo átrio, conversava com um; ia para a cozinha, conversava com outro; ia para a sala, dava risadas com um terceiro, e assim por diante. Os cachorros, claro, misturavam-se aos convivas, e já não estranhavam a movimentação nem a música que alguém, tomando para si a missão de DJ, não deixava esmorecer. Havia vinho, uísque, vodca e cerveja para todos os gostos e, claro, um espumante para o momento do "Parabéns pra você". A certa altura, alguém me puxou para um canto e começou a me dar mil e uma dicas de como a Hilda poderia ganhar mais dinheiro, todas, é claro, irrealizáveis, pois dependeriam de algum investimento:

— Por que ela não vende uns lotes aí na frente para bancar tudo? — dizia, por fim.

— Bom, primeiro porque ela não quer vender nada — respondi. — Ela quer é criar a *Fundação Apolônio de Almeida Prado Hilst: Estudos Psíquicos e Imortalidade*. Diz que seu sonho é construir um anfiteatro aí na frente, salas de aula, essas coisas. Precisa dos terrenos. E, segundo, porque está devendo mais de quatrocentos mil reais de IPTU.

— Caramba! Ela precisava é arranjar um patrocinador.

— Sim! Ela mesma diz isso. Mas também diz que todos os empresários que conhecia ou morreram ou faliram. Logo... bom, aqui só tem escritor, ninguém tem muito senso prático.

— Isso não é desculpa. É preciso enfrentar a necessidade.

— Eu sei. É por isso que fiz o site e comecei a criar os e-books. Pelo menos é algo que sei fazer. Já tem um e-book dela na eBooksBrasil, uma versão digital de *O caderno rosa de Lori Lamby*. É distribuído gratuitamente. Mas acrescentei um posfácio explicando a situação e fornecendo os dados da conta bancária dela.

— Parece uma boa. Alguém já doou alguma coisa?

— Ainda não. Postei outro dia.

Depois, na varanda da frente, um outro me dizia que precisávamos dar um jeito naqueles cachorros, ao menos nos do canil, que não desfrutavam dos privilégios dos que viviam dentro de casa.

— A gente está tentando arranjar um veterinário para castrá-los. Mas todos cobram caro demais. Só aí atrás são mais de sessenta.

— Devem dar trabalho, hein. Não tem pulga aqui, não?

— Pra ser sincero, já faz um ano e meio que estou aqui e não vi mais do que três pulgas. Já carrapato... — E fiz uma careta. — Uma vez rolou uma invasão de carrapatos. A gente andava e ia ouvindo os bichos estourando pelo chão. Foi um terror!

— Meu Deus!

— Sério. Mas durou no máximo uns dez dias. Saímos dando banho em todos os cachorros da casa, jogando veneno pra tudo quanto é lado, essas coisas. Aí sumiram.

— Nossa.

— Agora, o pior mesmo é quando algum cachorro ataca um ouriço.

— Ouriço?

— É, um porco-espinho. Os cachorros ficam parecendo aquele monstro do *Alien, o oitavo passageiro*. A boca cheia de espinhos, tipo uns dentões de monstro, e andando desesperados pela casa, babando sangue.

— Que horror!

— Essa aí, a Helena — e apontei para uma cachorrinha preta —, depois de um ataque desses ficou uns dez dias deprimida. Bom, a gente pensou que era depressão. Aí, um dia, vi que tinha um espinho saindo por cima do focinho dela. Tirei com um alicate. Levou todo esse tempo para atravessar o céu da boca dela!

Em seguida, copos à mão, trocavam-se os interlocutores, e novas conversas se iniciavam.

Mais tarde, passando pela mesa de jantar, cruzei olhares com Hilda, que conversava alegremente com o físico Newton Bernardes, e aguardei para ver se precisava de algo. Estavam ambos com os copos abastecidos e, notando minha intenção, disse que estava tudo correndo bem.

— Cadê o Zé? — perguntou.

— Eu o vi agorinha na cozinha.

— A Inês já chegou?

— Telefonou e disse que já está vindo.

Depois, dei uma passada no banheiro ao lado do meu quarto-biblioteca e, ao sair, cruzei com dois sujeitos que pareciam arquitetar planos secretos e mirabolantes.

— Tá a fim, Yuri? — perguntou um deles, oferecendo-me um beque já aceso.

— Puts. Eu fico louco demais. Não posso fumar.

— Porra, Yuri. Esse é o aniversário da Hilda Hilst! Tem lugar melhor pra ficar doido?

— Se eu ficasse *só* doido... Isso me dá é TDACTHC e, no final, eu fico superparanoico.

Riram:

— TD o quê?

— TDACTHC: Transtorno do Déficit de Atenção Causado por Tetra-Hidrocanabinol. Vocês devem saber como é o TDA comum, né? A pessoa não consegue prestar atenção às coisas ao seu redor porque fica pensando muito e rápido demais. O THC faz isso com muita gente, inclusive comigo. É péssimo. Eu não era de fumar muito nem na época da faculdade.

— Conversa. Já tinham mesmo me falado que você era careta.

Na verdade, entre tantas, uma das razões que me atraíram para a Casa do Sol foi justamente o ficar longe das drogas, principalmente das psicodélicas, as únicas que realmente atraíram meu interesse por algum tempo. Não que eu tivesse sido um viciado, longe disso. Em geral, experiências com drogas psicodélicas costumam ser tão marcantes que qualquer pessoa mais sensível evita ao máximo repeti-las. Sim, eu não era, digamos, *virgem* de loucuras... Aliás, a única droga que comprei na vida, quando ainda estudava na UnB, foi mescalina, vendida por um estudante de Engenharia Florestal que acabara de retornar da Califórnia. Além disso, os malucos do Planalto Central têm acesso a muitas drogas gratuitas: cogumelos, ayahuasca, ipomeias etc. Na verdade, com minha mania de ler o manual de instrução do que quer que seja, o que realmente me levou a experiências desse naipe foi a leitura de quatro livros — *As portas da percepção*, de Aldous Huxley, *O zen e a experiência mística*, de Alan Watts, que tem um capítulo sobre a viagem psicodélica do autor, as *Confissões de um comedor de ópio*, de Thomas De Quincey, e *Paraísos artificiais*, de Charles Baudelaire —, todos eles em conjunção com a entrevista concedida por Paulo Francis ao programa *Roda Viva*. Quando lhe indagaram se já havia experimentado alguma droga, Francis, a quem eu admirava, respondeu:

— Todas!

Aos meus vinte e poucos anos, cheio de curiosidade pelos enigmas do misticismo, sedento por novas experiências existenciais e estéticas, e entupido de questionamentos morais e metafísicos para os quais ninguém parecia ter resposta, enfim, perdido no mato da vida sem ao menos um sábio cachorro a meu lado, não pude deixar de passar por essa fase. E tanto a UnB quanto o meio no qual trabalhei em São Paulo — cinema, fotografia, publicidade — estavam coalhados de usuários de todo tipo de droga: se quisesse, você não precisava gastar dinheiro, simplesmente embarcava na onda do "se me dão". Certa feita, a própria Hilda me dissera:

— Eu nunca usei drogas. Morria de medo de ficar louca. — E me descrevia as festas de sua juventude nos anos cinquenta, festas em que amigos ricos, usando smoking, cheiravam cocaína comprada legalmente numa drogaria comum. Sim, a cocaína vinha em frascos de vidro de boca larga com o rótulo do laboratório. — Eram rapazes finíssimos, nunca perdiam a cabeça. E jamais me ofereciam aquele pó!

Poxa vida, as "festas de rico" que frequentei em São Paulo, e nem comentarei as raves, confrontadas com essas festas dos anos cinquenta, tinham duas grandes diferenças: suas drogas eram obtidas ilegalmente e seus usuários as ofereciam. Quanto a mim, diante disso, no auge da minha imaturidade, agia como a Rachel do seriado *Friends* — que, não sendo fumante, fumava cigarros apenas para não se sentir preterida pela chefe fumante —, ou como Marty McFly, do filme *De volta para o futuro*, que nunca reagia razoavelmente quando o chamavam de *chicken* (galinha, ou covarde, em inglês). Ora, o imaturo não quer se sentir excluído do grupo de que acredita fazer parte. No meu caso, ser chamado de *chicken* era ser chamado de *careta*.

— Careta, vírgula. Passa a bola.

O sujeito me passou o beque, e dei uma longa e bela duma tragada. Em seguida, após segurar o fôlego por um instante, como é de praxe, principalmente para quem está em abstenção, tossi profusamente, enquanto os dois sujeitos me olhavam divertidos, decerto acreditando que era a primeira vez que eu fumava maconha. Cheguei a ver aquelas estrelinhas, isto é, aqueles brilhos sem formas discerníveis, que invadem nosso campo de visão quando estamos à beira do desmaio. Fiz um esforço tremendo para me manter de pé, ouvindo até mesmo as batidas do meu coração. Dirigi o olhar para o céu, cujos astros se misturaram com as "estrelinhas" da minha vista. Respirei fundo. Não queria me esborrachar diante deles e passar vergonha. A vertigem deve ter sido muito rápida, mas tive a impressão de que durou uns dez minutos. E então aterrissei.

— Depois estive numa tribo Guarani aqui em São Paulo — prosseguia um deles, continuando uma conversa cujo bonde eu pegava andando.

— Perto de Parelheiros? — perguntei, tentando fixá-los na penumbra.

— Também estive lá.

Não me fizeram caso. Bom, já estava acostumado com isso. Naquela casa, e naquela festa, eu era o caçula e, afora Hilda, ninguém jamais estava lá muito interessado em minhas opiniões. O problema é que, além desse fato, o déficit de atenção resultante da ação do THC poderia deixar-me ainda mais isolado. Meus pensamentos já começavam a girar feito a roda da fortuna do tarô, pulando de ideia em ideia, umas ascendentes, outras descendentes, e a partir de agora, se não me concentrasse, o mundo exterior só serviria para me brindar esporadicamente com temas vários.

— Tribo com ocas e tudo o mais? — perguntava o outro.

Eu havia visitado essa tribo em companhia de um casal de amigos fotógrafos, André e Lisa Ismael, que hoje vivem na Nova Zelândia. As crianças da tribo haviam acabado de gravar um CD com músicas guaranis típicas. Criança cantando é sempre uma coisa bonita de se ouvir. Ah, sim: a tribo não tinha oca alguma. Era apenas um conjunto de casas de alvenaria separadas por chão de terra e um rancho de palha bastante alto, onde se reuniam. Mas o que realmente me marcou naquele dia, na verdade, foi a visão que tivemos ao passar pelo autódromo de Interlagos: havia um milhão de pessoas assistindo a uma missa campal! Nunca vira semelhante concentração de gente. Enquanto enfrentávamos o congestionamento ali ao lado, dava para ouvir a voz do Padre Marcelo a reverberar nos alto-falantes. Quis comentar o caso, mas, sem que eu o notasse, eles já haviam mudado de assunto:

— Yuri, me disseram que você andou lendo um *Livro de sei lá o quê* pra Hilda, uma Bíblia nova. Você tem de parar com isso. Ela não tem mais idade pra essas besteiras. Se quiser se meter com seitas, o problema é seu.

Apenas sorri. A fofoca sobre *O livro de Urântia* voltara a circular.

De fato, eu havia lido para ela dois capítulos da versão em espanhol que eu possuía. Mas o mero tom com que me falara já denunciava a mentalidade do sujeito. Em geral, para as pessoas modernas, *besteira* é um apelido para *religião* também, não somente para seitas. E jamais ouvi falar de uma seita sequer baseada nesse livro. Ora, Hilda passava boa parte do tempo a ler hagiografias. Declarou com todas as letras em sua entrevista aos *Cadernos de literatura brasileira*, durante a qual eu estava presente: "A única revolução é a santidade". Sim, ela tinha seus momentos de gnosticismo — os quais lhe serviam como matéria-prima para muitos contos e até mesmo poemas —, mas, no dia a dia, agia como uma cristã. Sua pintura predileta, aliás, era o quadro que ganhara de presente do físico Mário Schenberg: um retrato de Jesus, o mesmo que eu vira em minha primeira visita. Quando li para ela esses capítulos do livro sobre a vida de Jesus, Hilda me disse que os achara muito interessantes e profundos, mas, depois de folhear as cinquenta páginas do índice, abatida, confessou-me que não iria ler as demais duas mil e cem páginas. Justificou-se dizendo que seu conteúdo parecia tão espantoso que poderia deixá-la *gling-glang*.

— Você acha então que não devo lê-lo, Hilda?

— Se eu fosse você — respondeu —, eu o leria o tempo todo! Mas agora é tarde para mim. Estou na fase das releituras.

Enquanto os dois sujeitos já falavam sobre outro tema — eu também já os ignorava de todo —, *o coitado do Yuri*, plenamente achacado pelo inexorável TDACTHC, começou a misturar os assuntos anteriores. Lembrei-me, pois, do que um amigo me contara sobre um índio que havia se hospedado na casa de Washington Novaes, jornalista que dirigira a série documental *Xingu*, e que eu só iria conhecer pessoalmente um ano mais tarde. Na casa do jornalista, em Goiânia, o sujeito não conseguia entender de onde vinha a luz das lâmpadas. Para ele aquilo era um mistério. Seria daquele fio? Seria daquele retângulo cinzento na parede? Seria da própria parede? Ora, por que o abajur se apagava quando ele tentava levá-lo para o quintal? E então me lembrei dos Diretores de Potência do Universo descritos n' *O livro de Urântia*, isto é, os espíritos responsáveis pelo ajuste da energia de todo o Cosmos, energia essa produzida e disseminada pela Ilha Estacionária Paradisíaca, localizada no centro da Criação. Pensei: "Será que o sol e as estrelas são como as lâmpadas? Acreditamos que produzem por si mesmos a energia que emitem, mas, quem sabe, talvez na verdade nós apenas não conseguimos perceber o fio, a tomada, a parede e a usina de energia que os alimentam?"

— Que cara é essa, Yuri?

— Peraí —, eu disse, praticamente em transe. — Preciso falar com a Hilda.

Deixando os dois a rir da minha cara, atravessei o átrio e corri para a sala, que me pareceu coloridíssima: as paredes salmão, as telas, as fotografias... Nossa! Saí dali e fui encontrar Hilda, que estava em seu escritório acompanhada por quatro pessoas. Assim que ela terminou de mostrar a biografia do Yogananda à Malu Mendes Furia, que a tomou por empréstimo, chamei-a de lado e lhe falei sobre o que me viera à cabeça:

— Em suma, Hilda — concluía eu, três minutos depois, enquanto ela me ouvia com grande atenção —, deve haver buracos brancos nos centros das estrelas, que as conectam, através de buracos de minhoca, ao centro do Cosmos, onde a energia é produzida. Talvez as estrelas só morram quando são desligadas!

Ela arregalou os olhos:

— Que deslumbrante! — exclamou, segurando meu braço. — Você já falou isso pro Newton Bernardes? Era para ele ter ganhado o Prêmio Nobel com um grupo de físicos estrangeiros. Vá lá e lhe conte o que você me contou.

— Sério?

— Claro! Vai. — E lembrando-se de alguma coisa: — Ah, Yuri! Você contou pra Inês sobre o dia do Apagão, quando você pensou que talvez fosse o fim do mundo?

— Acho que não — respondi, rindo. — Mas estou terminando um conto baseado nisso. Vai se chamar *Apagãolipse Now*.

— Depois vou querer ler.

— Certo.

— Agora vai falar com o Newton.

Fui. Na sala, perscrutei todo o ambiente e, por trás de uma dezena de cabeças e de muita fumaça de cigarros, localizei o encanecido e venerável cientista, na extremidade oposta, sentado na poltrona da poeta. Comecei a caminhar em sua direção, mas, a meio caminho, fui interceptado simultaneamente pelas duas pessoas que haviam conversado comigo, em momentos diferentes, sobre cachorros e sobre formas de ajudar Hilda a ganhar dinheiro. (Jamais lembrarei quem eram! Recordo apenas as discussões, como se trocadas entre bocas e ouvidos flutuantes.)

— Yuri, vem cá! — Uma delas me puxou pelo braço. — A gente teve uma ideia ótima pra Hilda conseguir juntar uma grana e, ao mesmo tempo, tratar dos cachorros.

— Mesmo? — perguntei, sem muito interesse, morrendo de medo de esquecer o que eu queria expor ao Newton Bernardes.

— É — tornou o outro. — E os dois assuntos estão interligados.

— Interligados? Vender os cachorros, né? A gente já...

— Não — atalhou o primeiro. — Mas vai dar pra ajudar muita gente.

Aquela declaração me causou um tremendo e humorístico *insight*:

— Tem a ver com energia, né? — perguntei, de olhos esbugalhados.

— Energia? Como assim?

— Nossa, é genial! — exclamei, empolgado, quase saltitando. — Podemos criar uma usina cachorro-elétrica!

— O quê?!

— Sim, tudo o que precisamos fazer é criar um dínamo que possa ser amarrado às caudas dos cachorros. Imaginem: sessenta cachorros produzindo energia! Todos eles terão um fio *beeeem* comprido ligando os dínamos a uma central distribuidora. Se os fios forem fortes o bastante, nem será mais necessário manter as telas de arame dos canis.

— Pelo amor... — sussurrou um, desenganado, enquanto o outro dava uma gargalhada.

Mas eu não terminara:

— O problema é que eles só abanam o rabo quando estão felizes. — Continuei, pensativo. — Então a gente vai ter de deixar alguém lá, diante deles, assoviando e distribuindo carinhos. — E voltei a arregalar os olhos: — Nossa, melhor ainda! Os cachorros têm a mesma devoção pela Hilda que as abelhas têm pela abelha-rainha. O ideal seria colocar um alto-falante lá atrás e um microfone na mesa da Hilda. Toda vez que a luz ficasse mais fraca, ela falaria carinhosamente com eles! Nossa, daria até pra vender energia para os vizinhos!

O que estava gargalhando resolveu contribuir:

— E os fios? Eles vão se embaraçar. Vocês vão ter de contratar alguém só para desembaraçar os cachorros. Talvez, só por ele ter de fazer isso, os cachorros já fiquem abanando os dínamos.

Comecei a gargalhar também:

— Genial!

— Caramba — retrucou o outro, mal-humorado —, vocês dois estão completamente loucos. Ou melhor, completamente idiotas! Andaram fumando? — E, dando-nos as costas, saiu pela porta da frente.

O primeiro ainda ria desbridado, ao passo que eu, sentindo minha energia ir pelo ralo, fiquei profundamente envergonhado. Ora, ele não apenas notara que eu estava doidão como ainda me chamara de idiota! E de repente me veio a grande questão: o que é que eu ia fazer mesmo?

— Liga não, Yuri. Ele não tem senso de humor. Depois te mando um e-mail com a ideia.

— OK — respondi, ensimesmado, esforçando-me para me lembrar.

— Vou lá pegar uma cerveja. Quer?

— Não, obrigado. Estava tomando vinho.

O cara saiu pela porta do pátio e se dirigiu à cozinha pela porta externa. Então agarrei uma pista: Hilda havia me pedido alguma coisa. Com isso em mente, voltei ao escritório e, quando ela me viu, foi logo perguntando:

— Falou com ele?

— Com ele quem?

— Com o Newton!

Caí das nuvens:

— Ah, claro, claro... — Finalmente me lembrara. — Fui falar com ele, mas ele estava no banheiro. Vou voltar lá, já deve ter saído.

— Depois me diga o que ele achou.

— Beleza.

Ufa. Voltei à sala. Para minha sorte, o físico continuava no mesmo lugar. Abri então caminho por entre a pequena multidão — desta vez numa velocidade convenientemente antissocial —, aproximei-me, me apresentei, e lhe disse que queria expor uma teoria de astrofísica. Newton, ainda contaminado pelo tédio de conversações precedentes, levantou as sobrancelhas, exprimindo um esperançoso interesse. Aprumou-se, pois, no assento, e me disse:

— Do que se trata?

Puxei um banquinho e me sentei ao seu lado. Entusiasmado, falei-lhe sobre o índio e descrevi toda a analogia que me viera à mente. Mas, ao contrário da exposição que fizera à Hilda, não citei nenhum Diretor de Potência do Universo e muito menos chamei o centro de produção de energia do Cosmos de Ilha Estacionária Paradisíaca. Eu estava louco, mas já não pretendia ser chamado de idiota. Com os cotovelos apoiados nos joelhos, o olhar voltado para o chão, a testa franzida, ele me ouvia atentamente. Minha sorte era não ser ele um professor de algum departamento de Ciências Humanas; do contrário, teria me encarado e dito:

— Também quero fumar esse que você fumou.

Quando terminei de falar, ele me encarou:

— É uma teoria muito interessante. Principalmente porque, tal como defendia Werner Heisenberg, pressupõe uma ordem ainda mais profunda e complexa no Universo. Sabe, Heisenberg era praticamente um aristotélico. Mas...

— Mas...?

— Tem um problema: sua teoria é possível, mas é improvável. Você teria de penetrar no interior das estrelas para conseguir indícios, o que é materialmente impossível. As teorias atuais não necessitam dessa penetração, e já preveem bastante bem o comportamento das estrelas. Sem falar que... — E refreou-se, pensativo.

— Hum. Pode dizer.

— Que centro produtor de energia seria esse? — indagou finalmente, abrindo os braços, as palmas das mãos voltadas para cima. — Ninguém nunca detectou tal coisa.

Zé Mora Fuentes passou por nós:

— Newton, cuidado com o Yuri, que ele é o mais louco da casa.

Eu ri enquanto Mora Fuentes já entrava na cozinha:

— Entendi — anuí, olhando para o físico. Não, não iria falar-lhe sobre os corpos escuros que circundam o Universo Central e ocultam a Ilha Paradisíaca. Preferi ficar com os pés na Terra. — Pelo menos não é uma ideia completamente estapafúrdia, né?

— Não. É apenas mais uma teoria.

— Bom, se você descobrir alguma coisa que tenha a ver com o que eu disse, e ganhar um Prêmio Nobel por isso, lembre-se de mim.

Ele sorriu:

— Lembrarei.

E então chegou o momento do bolo. Mora Fuentes e Olga vieram da cozinha e convocaram todos à mesa de jantar, diante da qual Hilda era inteira sorrisos. O fato de Newton Bernardes, um dos maiores cientistas da história do país, ter afirmado que minha teoria não era uma bobagem me deixou mais doidão do que o beque. E isso explica o porquê de eu permanecer à volta de todos, ali, diante da mesa, mil vezes mais falante e "abraçante" do que o normal. Veio o bolo em chamas, cantamos o "Parabéns pra você" e, por fim, batemos muitas palmas enquanto Hilda soprava as velas. Fizemos a fila para os cumprimentos, muitos abraços e beijos. Hilda era outra.

— Parabéns de novo, Blancanieves! — disse, na minha vez.

— Obrigada, Dunga. — E me abraçou. — Falou com o Newton?

— Falei.

— E ele?

— Acho que a gente vai ganhar o Prêmio Nobel.

— Também quero! — disse ela, rindo. — Preciso tanto de um milhão de dólares...

Seguiram-se brindes com espumante e pedidos de discurso, que se limitaram a um breve agradecimento por parte de Hilda e às homenagens de alguns amigos mais antigos, como Mora Fuentes e Dante Casarini.

— Já pegou um pedaço do bolo, Yuri? — perguntou Olga.

— Do lobo?

— Bolo! Bolo! Meu Deus...

Enquanto comíamos o bolo, as vozes se elevavam, juntamente com alguns latidos. Hilda então pediu para alguém dar um pedacinho para a Cavalinha, que, naquele seu rosnado angustiado, insistia em prová-lo. E vieram as mil conversas simultâneas: eu e Olga demos muitas risadas, depois ri muito com Inês Parada e Iara, eu e Dante voltamos a conversar sobre alpinismo, touradas e Ernest Hemingway, aí gargalhei com Mora Fuentes, Gutenberg e Vivo, depois perdi o fôlego com Jurandy,

Almeida Prado e sei lá mais quem, e assim por diante. A coisa toda converteu-se numa roda-viva e, apesar de já estar na fase da larica, minha cabeça ainda girava a mil. Sim, a baixa tolerância resultante da total abstinência é um belo alerta contra qualquer inclinação à reincidência. Nunca entenderei um usuário crônico de drogas. Claro, trata-se de vício. Bem, Paulo Francis chegou a declarar não acreditar na existência do vício: disse que há pessoas de caráter e pessoas fracas. Nessa perspectiva, as de caráter experimentariam e deixariam para lá; as fracas se deixariam dominar. Mas... não sei. Enfim, o curioso é que, quanto mais a pessoa se droga, menos sente o efeito da dita-cuja, maior precisa ser a dose. Ou então, como aconteceu com três conhecidos meus, passam a ficar doidões apenas quando não se drogam. Com relação à maconha, li a respeito: nosso organismo produz naturalmente um neurotransmissor semelhante ao THC. Se a pessoa começa a fumar maconha, deixa de produzi-lo e se torna dependente da droga até para manter-se no estado normal. Se para de fumar, o corpo fica sem qualquer traço da substância, e a abstinência resultante a deixa pirada. E talvez seja por isso que esses meus conhecidos, com o uso crônico, despertaram propensões ocultas, tornando-se mais tarde esquizofrênicos, sendo que um deles se matou e outro tentou se enforcar. Os usuários que não têm propensão à esquizofrenia, mas continuam se drogando diariamente, passam simplesmente a cultivar, em tempo integral, uma sutil paranoia. Também conheço gente assim. Embora permaneçam ativos e encaixados na sociedade, eventualmente têm ideias estranhas, as quais, se lhes dermos alguma atenção, até parecem fazer sentido. Como escreveu Chesterton, não é que o louco perca a razão: é que ele mantém *somente* a razão; a imaginação sadia, a empatia franca e o bom senso vão para as cucuias — e tudo então se transforma num pretexto para as racionalizações mais perversas:

— Caiu um parafuso da roda do meu carro. Tenho certeza que alguém pagou o borracheiro para me matar.

Momentos mais tarde, a pedido de Hilda, fui colocar no videocassete a gravação da peça *O caderno rosa de Lori Lamb*y para que alguém lhe visse um trecho. Hilda queria demonstrar o quão extraordinária era a performance da atriz Iara Jamra. Por sorte, enquanto aguardavam que minha consultoria técnica desse resultados, distraíram-se a conversar, não notando que eu metia a fita no aparelho de ponta-cabeça. Levei uns cinco minutos investigando por que diabos ela não entrava. Por fim, eu a retirei e a encarei por longos segundos — mas ainda pensava no Diretor de Potência do Universo. De repente, sem perceber o que fizera de diferente, a fita entrou e consegui levar a tarefa a cabo: Iara Jamra estava na tela. Então, ouvindo risadas na cozinha, pedi licença e me dirigi até lá. Eu ainda estava com o cérebro a toda e, por isso, passei ao lado da geladeira a passos largos e ritmados, feito o personagem *Máscara*, do Jim Carrey.

— Olha só, Zé — disse Gutenberg. — Pede pro Yuri. Ele ainda está animado.

— Pedir o quê? — perguntei.

— Antes de te falar sobre o vídeo da Lori Lamby — disse Mora Fuentes —, a Hilda tinha me dito que queria café. Só que a empregada já foi dormir! E eu tô que não me aguento de pé...

— Eita — eu disse. — O problema é que... bom, não sei fazer café.

— O quê?! — exclamaram Jurandy e Gutenberg em uníssono.

— É verdade.

— Esses garotos de hoje... — comentou Mora Fuentes.

Gutenberg estava comicamente indignado:

— Como é possível?! Um escritor que não sabe fazer café?

— Bom — repliquei —, eu sempre morei com gente que sabia fazer. Nunca precisei.

— Aaah! — fez ele, entusiasmado. — Eis sua grande oportunidade!

— E para Mora Fuentes: — Zé, você já trabalhou demais, pode ir pra lá. Como a gente também quer café, vai sair de qualquer jeito. Pode dizer pra Hilda que o Yuri vai fazer.

— Eu? Cadê o Vivo?

— O senhor mesmo! — tornou Gutenberg, enquanto Mora Fuentes, aliviado, nos deixava ali, dirigindo-se novamente para a sala.

Jurandy sorria:

— Agora você não tem escapatória, Yuri.

— Não se aflija — prosseguiu Gutenberg, solícito, percebendo que aquilo me parecia um problema insolúvel. — Sou professor e vou ensiná-lo passo a passo. Pegue o bule.

Vencido, entreguei-me à correnteza. De outra forma, sozinho, e naquele estado mental de *Máscara*, eu realmente faria uma grande bagunça, e não sairia café algum. Com um instrutor, havia esperança. Fui, pois, ao armário, e peguei o bule.

— Encha-o de água até três quartos.

Fui à torneira, mas ele me repreendeu:

— Não! Não! Use a água do filtro.

Enchi o bule e, como um aluno que quer se mostrar desenvolto, fui logo acendendo uma das bocas do fogão.

— Não, acenda a boca maior — corrigiu-me.

Obedeci.

— Agora pegue a garrafa térmica e dê uma lavada nela.

— Com sabão?

— Não, claro que não. Ninguém quer beber café com gosto de detergente.

Em seguida recebi uma série de puxões de orelha por ter colocado pouco pó no coador de pano, por ter ameaçado adoçar a água — "É café preto! Café preto!" —, e por não ter preaquecido, com um pouco da água que ainda fervia, a garrafa térmica. De repente, vendo que as bolhinhas já subiam, desliguei o fogo.

— Desligou por quê? — perguntou Gutenberg, num tom que me lembrava um sargento de comédia pastelão.

— A água já está fervendo! — respondi, rindo muito.

— Quem disse que a água tem de estar fervida? Ela tem de estar é em ebulição! Coloque de volta.

E então, seguiu-se um espaço de tempo que me pareceu interminável, no qual eu repetia vezes seguidas, em voz alta, "agora, sim", e ele devolvia um "ainda não". Em torno, um grupo debatia outros assuntos e, a intervalos, zombava da minha inexperiência barística. Por fim, veio a luz, digo, a ebulição.

— Está vendo como é diferente da simples fervura? — comentou Gutenberg.

— Verdade.

E então, sob aplausos e cumprimentos, coei o primeiro café da minha vida — sim, eu, que possuo um pedacinho de terra que, em sua época de pedação de terra, acolhera os cafezais dos meus bisavós.

— Não há nada como a transmissão de um conhecimento — resumiu animadamente o professor Gutenberg. — Ei! Torça o coador com a colher!

Rindo, eu torcia o coador, arrancando daquele pó cada micrograma de cafeína.

Em seguida, após se servirem e levar o café restante para a senhora H — não tenho a menor noção de quem o levou, pois, quando dei por mim, estava sozinho na cozinha, olhando para o fogão e pensando na Ilha Estacionária Paradisíaca —, fui para a sala, onde a festa começava a minguar. Os convidados mais velhos, esgotados, já começavam a se retirar, inclusive Newton Bernardes, que, naquele instante, despedia-se de Hilda. Quis despedir-me dele também, mas, no caminho, fui interceptado pela Lélia, a jornalista:

— Yuri, Yuri...

— O que foi? — perguntei, já esperando algum comentário sobre o café.

— Você tem de parar de ler o Olavo de Carvalho.

"Ih, de novo isso", pensei. E, então, suspirei:

— Por quê?

— Ué. O cara é um idiota, as coisas que ele escreve não valem nada.

Leandro, marido dela, tendo ouvido aquela asserção, aproximou-se e insistiu na mesma tecla:

— Você está perdendo seu tempo, Yuri.

E então, sem me apresentarem qualquer fato ou prova concreta contra Olavo de Carvalho, passaram a fazer-lhe a caveira. Sim, eu havia descoberto o site do filósofo na mesma época em que colocara internet na Casa do Sol, e andava lendo todos os seus artigos e ensaios. E eu só tomara conhecimento de sua existência graças ao Caetano Veloso e ao Zé Celso. Verdade. Em 1996 ou 1997, durante a peça *As bacantes*, dirigida por Zé Celso, fui arrastado por uma atriz até o palco, a qual, ato seguido, me derrubou ao chão, metendo um seio na minha boca. Claro que, aproveitando a oportunidade e o fato de que tinha vinho no sangue — o vinho era servido durante a peça —, mamei naquela linda teta com vontade. Mais tarde, um amigo me diria que, duas semanas depois da minha experiência, Caetano Veloso também fora raptado para o palco. Como eu tinha os CDs com o banco de dados da *Folha de S.Paulo*, os quais eram vendidos em bancas de revista, procurei confirmar a informação. Joguei o nome Caetano Veloso no formulário de buscas e encontrei uma frase mais ou menos assim: "Alguém que prefira conhecer as opiniões políticas de um Caetano Veloso, a ouvir um filósofo, é como a pessoa que, em plena Idade Média, estando muito interessada em teologia, decida ouvir um palhaço de circo em vez de ouvir Santo Tomás de Aquino". Nossa, eu ri muito disso. Pensei: "Quem terá tido a ousadia de avacalhar com essa vaca sagrada da MPB?" Li a assinatura: Olavo de Carvalho.

— Ele não entende nada dos assuntos sobre os quais escreve, Yuri. Ele nem é filósofo de verdade. Não tem diploma!

Eu apenas sorria e ia me lembrando dos textos que lera no site dele, principalmente aquele sobre a "Contemplação amorosa", um ensaio belíssimo, profundo e extremamente bem escrito, do qual, anos mais tarde, apesar de ainda reconhecer sua importância, Olavo diria: "Eu pensava que estava sendo original. Então, depois de pesquisar mais, descobri um filósofo persa que, séculos atrás, escreveu algo muito semelhante. É por isso que temos de permanecer atentos ao *status quaestionis*. A filosofia é um trabalho de formiguinha".

— O Olavo representa o mal absoluto! — concluía Leandro, categórico, após uma longa preleção, o que me causou um déjà-vu, uma vez que, meses antes, ali mesmo na Casa do Sol, ele já me havia dito exatamente a mesma frase. E, na ocasião, se essa pressão dele contra Olavo não foi a *causa eficiente*, ao menos pode ter contribuído indiretamente para me meter numa situação das mais confusas e desagradáveis.

Explico-me — e me desculpe mais este desvio: como já dizia Riobaldo, "a lembrança da vida da gente se guarda em trechos diversos. [...] Contar seguido, alinhavado, só mesmo sendo as coisas de rasa importância".

Numa tarde de fins de 1999, Hilda me chamou ao seu escritório e, lá, sem meias palavras, com ar sombrio, expulsou-me de sua casa. Informou-me que eu devia arrumar minhas coisas e sair logo na manhã seguinte. Eu quis saber o porquê, já que sempre nos déramos tão bem — sem esquecer, é claro, de acrescentar que meu trabalho no site dela ainda permanecia inconcluso. Hilda, porém, não quis prestar qualquer esclarecimento, e negou-se a ouvir meus argumentos: disse-me apenas que eu já não era bem-vindo.

— Tudo bem, Hilda — respondi, calmo na superfície, mas sentindo a adrenalina no sangue. — Só preciso telefonar para São Paulo e ver se posso voltar a morar com meus amigos.

— Faça isso.

Voltei ao meu quarto e comecei a empacotar as coisas. Havia sido um ano e tanto.

À noite, apesar de manter-se cortês, ela mal me dirigiu a palavra. Durante o jantar, Chico foi solícito comigo e externou sua decepção.

— Vamos sentir sua falta. Isso é armação desses cabra.

— Agora já não interessa, Chico. Fazer o quê?

Às seis da manhã do dia seguinte, eu ainda ressonava sob as cobertas quando o ramal do meu quarto tocou. Num sobressalto, acordei e o atendi: era Hilda.

— Yuri, querido — disse ela, a voz embargada. — Me encontra lá no escritório. Aconteceu uma coisa incrível!

Eu me vesti rapidamente, coloquei meu robe alemão — eu adorava meu robe de chambre alemão —, e corri para o escritório: "O que será agora?", pensava enquanto atravessava o claustro.

— Yuri! — começou ela, ainda descabelada, assim que entrei. — Você não vai embora. Você vai ficar aqui.

— Ué, Hilda. Por que mudou de ideia?

Ela arregalou os olhos, comovida:

— Eu acabo de ter um sonho vivíssimo! Uma coisa deslumbrante! Eu estava sentada na sala e alguém, um homem lindíssimo, me dizia que eu estava cometendo uma injustiça, um erro horrível. E eu perguntava: "Mas que erro? Que erro?" E ele então me disse que você devia ficar na casa, que você é de confiança. Falou outras coisas também, mas não me lembro direito. Só sei que na hora me deixaram besta.

Fiquei encarando-a, mudo, meio desconfiado, sem saber se aquilo não seria apenas uma maneira de — sem a necessidade de justificativas concretas — voltar atrás na decisão. Mas, então, acrescentou, sôfrega:

— Você está com aquele seu livro sobre escritores e experiências extrassensoriais?

— *Escritores e fantasmas*? Não, deixei em São Paulo.

Ela começou a olhar em torno, procurando por outros livros relevantes:

— Fazia muito tempo que eu não sonhava assim. Cadê aquele livro do Cowper Powys? Ele fala muito de sonhos. *Bossa* louco mesmo... Parece que até se masturbava para ter sonhos e sair do corpo — E Hilda deu uma risada. — Eu não fiz nada disso ontem...

Eu a interrompi:

— Hilda, por que você queria que eu fosse embora?

Ela caiu das nuvens e me encarou, o semblante dorido:

— Desculpe, Yuri. Às vezes a gente se deixa levar pelas besteiras que as pessoas dizem. Não pense mais nisso.

E não pensei. Contudo, meses depois, a própria Hilda, sem dar por isso, e como se eu já estivesse inteirado do assunto, tratou do ocorrido: um velho amigo dela, sabedor de que eu estava preparando seu site, lhe telefonara naquela mesma tarde dizendo-lhe que eu era um hacker, que havia invadido a conta de e-mail dele e deletado todas as mensagens referentes a ela, pois eu certamente pretendia ser seu único porta-voz na internet! Claro que Hilda, que desconhecia tudo de computadores, e ciente das várias vezes em que a apunhalaram pelas costas, preferiu acreditar num amigo de décadas a acreditar noutro que conhecia havia pouco mais de um ano. Ao ouvir o relato, ri comigo mesmo: eu — que estava apanhando da reles linguagem HTML enquanto desenvolvia seu site —, um hacker! E a verdade é que a descoberta do autor da intriga não me causara estranheza: quantas vezes, num dia em que nos encontráramos meses antes, ele não insistira na mesma tecla? Sim, repetiu-me exaustivamente que seus amigos Leandro e Lélia — os mesmos jornalistas que agora me interpelavam durante a festa — lhe haviam dito que Olavo de Carvalho representava o "mal absoluto", e que eu devia parar de ler o site do famigerado "astrólogo". Como eu sempre comentava os artigos do Olavo com a Hilda, ela certamente havia tocado no assunto com esse conspirador bem-intencionado: sim, bem-intencionado, porque ele, que nada lera do filósofo, não queria que Hilda entrasse em contato com o "mal absoluto". Ora, ela nada tinha contra essas leituras, afinal, décadas antes, ela mesma havia conhecido Olavo numa livraria de propriedade dele, em São Paulo, tendo-o convidado ao seu apartamento, no qual, com outro amigo dela, passaram toda uma tarde rindo e conversando.

Na ocasião, eu ainda ria internamente dessa acusação de cibercrime quando Hilda, sem perceber, apresentou um argumento contrário àquela possível causa da intriga:

— Ele fuma maconha demais. Vai ver ele mesmo apagou os e-mails.

Pois é, a mesma maconha que agora, na festa, me deixava ainda mais intrigado com semelhante inquisição: "De novo, gente?", matutava. E, mesmo ali, eu permanecia ignorando qual das duas paranoias tivera verdadeira relevância no caso da minha quase expulsão: se a minha, ao associar esse "antiolavismo" à intriga, ou a do tal amigo, a qual, ocasionada pelo uso crônico de maconha, poderia tê-lo levado a se confundir com seus e-mails e a imaginar que o *webmaster* de Hilda Hilst não era senão um hacker. As pessoas parecem não entender que — se a magia, tal como afirma o hermetista cristão Valentin Tomberg, é uma técnica de ação cujo veículo é a palavra — a fofoca e a maledicência serão sempre as formas mais difundidas de magia negra.

— Ainda bem que os anjos estão de olho — eu disse, ainda viajando debaixo dos narizes de Lélia e Leandro.

— Como é? — tornou Lélia.

— Hum. Nada, não.

— Yuri, se esse Olavo começar a ser ouvido, ele vai acabar estragando todo o projeto, todo o bem que o PT está preparando para o país.

— Sei.

Hoje, todas as vezes que um amigo ou um leitor de Hilda criticam Olavo de Carvalho, penso: será que não percebem que, caso ela tivesse tido tempo de o ler em profundidade, talvez o tivesse admirado? De que valeria acusá-lo diante dela de ser meramente um astrólogo? Ora, nem seria preciso informá-la de que, à época, Olavo já havia abandonado seus estudos astrológicos quase duas décadas antes. Hilda não se importaria com a alcunha, pois interessava-se profundamente por astrologia, sabia que se trata de uma ciência tradicional, simbólica, cujos fundamentos nada têm a ver com os da ciência moderna e, por isso, é simplesmente ridículo negar uma delas com base na outra. Ela também estudou simbologia. O nome da casa da escritora é Casa *do Sol* porque o sol, *simbolicamente*, representa Deus! Sem falar que ela mantinha — dentro dum baú, ali mesmo, no escritório — seu mapa astral, o qual, ironicamente, tinha grande semelhança com o do próprio Olavo: eram ambos taurinos com ascendente em aquário. E os pontos de contato não terminam aí. Tal como Olavo de Carvalho, Hilda tinha como valor e princípio supremos o próprio Deus, sendo a imortalidade da alma humana um corolário para ambos: enquanto Olavo abraça a ideia dos antigos filósofos gregos, segundo a qual a filosofia é uma preparação para a vida pós-túmulo, Hilda via a imortalidade como o verdadeiro fundamento da civilização, da cultura e da arte. Os artigos políticos dele e os livros eróticos dela são apenas a ponta de seus respectivos icebergs: quem os julga meramente por esses textos jamais os entenderá! Ou seja, ambos sofrem o mesmo preconceito ao ter suas respectivas obras julgadas em função de um pedacinho delas. E Hilda, embora não dominasse a ciência política com a mesma maestria que vemos nos textos do Olavo, não era politicamente nenhuma *idiótes*. De fato, ela insistira comigo, logo nos primeiros meses da minha estadia, para ler o *Alerta ao Ocidente*, de Alexander Solzhenitsyn, que trata dos horrores do socialismo, do estatismo e do totalitarismo. E eu estava presente quando da sua releitura dos diários de Che Guevara, cujas palavras lhe causaram náuseas já nos trechos em que ele descreve como seus comandados, em patrulha noturna, ao adentrarem um povoado, matavam de imediato os cães dos camponeses, pois seus latidos poderiam denunciar a presença dos guerrilheiros. Se ela já se escandalizava com o extermínio desses animais, o que essa gente imagina que ela dizia sobre as execuções de milhares de seres humanos? Não leram seus *Poemas aos homens do nosso tempo*? Ademais, ela também possuía os *Cadernos do cárcere*, de Antonio Gramsci, tão criticados por Olavo, os quais ela me apontou uma vez, dizendo:

— Esses livros ainda causam uma confusão terrível! Uma maçada...

Outro fato que certa vez deixou seus amigos esquerdistas em polvorosa — na época eu ainda não tinha plena noção do que significava ser de direita ou de esquerda, e nem havia lido um único livro sequer do Olavo — foi a carta que Hilda me pediu para escrever à seção de leitores da *Folha de S.Paulo*. Como sempre, o Partido dos Trabalhadores estava a mobilizar os sindicatos, a Central Única dos Trabalhadores, o Movimento dos Trabalhadores Rurais Sem Terra, os padres da teologia da libertação, as saúvas, os pernilongos da dengue etc. com a clara intenção de fomentar um golpe contra o presidente Fernando Henrique Cardoso. Na ocasião, Arnaldo Jabor publicou um artigo denunciando a safadeza: "Brasil chupa o atraso como um Chicabon", o qual deixou a militância irada. Hilda me mostrou o artigo e me disse:

— A gente precisa apoiar o Jabor.

E então me disse qual deveria ser o teor do texto, sugerindo inclusive, numa revisão, o verbo "esgruvinhar", forma regional de "esgrouvinhar". A carta, que ainda está online no site da *Folha de S.Paulo,* ficou assim:

> Que se registre nosso aplauso ao Arnaldo Jabor que, em seu texto "Brasil chupa o atraso como um Chicabon", esgruvinha as entranhas da caterva golpista, essa senhora ávida pelo eterno retorno da ignorância travestida de revolução. Exclusão não se combate com exclusão — ainda que a do próprio presidente da República.
>
> E, vindo ou não o tal golpe, Jabor, lembre-se de que sempre haverá, para você, um refúgio, um lugar à Casa do Sol.
>
> Hilda Hilst e Yuri V. Santos (Campinas, SP)

Sim, eu ainda não tinha a menor ideia de que Fernando Henrique não passa de um socialista fabiano a interpretar, na farsa leninista da Estratégia das Tesouras, a lâmina boazinha. Por isso, hoje, essa carta me parece demasiado inocente, pueril até. Mas — uau! — como essa carta enfureceu os amigos esquerdistas da poeta! E passaram a lhe telefonar, afirmando que Fernando Henrique era um direitista que oprimia os movimentos sociais! E o pior: como ela havia me pedido para também assinar a carta — "nós a escrevemos juntos, né", me dissera —, alguns deles atribuíram a mim esse ato dela, como se eu, aos vinte e poucos anos, fosse um Rasputin a manipular a experiente e indomável escritora!

Entenda: não estou afirmando que Hilda era uma direitista ou uma típica conservadora. Não. A questão é que ela tampouco se via como esquerdista ou progressista. Mas *sabia* que há valores e princípios que devem ser *conservados*. Quantas vezes ela se pronunciou contra o feminismo? Várias, basta verificá-lo em suas entrevistas. E não promovia a pedofilia. Repito: leia sua entrevista aos *Cadernos de literatura brasileira*. Quando escreveu *O caderno rosa de Lori Lamby*, ela estava era indignada com a sexualização das crianças. Por que ela afirmou, conforme citei anteriormente, que "a verdadeira revolução é a santidade"? Porque o entrevistador, de um modo que só parecerá sutil ao vulgo, tentou enquadrá-la no esquema da *Escola de Frankfurt*. Só por isso. Referindo-se à sua literatura erótica, ele indagou se, com aqueles livros, ela tinha a intenção de "preparar o mundo de amanhã" e de "abrir o caminho para a verdadeira revolução". Isso é *marxismo cultural*, é a *ação do negativo*, é a Teoria Crítica, que destrói as tradições, os valores e os costumes da sociedade para criar o vácuo que será preenchido posteriormente por algum demiurgo estatal-ideológico. Repito: o que Hilda respondeu? "A verdadeira revolução é a santidade." Ou seja, ela não queria mudar o mundo, queria tão somente compreendê-lo. Ou melhor, queria compreender a Deus. Seus fãs podem seguir a ideologia e a crença que quiserem — afinal, ela tinha amigos em ambos os espectros da política —, mas não podem adotá-la como pretexto ou como "companheira de viagem", agitando-a como uma bandeira vermelha, pois ela não desejava nenhuma revolução socialista, nenhum Estado grande, nenhuma invenção progressista maluca. Ela sabia que revolução socialista significa roubo, fome, perseguição, prisão, morte e genocídio; que "Estado grande" significa mais burocracia, corrupção, impostos (lembra do IPTU?), invasão da privacidade dos indivíduos e censura; e que progressismo significa ver um monte de Lori Lambys a passear pelas ruas... Ela não era senão uma pessoa autêntica e lúcida, ponto final. Nenhum ideólogo jamais a convenceria do que quer que fosse mediante o apelo a uma versão qualquer do argumento humorístico de Groucho Marx: "Você vai acreditar em mim ou em seus próprios olhos?" Discursos vazios não a convenciam: Hilda preferia acreditar em seus próprios olhos. Ora, em todo o seu período de vida, nunca vira o comunismo dar os bons frutos que seus fiéis tanto prometem: mas, aos sete anos de idade, ela... viu um anjo!

— Acredito, acredito, sim, na salvação depois da morte — declarou ela na mesma entrevista.

Enfim, eu prestava atenção ao que o casal de jornalistas me dizia, solicitava provas referentes àquelas obscuras insinuações feitas contra o Olavo, e nada vinha. No fundo, estavam apenas repisando sem parar: "Você vai acreditar na gente ou nos seus olhos?" Meus olhos vinham lendo textos incríveis do filósofo, ensaios extraordinários e maravilhosamente bem escritos, num estilo tão elegante que impressionara a própria Hilda. Meses mais tarde, ali mesmo na Casa do Sol, o poeta Bruno Tolentino me presentearia com três livros do Olavo e me emprestaria seu exemplar de *O jardim das aflições*, também do filósofo, um ensaio impressionante sobre a pulsão imperialista que assola o mundo. Aliás, foi por causa de todas essas conversas sobre sonhos lúcidos, viagens astrais e "corpos gloriosos versus corpos astrais", que Bruno me encasquetou a fórmula da honestidade intelectual que aprendera com Olavo: "Nunca dizer que sabe o que não sabe, nem dizer que não sabe o que sabe perfeitamente bem". (Ah, ele também me alertou: "O problema dessas experiências místicas, dessas maluquices esotéricas, não é que sejam irreais: o problema é que, se você não as merece, elas podem enlouquecê-lo. Os santos estão cansados de conhecer essas coisas, mas nunca as cultivaram: receberam por Graça divina".)

— Peraí que preciso ir ao banheiro — disse, por fim, ao casal revolucionário.

E realmente fui ao banheiro, mais para espairecer e tentar controlar os últimos resquícios do THC do que para urinar. Defender o Olavo de Carvalho, enquanto viajava de beque, estava paradoxal demais para minha cabeça. Ora, ele foi o primeiro a denunciar, no Brasil, a articulação, mediante o Foro de São Paulo, entre o narcotráfico e os movimentos de esquerda de toda a América Latina. Essa noite, aliás, foi uma das que me ensinaram a não bancar mais a Rachel Green e o Marty McFly, e a parar de entrar na onda errada alheia apenas para ser aceito pelo grupinho. Sim, houve uma derradeira lição... Você verá.

A essa altura da festa, a maioria dos convidados já havia partido. Sendo o caçula, eu estava envergonhado por estar mais cansado do que os convivas remanescentes: minha baixa tolerância me deixara chapado com um único tapa. Contudo, mesmo depois de Hilda ter se retirado a seu quarto, ainda ocorreram muitas conversas, muitas risadas, muito vinho e, claro, um princípio de arrumação geral, cujo grosso, felizmente, ficou para o dia seguinte. Aí pelas três e meia da manhã, exausto, mas finalmente lúcido, desabei em minha cama. Dormi em menos de cinco minutos.

Por volta das dez da manhã, alguém me cutucou:

— Ei, vamos fumar outro?

— Me deixa dormir, cara — resmunguei, ainda de olhos fechados.

Ele tornou a me tocar o ombro e, dessa vez, me chacoalhou:

— Vai, cara. Pede praquele seu amigo bolar outro.

— Porra, meu. — Me irritei, abrindo os olhos. — Não tá vendo que ainda estou com sono?

— Você vai curtir. Pede lá pra ele.

Fiquei olhando o sujeito, agachado ali, ao lado da minha cama. Não me lembrava dele. Comparecera à festa da noite anterior? Observei-lhe as roupas: calça jeans surrada e camiseta amarela bem justa. Ele era mulato, forte, e tinha a cabeça raspada.

— Peraí! — exclamei. — Quem é você? Como você entrou no meu quarto?

Ele ainda me encarava. Zangado, já completamente desperto, joguei as cobertas para o lado, sentei-me na cama e, quando pus os pés no chão, não o vi mais: desaparecera na minha frente! Aquilo me assustou. Dei um pulo e, na sequência, abaixando-me, procurei-o debaixo da cama: nada! Pasmo, saí pelo quarto olhando debaixo da mesa de leitura, da mesa do computador, dentro do armário: ninguém. O quarto não estava escuro, pude vê-lo claramente, e, se estivesse ali, ainda o veria. Fui até a janela e em seguida até a porta: ambas trancadas por dentro.

— Caralho! Acabo de ver um fantasma! — disse em voz alta.

E então me lembrei das histórias que, ainda na infância, ouvira de uma tia minha no Rio de Janeiro, a qual, então uma médium, dizia haver espíritos "garrafa", isto é, alcoólatras desencarnados que andam por aí atrás de quem possam sugar uma energiazinha cachaceira. Nunca fui espírita nem jamais levei essas histórias a sério, mas... ora, quem afinal era aquele cara? Um espírito "seda"? Um espírito "papel de Bíblia não lida"? Fora uma visão tão real, sem mencionar o toque no ombro, que eu não podia estar simplesmente alucinando. Nunca ouvira falar de alucinações visuais ou táteis causadas por maconha, ainda mais depois de já passada a "onda". Em suma, liguei imediatamente para o ramal do escritório.

— Bom dia, Hilda.

— Bom dia, Yuri. Descansou?

— Hilda, acabo de ver um fantasma! Um espírito!

— Que deslumbrante! Bem-vindo ao clube. — E deu uma gostosa risada. — Depois que for ao banheiro, venha aqui e me conte tudo.

— Tá bom. — E desliguei.

Não sei se foi coincidência ou se a Hilda dera com a língua nos dentes, mas, semanas mais tarde, durante uma de suas visitas, Vivo saiu jogando sal grosso pelos cantos da casa, a começar pelo meu quarto. Curioso, fiquei a observá-lo sem nada dizer. Ora, vai saber, talvez realmente servisse para algo. No fundo, a única coisa que me importava era que, agora, eu fazia parte do clube.

O marceneiro e o poeta

Antônio estava debruçado sobre um banco de madeira rústico, que ele, com a expressão atenta de um cirurgião, colocara de ponta-cabeça para melhor avaliar o estrago causado pelos cupins. Com um formão, ia seguindo e alargando as trilhas abertas pelos insetos, como quem ara o solo antes da semeadura. O banco era pesado, comprido — comportaria umas cinco ou seis pessoas sentadas lado a lado — e tinha orifícios e canais abertos por cupins por toda sua extensão. O sol das nove da manhã, um sol de outono, já iluminava praticamente todo o átrio da casa, fazendo luzir as lascas de madeira que se desprendiam da parte inferior do assento, enquanto eu, sem esconder minha admiração por aquela sem-cerimônia com um objeto tão estimado por sua proprietária, ia observando o desenrolar daquela tarefa milenar. Eu ainda tinha em mente a missão que recebera da Hilda Hilst, mas o ar misterioso e reticente daquele marceneiro, suas maneiras graves e seu olhar severo, despertavam minha curiosidade para além da tarefa que me fora incumbida. Ao contrário da escritora, eu não sentia o menor receio pela presença daquele desconhecido de meia-idade, um negro de baixa estatura, roupas surradas e ar circunspecto. No entanto, ela era a proprietária da casa e tinha todo o direito de saber quem era seu novo hóspede. Até surpreendê-lo em plena atividade naquele pátio árabe, eu nem sequer sabia que se tratava de um artesão. Sentia, sim, um interesse crescente por sua história, afinal, dificilmente davam às praias da Casa do Sol pessoas desprovidas de experiências, valor e espírito. Por quais meios, por quais acasos e circunstâncias ele teria ido parar em nosso refúgio de escritores?

— Por acaso você está tentando competir com os cupins para ver quem é mais eficiente na destruição do banco?

Ele sorriu pela primeira vez desde que chegara ali na tarde anterior:

— Pois é... Isso aqui é como combater um câncer... A gente precisa retirar o que tá podre antes de iniciar o tratamento.

— Hum... Você então trabalha mesmo como marceneiro, né?

— Bom, a marcenaria é meu salva-vidas.

Eu me sentei no chão, à beirada da varanda, pensando no quanto invejava os detentores de semelhantes habilidades manuais. Eu mal era capaz de montar e empinar uma pipa, quanto mais de restaurar móveis de madeira. Minha presença não parecia incomodá-lo nem um pouco. Antônio, mergulhado em silenciosa concentração, prosseguia com seu labor. Pigarreei, embaraçado com minha tarefa.

— Você sabe quando ele vai voltar, Antônio?

— Ele me disse que voltava em uma semana.

— E você va...

— Ela tá com medo de mim, não tá? — interrompeu-me, sem deixar de mirar o banco.

Eu sorri:

— Na verdade... sim. Quer dizer, não é bem *meeedo*...

— Mas ela pediu pra você vir conversar comigo, me sondar, né?

— Exatamente — respondi, satisfeito por ver que ele não era nenhum idiota, e que não era dado a rodeios. — Mas você não precisa ficar chateado com ela.

— Não, claro que não. Eu entendo.

— Ela já passou por uns maus bocados aqui, Antônio. Muita gente doida costuma dar as caras nesta chácara e, como ela não tem marido nem filhos, às vezes se sente desprotegida. É uma mulher de setenta anos, saca?

Ele me encarou com um olhar mais leve, como se o gelo, graças à nossa franqueza mútua, tivesse sido quebrado.

— Yuri... Seu nome é Yuri, né? — Movi afirmativamente a cabeça. — Me passe por favor essa caixa de ferramentas aí do seu lado.

Estendi-lhe a caixa, que parecia uma caixa de engraxate, e resolvi ser tão direto quanto ele.

— E então, Antônio? — Comecei em tom amistoso. — Além de ser um cupim gigante, há sobre você algum outro dado ameaçador que poderia fazer a Hilda perder o sono?

Ele deteve-se por um instante e me olhou direto nos olhos, sustentando uma expressão simultaneamente irônica e inocente. As ferramentas luziam dentro da caixa, que ele acabara de abrir.

— Humm. Depende... Você acha que ela ia ficar assustada se soubesse que eu sou um... um fugitivo da justiça?

Meu interesse viu-se elevado ao cubo.

— E você é?

Ele riu, retomando o serviço:

— Sou, sim. Faz dois anos que fugi da prisão.

Uma eletricidade percorreu meu corpo só de imaginar a reação da Hilda ao receber uma notícia como aquela. Uma eletricidade *extática*. Muito difícil evitar pequenos prazeres sádicos, ainda mais diante de uma mulher com discretas necessidades masoquistas. A Hilda ficaria aterrada com a informação, mas a receberia rindo nervosamente, curtindo mais essa ironia do destino. "Meu Deus, Yuri! Essa casa só atrai gente estranha!", diria, degustando seu mais novo motivo para entrar em pânico.

— Peraí, Antônio. Não me diga que você já matou alguém?

— Quando a gente fala em prisão, todo mundo já pensa logo em homicídio. Mas não, nunca matei ninguém, não.

— E você foi preso por quê?

— Drogas.

— Ah, você traficava.

— Não exatamente. Eu sempre fumei maconha. Maconheiro mesmo. E um dia eu saí com um sobrinho meu, de carro. Uma blitz parou a gente, e ele tava com uma trouxinha no bolso. Eu não tinha nada a ver com aquilo, mas achei que minha irmã fosse me culpar caso ele fosse preso. Então eu disse ao policial que *eu* é que tinha dado o bagulho pra ele. Foi uma burrice dupla: primeiro, porque ele era menor de idade e não ia ter maiores problemas; segundo, porque eu não sabia que, na lei, presentear alguém com drogas é considerado tráfico. Artigo 12.

— Caramba. Onde foi isso?

— Em Goiânia.

— Ah, essa é boa! Então você é de Goiânia? Morei alguns anos lá.

— Eu cresci no Setor Macambira. Fiquei preso no Cepaigo.

Antônio agora retirava uma das pernas do banco, inutilizada pela ação dos cupins.

— Nossa! O Carandiru do cerrado... Você já tinha passado por algo assim antes?

— Não, nunca. Nunca fui do crime. Aprendi marcenaria primeiro com meu pai e depois numa escola técnica. Sempre trabalhei com isso, desde a adolescência. Meu pai achava ridículo dizerem que criança não deve trabalhar. Ele tava certo: sem um ofício a pessoa tá é perdida... Também participei de um grupo de teatro na associação de moradores lá do bairro. Cheguei a dirigir duas peças... Amadoras, né.

— Você obviamente deve ter ficado muito puto com esse negócio de ser preso.

— Puto?! Eu fiquei foi apavorado, em pânico!

— E como você se virou lá no Cepaigo?

Antônio então se sentou ao meu lado e começou a medir, com uma trena, a perna defeituosa que havia extraído do banco.

— Olha, pra falar a verdade, até que eu tive sorte. Quando eu cheguei lá, tava morrendo de medo, superansioso. Aqueles portões altos abrindo pra gente entrar... Que sensação horrível!... E eu ia ficar de três a quinze anos lá dentro. É uma sensação de que a vida acabou, de que você está sendo jogado numa lata de lixo de gente, de que a sociedade agora tá cagando e andando pra você. O que eu não sabia é que tava correndo um boato de que um tal Cartucheirinha tinha sido preso e ia chegar naquele dia também. Todo mundo tinha medo dele, tanto os carcereiros quanto os outros presos. Um cara perigoso de verdade. Aí, chega a viatura e... quem sai de dentro dela? Eu. Todo mundo pensou que eu é que fosse o Cartucheirinha. — Antônio deu uma risada acanhada: — Juro! Me olhavam com um respeito... E eu calado, sem saber o que se passava, com medo deles. Achavam que era brabeza minha.

— Meu Deus! Que sorte, hein? E quando perceberam o engano?

— Ah, nem me lembro mais. Só sei que, quando descobriram, eu já tava fabricando bancos, mesas, estantes, prateleiras pra todo mundo. Achavam que eu era um *Bíblia*, entende? Um crente. Todos me tratavam bem e me pagavam pra fazer coisas pra cela deles. A marcenaria é meu colete salva-vidas... Mas lá era um lugar cheio de caras estranhos. Por exemplo: tinha um, o Divino Caveirinha, que cismou que ia pular o muro da penitenciária usando esses balões de festa inflados com hélio. Vivia tentando contrabandear cilindros de hélio lá pra dentro, coitado. Como se alguém fosse fazer esse jumbo pra ele.

— Jumbo?

— É. Jumbo é uma encomenda que o presidiário faz. Existe um jargão do presidiário. Ih, é tanta palavra diferente que a gente usa.

— Por exemplo?

— Lá na prisão, *taba* era maconha. *Pino* ou *pedra* era o crack... Hum... *Tranca-dura* era o xadrez. *Ganso* era o alcaguete, o dedo-duro... Ah, é coisa demais.

— E como foi que você fugiu da prisão? Nunca pensei que pudesse ser fácil assim.

— Ah, não foi, não. E eu não pretendia fugir. E também nem foi de lá que fugi.

— Ué, como assim?

— Eu e meu advogado conseguimos provar que eu era usuário, e não um traficante. Levou quase um ano pra conseguir isso. Eu mesmo já havia me internado em duas clínicas de reabilitação antes de ser preso: uma espírita e outra evangélica. Isso ajudou a convencer o juiz.

— Clínica espírita? Evangélica? Nossa.

— Foi por causa da minha mulher. Ela tinha ameaçado se separar caso eu não parasse com a maconha. Aí eu me internei nessas clínicas.

— Em Goiânia?

— A evangélica era em Anápolis, lá perto, mas primeiro fiquei na espírita, em Goiânia. Era muito legal lá, um lugar bonito, calmo, com um jardim bem grande, muitas árvores. Era uma chácara, na verdade. Lá eu também ficava trabalhando com madeira, conversando com as pessoas, pensando na vida. Os psicólogos de lá eram gente muito boa. É claro que tinha muito nego maluco, sabe, né, usuários. E a verdade é que, depois de passar pelas clínicas de reabilitação, percebi que elas são os lugares onde mais facilmente a gente encontra drogas.

Eu ri:

— Sério?!

— Claro, aquele bando de nego na fissura, em abstinência, doido pra cair na tentação. Aí sempre tem um interno ou um enfermeiro mais perverso que aproveita, né. O trem é feio mesmo, Yuri.

— Puts. E a direção da clínica sabendo de tudo, fazendo vista grossa.

— Não, não, são gente honesta, disposta a ajudar mesmo. Quer dizer, com exceção da clínica alopática, né, pra onde eu fui depois de preso. Foi minha terceira internação. Lá, nem precisa ter traficante: eles mesmos se encarregam de deixar você dopado o dia inteiro. Acho que é pra você não ter condição de pensar em usar as outras drogas, as ilegais. E, se reclamar, leva um sossega-leão.

— Sossega-leão?

— É, a gente chamava assim. É uma injeção de Amplictil misturada com mais alguma coisa. Você fica lesado o dia todo. Isso se você conseguir ficar acordado, claro.

— Credo. Então as clínicas religiosas eram melhores.

— A espírita era. A evangélica ainda não sei dizer.

— Como assim?

— Ah, na espírita era uma vida supertranquila, sabe? E era mista, mulheres e homens juntos. Não na hora de dormir, né. Mas era mais fácil de levar. E não era só pra drogadictos, tinha muita gente lá tratando de depressão, esquizofrenia, essas coisas. Muitas visitas. A única coisa agitada lá era o Vasco, que de vez em quando saía correndo aos berros: "O cigano! O cigano!", e ia se esconder em algum lugar. O cara era bisonho. Ele tinha assassinado um cigano e estava sempre vendo o espírito dele em algum lugar... — E sorriu, sem tirar o olho da trena. — Mas a clínica evangélica era *beeem* diferente, disciplina militar. Castigos militares também. Uma gente rígida. *Casa de Recuperação Príncipe da Paz.* Só homem lá dentro; se bem que a presidente era uma mulher, dona Ângela. Por um lado foi bom: não tinha remédio nenhum e nunca li tanto, principalmente a Bíblia. Quem decorasse alguns trechos ganhava repeteco na comida. Conhece o "telefone de Deus"?

Eu, sorrindo:

— Não.

— Jeremias, 33:3: "Chama a mim, e responder-te-ei, e anunciar-te-ei coisas grandes e firmes que não sabes". — E Antônio retribuiu o sorriso.

— Aprendi a falar direito, entende? A me fazer respeitar. Você não precisa de terno e gravata pra ser respeitado. Falar bem é muito mais eficaz. E ler a Bíblia ajuda muito nisso. Palavras difíceis, que impressionam. Nenhum jornal tem texto escrito do jeito que a Bíblia tem. Bonito mesmo. Já leu?

— Algumas coisas. Não tudo.

— Vale a pena... — disse, enquanto retirava restos do pé do banco ainda presos no assento. — Mas, rapaz, era tanta humilhação nessa clínica... Acordavam a gente pra cavar buraco no meio da noite. De madrugada, quando a gente levantava, só banho gelado. Se a gente fizesse algo errado, não almoçava. Se pegassem a gente batendo punheta, vixe, mais banho gelado e buraco pra cavar à noite, lavar a louça de todo, mundo e por aí vai. Difícil, viu. Mas lá eu podia trabalhar com madeira. A gente também cultivava a horta e criava escargot.

— Escargot?!

— É, aquela lesma francesa. — E rimos. — Eu cheguei a me tornar obreiro, Yuri. Ajudei a celebrar vários cultos. Quando saí de lá, já estava a ponto de virar pastor.

— E por que não virou pastor? Não encontrou uma cabine telefônica?

— Uma história estranha — respondeu, ignorando a pilhéria. — Na igreja, os caras queriam que eu tomasse anfetaminas, rebite, sabe? Aqueles pastores gritando lá na frente, no palco, as frases encavaladas umas nas outras, pulando aos berros? Tudo anfetamina, o mesmo remédio que caminhoneiro toma pra não dormir ao volante.

— Tá brincando!

— Sério, Yuri, eles acham que não tão errados porque compraram droga legalizada na farmácia, porque é pro bem, acham que ajuda a "entrar no Espírito". Um pastor até me disse que aquilo era muito melhor, porque na outra igreja de onde ele tinha vindo rolava um tráfico interno de cocaína só pros pastores. Mas de que ia me adiantar trocar a maconha por bola ou por cocaína? Muito pior.

Fiquei em silêncio por um minuto, observando-o cortar um pedaço de madeira que ele desembrulhara de um papel pardo. Iria agora preparar uma nova perna para o banco.

— Tá, Antônio, deixa ver se entendi: você se internou em duas clínicas de recuperação de drogados, foi preso, e depois transferido para uma outra, alopática. Ok. E como você fugiu?

— Ah, um dia lá, eu simplesmente fingi que estava tomando o anatensol, que sempre davam pra gente (na verdade, escondi o comprimido debaixo da língua), e, à tarde, quando todos estavam bodados na cama, pulei o muro. — E, indignado, me encarou: — Porra, eles estavam dando choques na gente! Cheguei a passar vários dias babando, uma coisa escrota, viu.

— E como você conheceu o Bruno?

— Foi na Praça da República, em São Paulo, pra onde fui depois de fugir. É uma história comprida, vou resumir pra você... Logo que cheguei na cidade, acabei morando um tempo na favela do viaduto Alcântara Machado. Não deu muito certo, fui me meter em encrenca por causa de mulher e acabei na rua. Você sabe, mulher é foda. — E deu um sorriso amarelo. — Aí eu ficava lá na praça da República, vendendo, por um real cada, banquinhos feitos com caixotes de feira. Ia à feira, catava as sobras de madeira, e ficava lá, trabalhando. Era perigoso dormir na rua: então, fiz amizade com um negão de dois metros, que vendia bebida pros mendigos e vagabundos. Eu tinha feito umas divisórias de madeira pro carrinho de supermercado que ele tinha, sabe, pra colocar as garrafas de pinga, vodca, Campari, evitando que tombassem quando ele empurrasse o carrinho por aí. E então a gente se protegia, os dois negão no Centro de São Paulo, ele, o grandão e eu, o baixinho. Enquanto um dormia, o outro ficava vigiando, porque tem muita violência da polícia, dos playboys, dos carecas, dos outros mendigos. E todo mundo querendo dinheiro pra ficar doidão, que era a única distração que a gente tinha. Quando a gente conseguia bagulho, alguém tinha de ficar cuidando a loira pros outros fumarem em paz.

— Cuidando da loira? Que loira?

— Cuidando *a* loira. *Loira* é a polícia. E *alibã* é o soldado da polícia.

— Tá, saquei.

— Às vezes a gente comprava artani na farmácia, um remédio pra epilepsia que deixa a gente noiado e enxergando tudo cor-de-rosa... A rua é foda, Yuri. Muita traição, muita briga de faca. Naife, a gente dizia.

— Cara, que loucura...

— É, nunca imaginei que ia ficar numa situação dessas. Tudo acontece dum jeito muito esquisito: num dia, você vai parar num aperto que parece ser o fim da linha. E fica naquilo algum tempo, acreditando mesmo que acabou. De repente, do nada, tudo muda. Outro dia, eu tava na prisão, outro, na rua, e hoje tô na casa da poeta Hilda Hilst, de quem eu nunca tinha ouvido falar, e que o Bruno me explicou quem é.

Eu ri, me identificando com o comentário.

— Então, te respondendo: — prosseguiu — um dia eu tô lá na praça, montando e vendendo banquinhos, e aparece esse cara magro, grisalho, todo fino, de terno e gravata, e me pergunta se eu sabia fazer mesa, cadeiras. Eu disse que só precisava de material e de algumas ferramentas melhores. Ele perguntou onde eu morava e eu disse que na rua. Quis saber o por quê, e eu achei ele intrometido demais, disse pra ele que a vida tinha me largado ali. Aí ele sorriu, disse que era poeta, que tinha voltado pro Brasil fazia pouco tempo, e que não sabia onde comprar móveis bons. "Poeta não tem dinheiro pra gastar", falei pra ele. Ele disse que trabalhava na revista *República* e na revista *Bravo*, que poderia me pagar, sim, e perguntou se eu não queria ir olhar o apartamento, pra ver as medidas da sala e tal. Perguntei o nome dele, pra saber se era alguém conhecido. "Bruno Tolentino", respondeu. Bom, eu nunca tinha ouvido falar dele. Então disse pra ele que de poesia só conhecia bem a Cecília Meireles, que eu li muito com o pessoal do teatro lá do meu bairro em Goiânia. Ele arregalou os olhos: "Eu conheci pessoalmente a dona Cecília. Você sabe declamar algum poema dela?" Sei, respondi, e me lembrei deste aqui: "E aqui estou, cantando./ Um poeta é sempre irmão do vento e da água:/ deixa seu ritmo por onde passa./ Venho de longe e vou para longe:/ mas procurei pelo chão os sinais do meu caminho/ e não vi nada, porque as ervas cresceram e as serpentes andaram./ Também procurei no céu a indicação de uma trajetória,/ mas houve sempre muitas nuvens./ E suicidaram-se os operários de Babel./ Pois aqui estou, cantando./ Se eu nem sei onde estou,/ como posso esperar que algum ouvido me escute?/ Ah! Se eu nem sei quem sou,/ como posso esperar que venha alguém gostar de mim?" Eu declamei olhando pro chão, pra conseguir me lembrar do poema todo, que era o único que sabia. E também de vergonha. Quando olhei pra ele, vi que estava com os olhos cheios d'água. Fiquei sem graça com aquilo, a gente perde a sensibilidade morando na rua. Mas percebi que era sincero mesmo, Yuri, que ele tinha alguma fraqueza grande — e algum tipo de grandeza também, sabe? Ele era inocente. Porque só uma pessoa muito inocente inventa de levar um mendigo pra dentro de casa, né. Vi na hora que ele não era nenhum pervertido procurando um parceiro pras suas taradices ou coisa assim. Ficou um tempo calado, me olhando terminar o banquinho. Aí, ele me perguntou: "Você acredita em Deus, rapaz?" Olha, falei pra ele, eu não confio em nada nem em ninguém: só em Deus. E o Bruno, depois de pensar um pouco: "Olha, tem um colchão sobrando no meu apartamento. Você pode dormir na sala. Quando terminar a mesa e as cadeiras, se quiser, pode ir embora".

— Caramba.

— Foi assim que conheci o poeta Bruno Tolentino, Yuri. — E percebi que Antônio, ao enxugar o suor do rosto, disfarçadamente secou uma lágrima. Com os olhos marejados, ele finalmente compartilhava da emoção do poeta naquele dia, ou assim parecia. Ficou um breve minuto meio perdido com as ferramentas na mão, como se apenas fingisse trabalhar. — Depois que terminei a mesa e as cadeiras — prosseguiu, com a emoção já sob controle —, ele me pediu pra fazer uma escrivaninha. E, claro, fui ficando. Um dia, ele chegou da revista com um bolo de dinheiro (uns dois mil reais, acho), colocou toda a grana na minha mão, disse que não se sentia bem, que precisava descansar, e me pediu pra depositar tudo na conta dele. Aí virou as costas e se trancou no quarto. Eu fiquei de cara: como aquele sujeito podia ser tão crédulo, tão inocente?! Por que ele confiava tanto em mim, Yuri? Ele tinha me encontrado na rua! Só porque eu disse que acreditava em Deus? E se fosse mentira? É claro que senti uma tentação enorme, fazia muito tempo que não botava a mão em tanto dinheiro. Era o salário dele inteiro! Acho que ele estava me testando, mas nunca falamos sobre isso. Só sei que fui ao banco rapidinho e depositei tudo, antes que me desse vontade de sumir, comprar alguma droga, ou de tentar ajudar algum amigo que vivia na rua. A partir desse dia, comecei a trabalhar como secretário dele. Cuidava de tudo: do salário, das contas, dos remédios pra aids, da agenda...

— E ele voltou a dar aulas aqui no Brasil, né?

— Voltou. E você precisava ver a cara de alguns alunos dele quando davam de cara comigo lá onde a gente morava.

— Não iam com a sua cara?

— Sei lá, eles ficavam superdesconfiados de mim, né. Eu ainda me vestia com as roupas que usava na rua. Eles não entendiam quem era aquele mendigo preto que morava com o professor deles. — E riu.

— Bom, talvez rolasse uma inveja, né, Antônio. Muita gente, por exemplo, fica puta da vida quando descobre que estou morando com a Hilda Hilst.

— Isso é verdade. Um cara que apareceu lá com o Bruno me perguntou uma vez: "Você é formado em Letras?" E eu: não, sou formado na vida mesmo. Ele fez uma careta e passou a fingir que eu não estava mais lá. Conversou um tempão com o Bruno, e, mesmo quando o Bruno pedia minha opinião sobre alguma coisa, o cara não me olhava enquanto eu respondia.

— Você acha que era racismo?

— Racismo nada, ele era negro também, mais preto do que eu! — E sorriu. — Depois o Bruno me disse que esse fulano chegou a perguntar se ele não tava precisando de um secretário *de verdade*. E o Bruno: "Mais verdadeiro que o meu secretário? Impossível!"

Ficamos em silêncio, pensativos, e Antônio retomou seu trabalho. O banco já estava quase pronto. Ele teria de emassá-lo, lixá-lo e envernizá-lo mais tarde. A cor da nova perna ainda destoava da madeira restante. Antônio procurava algo na caixa de ferramentas.

Bruno Tolentino... Naquela ocasião, eu ainda não o conhecia muito bem, mas chegaria a conhecê-lo melhor nos nove meses seguintes, tempo que ele moraria ali conosco: uma figura simplesmente extraordinária, com uma trajetória de vida de arrepiar os cabelos. Claro, sua "biografia oficial" pode ser lida na Wikipédia ou em qualquer site literário: oriundo duma família carioca influente, alfabetizado em português, inglês e francês, Bruno se mandou do país em 1964, após o Golpe Militar. Foi secretário do Ungaretti, conhecido poeta italiano, lançou livros de poesia em francês e inglês, foi professor de literatura em Essex, Oxford e Bristol. Acusado de tráfico de drogas, foi preso e passou pouco mais de um ano na tal, segundo o próprio Bruno, "Ilha do Diabo inglesa".

Provada sua inocência (no caso em questão), foi solto. Voltou ao Brasil, polemizou com os irmãos Haroldo e Augusto de Campos, publicou sua obra maestra, O *mundo como ideia* — que ele concluiu ali mesmo na Casa do Sol —, e faleceu em 2007, em decorrência de aids, adquirida na cadeia. Eis um resumo da sua "biografia oficial". Mas aqueles meses de convívio comum fizeram com que Bruno me apresentasse mais detalhes da sua vida. Eu o conheci no dia 24 de outubro de 1999, na Casa do Sol. Lembro-me bem porque era meu aniversário e alguns amigos me visitavam. Na ocasião, Antônio não o acompanhava. Certamente havia permanecido no apartamento que compartilhavam em São Paulo, cuidando dos assuntos do Bruno ou fabricando móveis. Tal como Antônio, até então eu tampouco sabia quem era Bruno Tolentino. Havia lido alguns de seus artigos na revista *Bravo*, mas não ligara o nome à pessoa. Bruno participou da minha reunião de aniversário por cortesia, depois se isolou por algum tempo com a Hilda no escritório dela. Foi o momento, conforme ela me contou mais tarde, em que ele solicitou sua ajuda, já que estava sem emprego, sem dinheiro, e precisando entregar o apartamento. Havia também alguma encrenca pessoal envolvendo a dona da editora para a qual ele trabalhara, mas isso não vem ao caso. O fato é que ali acertaram sua vinda à Casa do Sol, onde, com seu secretário, permaneceria alguns meses. Depois da visita, ele partiu de carona com meu amigo Rodrigo Fiume, à época, jornalista do jornal *O Estado de S. Paulo* e, hoje, da *Folha*. Isso, claro, após ter sido fotografado comigo e com a Hilda Hilst — eu, no meu aniversário, entre dois dos maiores poetas deste país —, foto que nunca vi, pois meu amigo Dante, o fotógrafo, um cara totalmente avesso a essas frescuras de literatos, perdeu o filme. Sim, um detalhe fútil...

Assim, no início de 2000, Bruno e Antônio chegaram de mala e cuia e geladeira, fogão, livros, roupas, mesas e um computador 386 com vírus Melissa. Ocuparam um quarto com janela que — para suplício do Bruno — dava para o canil e seus quase setenta cães. E na rotina dos dias, no marasmo ou na agitação das horas, Bruno Tolentino foi desfiando suas histórias para mim e para Hilda Hilst, algumas tão loucas que teria pudores de narrá-las por escrito sem antes checar sua veracidade. Claro, ele também viajava com frequência, já que vinha organizando grupos de estudo independentes, em diversas cidades e estados, voltados a quem estivesse interessado em seus conhecimentos literários, tão assombrosos, vale lembrar, que a própria Hilda vivia me dizendo à parte: "Yuri, meu Deus! Esse homem devia ter aparecido aqui antes, quando eu ainda me interessava mais profundamente por literatura. Nossa, ele sabe coisa demais, leu todo mundo — até os chatos! —, e ensina o tempo todo... Credo! Que pena eu não ter mais nada a ver com isso..." E então ela sorria, cansada. Sim, outra condição enfrentada por ele: depois de lecionar em Oxford e de assombrar a própria Hilda Hilst com a extensão de seu conhecimento, Bruno não podia lecionar nas universidades brasileiras, pois não era formado em nada. Tal como o escritor argentino Jorge Luis Borges, que, após aceitar um convite de Darcy Ribeiro para lecionar na Universidade de Brasília, fora impedido por não ter um diploma, Bruno era um mestre com a boca tapada por razões puramente burocráticas. No Brasil é assim: mais vale um papel registrado em cartório do que a evidência do mérito pessoal; mais vale um imbecil diplomado do que um gênio autodidata.

Enquanto Antônio dava os últimos retoques ao banco do pátio, fui ter com Hilda, que certamente estaria ansiosa para saber o que eu havia descoberto sobre nosso hóspede. Pedi licença ao secretário-marceneiro, que apenas me dirigiu um sorriso tranquilo de alívio, e entrei na casa. Na sala de jantar, antes de adentrar o escritório, retirei o CD que o compositor José Antônio de Almeida Prado havia trazido em sua última visita, e que havia acabado de tocar, e o troquei pelo *Adagietto* da *Quinta sinfonia* de Mahler. Além de ser uma das músicas prediletas da Hilda, serviria para acalmá-la de antemão. Entrei. Ela estava com os óculos na ponta do nariz, o cigarro na mão direita, concentrada em sua milésima releitura da biografia de James Joyce.

Quando me viu, abandonou o livro e sorriu:

— E então? Falou com ele?

— Falei, Hilda.

— Então pegue o Porto e sirva duas taças pra gente. Tá quase na hora do almoço. Você me conta enquanto a gente bebe.

Fui até a sala contígua, de onde trouxe a garrafa de vinho. Servi as duas pequenas taças e me sentei diante de sua mesa. O silêncio, o sol brilhante, a casa rústica, as árvores lá fora... eu adorava aquele clima de convento laico.

— Eu amo essa música — disse ela, dando o primeiro gole. — É a mesma daquele filme do Visconti, lembra?

— Lembro. *Morte em Veneza*. Adaptado do Thomas Mann.

— Esse mesmo. — E tornou a sorrir. Então, apagou o cigarro e me encarou, curiosa. Entrado pela janela de trás de sua cadeira, o sol dourava-lhe os cabelos. — Diga logo, quem é esse Antônio, Yuri? Devo ficar com medo dele? — E riu.

— Acho que não, Hilda. Ele me parece uma boa pessoa.

— É mesmo? E quem é ele afinal? Onde o Bruno o encontrou?

— Ah, Hilda, o Bruno o encontrou morando na rua. Ele é apenas um fugitivo da polícia... — E sorri, encarando-a com ironia.

Ela arregalou os olhos, num misto de excitação e temor:

— Meu Deus, Yuri! Meu Deus! Que incrível! Vá, coloque mais vinho pra você e me conte tudo... Conte tudo...

Rimos. Tornei a encher minha taça. E lhe contei tudo.

Lordhawke

Por volta das oito da manhã, entrei no escritório da Hilda, que, como sempre, já estava debruçada sobre uma pilha de livros abertos — era sua maneira de ler: sempre que se cansava de um livro, puxava um outro para o topo e retomava a leitura no ponto marcado. Quando me viu, colocou um cristal de rocha do tamanho de um punho sobre a página aberta e me encarou:
— Bom dia, Yuri.
— Bom dia, Hilda.
— Você viu se o Bruno já acordou?
Ela se referia ao poeta Bruno Tolentino, seu mais novo hóspede.
— Encontrei com ele às sete e meia lá na cozinha. Ele não veio aqui?
— Não sei. Vim para cá às seis e meia, mas tive de voltar ao banheiro. Comi alguma coisa ontem que me fez mal.
— Na verdade, acho que o problema é que você *finalmente* comeu alguma coisa, né, Hilda. Você quase não tem se alimentado e, quando come, parece se esquecer de que algo tem de sair...
— Pode ser — respondeu, sorrindo e abanando-se com o leque. — Mas cadê o Bruno? Não terminou o café ainda?
— Ele foi dormir. Passou a noite inteira escrevendo.
— Credo! Faz mais de uma semana que ele está aqui e ainda não conseguimos conversar direito. Ele dorme o tempo todo!
— Ele tem dormido muito mesmo. O Antônio me disse que ele anda cansado, adoentado. Parece que o coquetel contra a aids o deixa meio baqueado. Mas muitas vezes a gente acha que ele está dormindo e, na verdade, está é finalizando *O mundo como ideia*.

— Bom, qualquer dia ele vai entrar em sincronia com a Casa. Todo mundo entra.

E então conversamos sobre assuntos variados: o rosto de Camões que lhe apareceu na parede do banheiro, a sugerir-lhe o início de um poema — "Que este amor não me cegue nem me siga..."; sobre as aventuras de Sir Richard Francis Burton, cuja biografia, assim como a de Paramahansa Yogananda, ela praticamente me obrigou a ler; novamente sobre projeções astrais, tema que muito a entusiasmava, pois já passara algumas vezes pela experiência, tendo inclusive utilizado a ideia no conto "Com os meus olhos de cão"; sobre nossos sonhos, e assim por diante. Então, num relance, em meio a um breve e silencioso intervalo, vi sobre a mesa lateral — que, tal como as demais, continha uma grande quantidade de livros — um exemplar da revista *Bundas* que tanto andava me causando constrangimentos quando visitava meus amigos em São Paulo. Explico-me: em 1998, pouco antes de me mudar para a Casa do Sol, a revista *Bundas* — lançada pelo Ziraldo no ano seguinte, em oposição paródica à revista *Caras* — enviou um jornalista para entrevistar Hilda Hilst. Nessa entrevista, como é de praxe nos dias que seguem, foi-lhe perguntado algo sobre sexo, e ela respondeu que já não atribuía tanta importância ao tema, pois abraçara a castidade aos cinquenta anos. Não me recordo do conteúdo exato da matéria publicada, mas me lembro bem do exemplo dado por ela para ilustrar esse desinteresse recente: certa feita, um "amigo secretário" lhe pediu para usar seu banheiro privado, uma vez que o chuveiro do banheiro de hóspedes estava queimado. Minutos depois, enquanto ela se dirigia para o quarto, esse amigo surgiu à sua frente, no corredor, completamente nu, distraído, enxugando os cabelos com a toalha. Ela então olhou para o pau dele e... caiu na gargalhada. Ele, que não a havia visto, ficou deveras encabulado com aquela reação:

— O que foi, Hilda?

Ela apontou para o pau dele e, ainda às gargalhadas, quase sem fôlego, comentou:

— Mas é por isso?! É por causa dessa coiselha que tanta gente chora pelos cantos, que tanta gente se mata? Que besteira, meu Deus!

Eu sabia que amigo era esse, mas, infelizmente, a matéria foi publicada apenas em 1999, quando ele já havia se mudado da casa, e, claro, a coisa toda sobrou para mim, o novo "amigo secretário". Durante pelo menos um ano, sempre que ia a São Paulo, tinha de ouvir:

— Yuri, o que a Hilda viu de tão engraçado e ridículo no seu pau?

— Não era o meu, cacete! — retrucava, de mau humor.

— Yuri, é verdade que seu pau fez a Hilda desistir para sempre do sexo?

— Não era o meu, porra!

O lema da revista *Bundas* era: "Quem coloca a bunda em *Caras* não coloca a cara na *Bundas*". Mas, caramba, precisavam colocar um pau? Sim, eu era imaturo e tímido a ponto de me incomodar com esse tipo de chacota. Comentei com Hilda, que estava sublinhando algo num livro:

— Essa edição da *Bundas* anda me causando problemas.

— Por quê? — perguntou, olhando-me por cima dos óculos de leitura.

— Porque meus amigos pensam que estão falando de mim nessa matéria.

— É o pinto do Vivo — disse.

— Eu sei, mas a revista só saiu depois, né?

Ela deu um muxoxo:

— Ah, deixe de besteira, Yuri! Ninguém sabe quem você é, nenhum leitor da *Bundas* vai se interessar pelo seu pau.

Depois nos entregamos a nossas respectivas leituras e, lá pelas onze e meia, Hilda me pediu para lhe servir sua primeira taça diária de vinho do Porto, à qual se seguiram outras tantas. Uma hora mais tarde, *más feliz que una lombriz*, Hilda levantou-se de súbito:

— Vou me deitar um pouco, Yuri.

— Peço à Juliana para preparar seu almoço às duas?

— Ah, não sei. Esse negócio de comer e depois ter de ir ao banheiro é muito trabalhoso. — E riu, apoiando-se em mim.

— Poxa, Hilda. Espere chegar a Marduk antes de parar de comer, né. Senão o Zé vai encher o nosso saco, e você, claro, não vai conseguir parar de pé.

Ela me respondeu com um gesto de enfado e, de braço comigo, caminhou até a porta do quarto, onde se fechou com Amanda, Chinchim, Bien Nègre e Cavalinha, quatro das cadelinhas mais pentelhas da face da Terra. Embora muitas vezes elas lhe atrapalhassem o sono, Hilda não me deixava retirá-las do seu quarto.

Pouco antes das duas horas, enquanto eu e Antônio, secretário do Bruno, almoçávamos, Bruno apareceu na cozinha:

— A Hilda já almoçou?

— Não. Foi se deitar e ainda não levantou.

— Toda vez que vou ao escritório, ela está dormindo. Ela só está acordada na hora da novela? Não dá pra conversar na hora da novela. Pelo que entendi, é proibido, não é?

Eu ri:

— É proibido, sim. Mas tem uma coisa: ela também acha que você dorme o tempo inteiro. Ela acorda bem cedo. O esquema aqui é de mosteiro.

— Só que tem mais vinho que hóstia neste mosteiro... — tornou ele, piscando-me um olho.

— Bom, depois que ela ficou sabendo que deve mais de quinhentos mil reais de IPTU, resolveu investir em mais garrafas de vinho.

— Quinhentos mil... — balbuciou ele. — Este país é um absurdo!

— Pois é.

— Não a culpo — tornou ele. — Está mesmo numa enrascada e, ainda que consiga uma boa editora, jamais terá dinheiro suficiente. No lugar dela, eu também beberia todo dia.

E então lhe contei sobre o vereador que fora entregar à Hilda a Chave da Cidade. Bruno riu muito da situação, já descrita noutro relato.

— Bom, quem está virando as madrugadas sou eu, né — Acrescentou ele, após um minuto, retornando ao tema inicial. — Como hóspede, eu é que tenho de me adequar à regra local. E já combinamos que irei revisar o teatro dela. Quero fazer isso em voz alta, na presença dela.

De fato, semanas mais tarde, foi assim que Bruno revisou o *Teatro completo* da senhora H: uma leitura em voz alta, imbuída de legítima dramaticidade, à qual assistimos eu, Hilda e Zé Mora Fuentes. Bruno aplicou à tarefa o mesmo entusiasmo que aplicava na declamação dos inúmeros poemas que sabia de cor. Parava aqui e ali apenas para corrigir uma palavra, a pontuação, ou para anotar alguma observação ou modificação soprada pela própria Hilda.

Mas, voltando à tarde em questão, enquanto ele enchia a xícara de café, comentei:

— Vocês dois estão parecendo os personagens do filme O *feitiço de águila*: quando um está consciente, o outro não está.

— *Ladyhawke*?

— Acho que é.

— Bom, a Hilda gosta mais de cachorros do que eu. Ela podia ser o lobo, e eu, a águia: *Lordhawke*. O signo de escorpião também já foi representado pela águia.

Antônio finalmente se manifestou:

— Quem mais está lucrando com isso é o Yuri.

— Eu? Por quê?

— Ué, você agora tem dois professores particulares, dois poetas, e um não atrapalha a aula do outro.

— Isso é verdade — tornei. — Pena que nenhum dos dois tenha gostado das minhas poesias.

— O que você faz na prosa é que é *poiesis* — disse Bruno, muito sério. — Seus contos são muito bons. Já os poemas que me mostrou são apenas letras de música, não possuem musicalidade em si mesmos.

— A Hilda me disse a mesma coisa: letra de música.

— Claro, para ser um poeta, você tem de ler mais poesia. E, se quiser, vai chegar lá — acrescentou.

— Aí é que está: não me vejo como poeta. Ao menos não na expressão. Quero continuar com os contos e, assim que puder, partir para os romances.

— Os erros que encontrei no seu livro são praticamente erros de revisão, um pouco de "lheísmo" aqui e ali, coisas assim. Potencial e talento você tem. Só tem de tomar cuidado para não se perder. Não vá, por exemplo, fazer como a Hilda, e ficar correndo atrás do rabo do James Joyce.

Embora a contragosto, não pude deixar de rir:

— Não pretendo. Eu gosto do *Dublinenses*, mas, no romance, prefiro Proust e Dostoievski.

— Ótimo. *Ulisses* é um embuste. A poesia e o teatro da Hilda são maravilhosos, mas, com uma exceção ou outra, no geral, Joyce atrapalhou a prosa dela.

— Sério? Acha isso mesmo?

— Não me entenda mal: ela escreve muitíssimo bem, mesmo em prosa. Mas, ao contrário da poesia, em que ela é genial, na prosa ela não sai da sombra do irlandês maluco. Ora, o *Finnegans Wake*, que é o extremo da loucura dele, devia ser vendido apenas como papel higiênico! No teatro da Hilda, a gente nota a influência de Beckett, mas ela não se intimida, e está inteira lá. Nos contos, pelo menos nos que eu li, a gente sente que foi tudo escrito por um Kafka vidrado em James Joyce. Onde ela está?... — E fez uma pausa, pensativo. — Bom, pelo menos nas crônicas ela é engraçada, está presente.

Antônio riu:

— Com mais essa aula e as da Hilda, você já deve uns quinhentos mil reais pra cada professor, Yuri. A Hilda vai poder pagar a dívida dela.

— Quinhentos mil?! — tornou Bruno, arqueando as sobrancelhas. — As aulas que esse menino está recebendo não têm preço!

Depois do almoço, Bruno se retirou para seu quarto, retomando a escrita d'*O mundo como ideia,* sua obra-mor, cuja concepção e execução lhe consumiram mais de quarenta anos.

Hilda, por sua vez, só foi aparecer lá pelas três da tarde:

— O Bruno já almoçou? — perguntou, vinda do quarto, cuja porta dava diretamente no escritório.

— Já.

— Cadê ele?

— Voltou pro quarto dele.

— Foi dormir de novo?!

— Não, tá escrevendo.

Ela sorriu, um tanto contrariada:

— Nossa, como esses escritores são antissociais! Ficam se isolando, não param de escrever.

— Tipo aquela poeta doida que se refugiou num sítio perto de Campinas, né? Aquela que mandava o marido ir comer a empregada para ela poder escrever.

Hilda, que já se sentava, deu uma risada solta:

— Mas ela agora é só uma velha louca com a casa cheia de cachorros. E não escreve mais!

— Não escreve porque não quer.

— Não começa, Yuri — retrucou, refreando o riso. — O Zé já me enche o saco por conta disso. — E depois de acender um cigarro: — Você trouxe o livro do Colin Wilson que eu pedi pra você ler?

— Trouxe — e lhe devolvi *O senhor dos mundos subterrâneos: Jung e o século XX*.

— Rabiscou?

— Um pouco.

Ela sacudiu a cabeça:

— Meu Deus! Tanta frescura com uma coisa de papel!

Aqui cabe um esclarecimento. Em 1998, logo no meu primeiro mês na Casa do Sol, Hilda me passara um livro do Thomas Merton — *Questões abertas*, no qual, entre outros ensaios, ele analisa o romance *Doutor Jivago*, de Boris Pasternak —, e me pediu que o lesse. Esse ensaio, em particular, muito me interessava, pois esse romance russo não apenas é um dos meus prediletos, como também é a razão pela qual me chamo Yuri. No mesmo livro do Merton, eu também lera os ensaios sobre cristianismo e totalitarismo, sobre o poder e o significado do amor, a doutrina ascética de San Juan de la Cruz, aspectos da arte sagrada, a filosofia da solidão, e assim por diante. Quando finalmente terminei de lê-lo e o devolvi, ela o folheou e me deu uma bronca enorme.

— Mas você não leu nada!

Fiquei espantado:

— Ué, claro que li!! — E então lhe mostrei minhas anotações, com diversos trechos copiados, os quais ainda guardo comigo.

Ela não ficou satisfeita:

— Mas se você não sublinhar e rabiscar o livro, como vou saber quais trechos te chamaram a atenção? Vou ter de pegar seu caderninho? Tem de rabiscar!

Fiquei ainda mais espantado:

— Mas o livro é seu, Hilda!

— E daí? Não vou levá-lo comigo para o túmulo. Aliás, até nos seus livros você marca tudo com uma timidez esquisita. Tá com medo do livro? O livro é seu, não é de nenhuma biblioteca.

E, para me mostrar o quanto ela estava se lixando para os pudores de outros leitores, devolveu meu exemplar de *O cânone ocidental*, de

Harold Bloom, que ela não apenas havia sublinhado de cabo a rabo, mas até mesmo enchido as bordas de anotações.

— Olha só — disse —, agora você pode folhear e reler seu livro, voltar aqui e discutir comigo os trechos que marquei que também te interessem. E você deve marcar para si mesmo todos os livros que lê. Seu livro é uma ferramenta, é um instrumento para você consultar sempre que precisar. Ou você tem memória de elefante para tudo o que lê? Eu não tenho.

— Tá certo.

— Só uma coisa... — tornou ela, em voz baixa, como quem pretende contar um segredo. — Sublinhe, rabisque, inclusive os meus. Mas, se algum dia você emprestar seus livros para uma besta quadrada, para um atoleimado, não lhe diga nada disso. Diga que seus livros são sagrados, e que só você pode rabiscá-los.

Eu ri:

— Entendi.

Depois daquele dia, caso me pedisse para ler o que quer que fosse, eu não podia lhe entregar o texto sem minhas marcações. Hilda era uma pessoa doce, afável, mas transformava-se quando assumia sua autoridade de escritora: se falava, estava dito.

Enquanto ela ainda relia os trechos sublinhados por mim no livro do Colin Wilson, perguntei-lhe:

— Você já leu os livros do Bruno, Hilda?

— Li o que ele me deu, esse... *As horas de Katharina*. E também aquele outro que ele me emprestou: *Os sapos de ontem*.

— O que achou?

— Ele é um poeta de verdade. É difícil encontrar um. Mas *Os sapos de ontem* é chatérrimo! Eu também não gosto das besteiras dos concretistas, mas o Bruno é muito enrolado para escrever em prosa, fica tergiversando, e tem um estilo ensaístico muito afetado, *bossa*... — E então se refreou, tentando se lembrar de alguma coisa.

— *Bossa* o quê, Hilda?

— Como se chamava aquele crítico que aparece no filme que vimos outro dia?

— No *Carrington*?

— Isso.

Eu sabia a quem ela se referia — Lytton Strachey —, mas tampouco me lembrei do nome naquele momento.

— Ah, não importa. São semelhantes: ferinos, certeiros, mas empolados.

— Bom, mas parece que ambos, ao criticar outros escritores, se referem justamente à afetação vazia destes.

— Pode ser. Mas ele é melhor na poesia do que nos ensaios. Dá muitas voltas.

Passamos o final da tarde a conversar e, à noite, eu e Antônio a acompanhamos no longo e tríplice ritual das telenovelas. Bruno não apareceu: segundo Antônio, após escrever por quase três horas seguidas, sentiu-se exausto e foi dormir. E só apareceu na sala às onze da noite, isto é, logo após Hilda recolher-se ao quarto.

— Ué! Já terminaram as novelas?

— Já. E a Hilda acabou de ir dormir.

Ele então nos chamou para a cozinha — não se sentia à vontade naqueles sofás e poltronas infestados de cães —, e nos sentamos à mesa para conversar. Enquanto preparava um chá, ia nos narrando suas aventuras europeias e africanas: o tráfico de divisas através da Cortina de Ferro, que ele levara a cabo em benefício de políticos poloneses; o tráfico de haxixe, do Marrocos até a Europa, a bordo dum pequeno barco cujo motor pifou no meio do Mediterrâneo e que, ironicamente, foi consertado pela guarda costeira, que de nada desconfiou; sua viagem numa caravana de camelos no norte da África, e assim por diante. Também nos contou de um feriado que, em sua juventude, antes mesmo de se mudar para a Europa, teria passado, numa casa de campo, em companhia de Clarice Lispector, Nélida Piñon e Lygia Fagundes Telles.

— A Clarice e a Nélida eram dois piteuzinhos, muito bonitinhas. Já a Lygia era uma mulheraça. E eu lá, molecote, observando-as a tagarelar e a passear de camisola de um lado para o outro da casa.

E então passou a discorrer sobre diversos outros autores, cujas obras, insistia ele, eu deveria ler e reler: Machado de Assis (claro), Carlos Drummond de Andrade ("sobretudo o poema '*A máquina do mundo*'", dizia), Manuel Bandeira, Jorge de Lima, Jorge Luis Borges ("principalmente a *História da eternidade*"), C.S. Lewis ("você vai se interessar por *The*

Great Divorce"), T.S. Eliot ("não apenas os poemas, mas também os ensaios"), Dante, Derek Walcott ("um poeta muito bom"), e assim por diante. Em seguida, falou sobre o livro que eu lhe emprestara, *O cânone ocidental*, de Harold Bloom, o mesmo exemplar que Hilda também havia lido: assim como Bloom, seu ex-colega em Essex, Bruno também criticava aquilo que o livro chama de "a escola do ressentimento", isto é, a invasão das ideologias progressistas nos estudos culturais e literários, ideologias essas que apontam um dedo acusador para os supostos machismo, patriarcalismo, racismo, elitismo, além de outros interesses nada nobres, nas mais insuspeitas obras literárias e artísticas. Ao mesmo tempo, Bruno acreditava que a seleção de um cânone jamais poderia ser tão objetiva quanto Bloom parecia crer, ainda mais quando se leva em conta literaturas produzidas nos mais diversos idiomas.

— Aliás — frisava ele —, nunca tente escrever numa língua na qual você não tenha amado, odiado, trabalhado, lutado, apanhado, comido, pirado, transado, cagado... A literatura exige a experiência de uma língua viva, real. Não é para você brincar com um idioma estrangeiro aprendido na escola. O Paulo Francis, por exemplo, apesar de ter lá seus méritos, escrevia em "portunglês", e por isso não deve ser imitado. Ah! E deixe de lado gente como os irmãos Campos, com seus "glaromas de amil e penubis"; ignore gente como o Se-viu-o-ânus Sentiu-Algo, que só escreve de cócoras; e, principalmente, dê uma banana para os representantes do *mundo como ideia*, como a Xeroxona — acrescentou, referindo-se, com essas duas alcunhas, a um romancista e a uma professora de filosofia, respectivamente. Claro, eu me ria desses apelidos que Bruno pespegava em seus pares, fossem eles amigos ou desafetos. Mas ele nem sempre gracejava explicitamente. Em geral, tinha o costume de pilheriar no mais sério dos tons e, caso o interlocutor não percebesse o humor clandestino, ele seguia em frente, como se nada tivesse acontecido. E isso sempre com a ironia mais fina, inglesa. E, feito um teste de QI instantâneo, agia assim com qualquer um: se a pessoa risse das suas tiradas, ele aprofundava a conversa; se não risse, ele ficava no raso. Contudo, quando tinha maior confiança no interlocutor, quando já havia amizade, Bruno levava seu ferrão escorpiano direto ao alvo. E eu, escorpiano mirim, dava gargalhadas com suas observações cáusticas. Sim, em geral porque revelavam meus próprios pensamentos não verbalizados — como quando, certa feita, diante do seu computador, que eu tentava livrar do vírus Melissa, conversamos sobre um escritor que, em visita à Casa do Sol, conhecemos pessoalmente, e que nos havia presenteado com seu último livro de contos.

— E então, Bruno? — indaguei, curioso. — Você gostou do livro? Ele escreve bem?

— Você viu a cara da mulher dele? — replicou de pronto, causando-me um sorriso prévio de quem tenta adivinhar o que vem em seguida.

— Claro que vi. Por quê?

— O ar de bruxa doida... Os olhos vazios... Toda descabelada... Aqueles gritinhos à guisa de risos... O jeito de se sentar com as pernas abertas, o tronco encurvado... Reparou?

Eu ria:

— Aham.

— E você conversou com ela, Yuri?

— Conversei. Por quê?

— É uma tortura! Uma mesmice sem fim, um monte de chavões e besteiras. A mulher é a frivolidade em pessoa. Os olhos dela só brilham quando alguém fala em dinheiro.

— A Hilda, que também a conheceu, me disse a mesma coisa. — E ri novamente.

— Pois é. — E calou-se. Ficou lá, concentrado, retirando os livros duma caixa de papelão. Eu, de olho no antivírus na tela do computador, ainda aguardava a resposta à minha pergunta inicial e... e nada. Ele havia se esquecido dela.

— Bruno — observei, ao fim de um longo minuto —, você acabou não me dizendo se ele escreve bem ou não.

Ele então me encarou e sorriu displicentemente:

— E você acha, Yuri, que alguém que escolhe uma mulher dessas para se casar saberia escolher as palavras certas para formar sequer uma boa frase?

Rimos.

O curioso é que, a despeito de ter a mesma opinião sobre a mulher do sujeito, eu gostara muito de um de seus contos. Sim, é verdade: a maioria deles semelhava sua esposa... Por isso, naquela noite, fui dormir meditando sobre as opiniões diversas e conflitantes que cada escritor tem do outro: um leitor neutro que, por exemplo, admirasse igualmente dois hipotéticos escritores inimigos, jamais concordaria com o veredicto que eles emitem sobre o rival. E, claro, esse desacordo muitas vezes ocorre entre escritores amigos. Hilda me contava que Lygia Fagundes, sua amiga de longa data, apesar de amá-la e de adorar suas poesias e a maioria dos seus trabalhos em prosa, numa ocasião dissera-lhe não entender alguns de seus contos mais ousados, os quais julgava obscuros e herméticos. Já Hilda, segundo ela mesma me confessou, tinha de certos livros da Lygia a mesma opinião que, certa feita, irritada com algo que eu lhe dissera, declarou a respeito de dois contos que eu escrevera em sua casa: "Estão muito arrumadinhos, *bossa* Machado de Assis! Você tem de ficar louco! Entende? Não estamos mais no século XIX. Você tem de reinventar a linguagem, tem de se arriscar mais!" (Bom, devo dizer que, nesse quesito, concordo mesmo é com Isaac Bashevis Singer e William Faulkner.) Da mesma forma, Hilda evitava pronunciar-se sobre o trabalho de Clarice Lispector, que, por sua vez, confidenciou a amigos comuns não gostar da prosa de Hilda... Em suma, a conclusão a que cheguei ainda é a mesma: na condição de leitor, acredite mais nos seus olhos e na sua consciência do que naquilo que um escritor declara sobre seus pares, afinal, é possível que ambos estejam... certos! Sim, certos. Pois, se "o estilo é o próprio homem", e se há personalidades com as quais nos damos melhor do que com outras, muitas vezes nos damos igualmente bem com obras de vulto cujos autores, lá entre eles, não possuem o mesmo conceito de arte literária.

O exorcista na Casa do Sol

Por mais estranho que pareça, tenho boas lembranças ligadas ao filme *O exorcista*. Por agora, ficarei com a mais recente. Estávamos eu, Bruno Tolentino e Hilda Hilst, apenas os três, na residência desta última, assistindo pela DirectTV ao tal filminho diabólico. Isto foi em meados de 2000. Nessa época, havia cerca de oitenta cães na Casa do Sol: sessenta e cinco no canil (o *gulag* canino local) e quinze dentro de casa (a elite peluda). Bruno, de maneiras altamente civilizadas, ex-professor de Essex e tal, inglês que só, não era muito fã daquela situação. Os sofás da sala, apinhados de cães de todos os tamanhos e graus de vira-latice, não deixavam espaço para os inconformados. Já eu, que morava ali desde fins de 1998, estava com o "foda-se" ligado havia muito tempo. Na verdade, eu era o único com dois cães no colo, mantendo um terceiro, o Zidane, sobre meus pés, pois era inverno e fazia muito frio. (A lareira, aliás, não tinha muita serventia, uma vez que a porta da frente permanecia perenemente aberta para que os digníssimos animalitos pudessem sair e satisfazer, a qualquer hora do dia e da noite, suas necessidades fisiológicas.) Pois então. Eu no sofá, Hilda um pouco à frente em sua nova poltrona — dizíamos trono —, e Bruno mais adiante, encolhido em sua cadeirinha, os joelhos em posição mais elevada que o assento. Hilda, a fumar Chanceller 100, "o fino que satisfaz", mantinha um sorriso extático, pós-vinho do Porto, aparentemente desfrutando o desconforto manifestado pelo Bruno: não era das mais tolerantes com quem não curtia cachorros... Bom, a cena está montada: sigamos.

Lá pelas tantas, eu lhes dizia que o filme fora cortado, que faltava a sequência na qual um padre encontra, numa igreja, a imagem de Nossa Senhora totalmente profanada, com enormes seios postiços e um *big* caralho entre as pernas. Bruno me contestou, dizendo que isso só devia ocorrer mais adiante e coisa e tal. Ao contrário dele, porém, eu revira o filme havia pouco tempo e, por isso, tinha certeza: estava realmente censurado, um absurdo. O tempo passou, o diabo tomou o corpo da menina e, justamente na cena em que ela vira a cabeça para trás, a Grampola, que estava no cio, entrou na sala e se deitou às onze horas do Bruno. Zidane, pois, levantou-se de sobre meus pés e, sendo o maior e mais forte dentre os cães, foi o único macho a se aproximar daquela cadela, deixando atrás de si uma nanica e invejosa plateia de machos beta. Grampola, seguindo um instinto mais afim a seu sexo que à sua espécie, levantou-se, deu uma rosnadinha e, fingindo magoar-se com aquele inopinado assédio, deu as costas para Zidane — sim, justamente o que ele desejava. E, claro, tudo isso a dois passos do coitado do Tolentino, que, resmungando algo incompreensível, afastou sua cadeirinha um pouco para trás. Hilda, totalmente na dela, fazia de conta que não se passava nada de anormal. Bem, talvez ela realmente não visse na situação nada de inusitado, ao contrário de *myself*, que, sentado no ponto mais distante da TV, tinha simultaneamente no meu campo de visão os grandes poetas Hilda Hilst e Bruno Tolentino, dois cães sexualmente atrelados um ao outro, e, como cereja desse repasto visual, uma menina possuída pelo demônio vomitando verde a três metros de distância... Em tais circunstâncias, é óbvio que eu, que também estava numa condição mental pós-vinho do Porto, logo comecei a sentir cócegas insuportáveis no cérebro. Por fim, quando Zidane se satisfez, colocando-se automaticamente de costas para Grampola — ambos ainda ligados pelo, digamos assim, "fio do amor" —, eu então me senti mergulhado num filme grotesco e surreal, numa cena que Federico Fellini decerto adoraria ter dirigido. E o pior: Zidane achou por bem voltar para o fundo da sala, o que fez com que guinchasse sua exausta companheira na direção do Bruno, que, mergulhado em desesperado constrangimento, e equilibrando-se com dificuldade no banquinho, ainda tentou empurrá-los com ambos os pés. Hilda, completamente impassível, sempre a mirar a TV, emitia amplos círculos de fumaça, toda charmosa, mantendo o cigarro na mão caída para trás. Neste momento, interrompi o silêncio:

— Olha, espero que vocês dois não se incomodem, mas... — e, engasgando, fiz uma pausa involuntária. — Mas é que eu não aguento mais!... — Completei, rendendo-me então ao imperativo impulso de gargalhar loucamente, feito o Vincent Price na canção "Thriller", do Michael Jackson. Hilda virou o rosto para mim e me observou com atenção, um sorriso inefável nos lábios, sem dizer o que quer que fosse. Ri desesperadamente por quase meio minuto, enquanto Zidane e Grampola dançavam seu bolero canino de dois pra lá e dois pra cá. Já Bruno, assim que comecei a me controlar, levantou-se, sorriu um tanto nervoso e, como se tivesse sido salvo pelo gongo, declarou:

— Vou tomar um chá. — E saiu pela porta da cozinha.

E finalmente Hilda, encarando-me com aquele ar maroto de menininha:

— Ué! Será que ele não estava gostando do filme?

Eu ri de novo:

— Pois é, Hilda... Parece que não, né?

— Vai lá, Yuri, vai ver se nosso hóspede está se sentindo bem.

Eu fui. Entrei na cozinha, e Bruno já estava com a lata de Jacksons of Piccadilly nas mãos. Ele me encarou com aquele olhar faiscante, e ao mesmo tempo bem-humorado, que só escorpianos conseguem ter.

— E aí, Bruno? — Comecei. — O que você achou da experiência?

— Experiência?!... — devolveu ele, quase indignado. Mas, ao notar meu sorriso, acrescentou, preparando a *boutade*: — Bom, a Hilda não diz sempre que esta casa pertence aos cachorros?

— Verdade.

— Logo, esta é a casa do cão, não é?

— Acho que sim.

— Pois foi muito interessante assistir ao filme O *exorcista* na Casa do Cão...

Rimos. Contudo, enquanto ele aquecia a água do chá, senti que não seria de bom tom deixar o assunto morrer ali.

— Tá certo... — falei, por fim. — Mas você entende que, se a casa agora está tão cheia de cães, não é somente por culpa dela, né. Ela nunca desejou ter um canil com dezenas e dezenas de cães. Morre de pena deles, porque ficam lá, isolados, o que não é nada agradável para um animal doméstico. Às vezes, claro, rola um rodízio: um cão criminoso vai da casa pro xadrez, e outro é solto por bom comportamento, passando a conviver conosco. Mas nem sempre foi assim. No início, ela tinha apenas uns dois ou três cachorros. Mais tarde começou a pegar outros na rua, quando vinha de Campinas. Mesmo assim, não chegavam sequer a dez. A coisa toda só desandou de verdade quando a fazenda dela se converteu num condomínio: os vizinhos passaram a abandonar os filhotes aqui na porta. Com a reprodução natural, pronto, chegamos a esse estado de coisas...

— Isso é falta de marido — tornou Bruno, a meia-voz, num tom ao mesmo tempo sério e brincalhão. — É falta, no mínimo, de um poder moderador. As mulheres ficam mesmo com peninha dos bichos. É da natureza delas. Se ela tivesse se casado com um sujeito que, além de energia, tivesse também um trunfo em mãos (dinheiro, por exemplo), ela não teria perdido o controle. Homem que é homem corta o mal pela raiz, por mais que a mulher, ignorando que haja um mal, se oponha ao ato. Se tivesse encontrado a serpente antes da Eva, em vez de ficar de conversa fiada com a bichinha, Adão a teria era decepado com um facão — e sorriu. — Alguém precisa ter bom senso. Eu tive de aprender isso da pior maneira: com a prisão e com uma doença incurável. O poder feminino necessita do masculino, e vice-versa! É por essas e outras que não me descolo de Nossa Senhora.

— Bom, fora Deus, difícil encontrar um cara com esse poder sobre a Hilda — repliquei. — Talvez o Zé Mora Fuentes, que muitas vezes consegue colocar um pouco de juízo na cabeça dela. A ideia dele é justamente cortar o mal pela raiz: castrar os cães. Mas vai sair caro... E, com relação a outros assuntos, o Zé esbarra em muitos limites, já que ele e a Hilda não são um casal há décadas. Os caras que tentaram domá-la levaram um pé na bunda. Embora ela até confesse ter esse desejo de submissão, nenhum homem jamais a dobrou por inteiro.

— O pai dela, por exemplo, dobraria. Pelo que entendi, ele tinha, e ainda tem, um enorme poder sobre ela — concluiu ele, categórico.

De fato, não havia como discordar. Hilda amava o pai e, mesmo tendo assistido à sua ruína psíquica, ainda mantinha dele uma imagem idealizada, de homem forte e genial, o fazendeiro poeta, o correspondente de Mário de Andrade que, até a quebra da bolsa de 1929, era também um sucesso nos negócios. Para ela, nem a soma das piores atitudes do pai bastaria para queimar-lhe o filme. Apolônio de Almeida Prado Hilst era o cafeicultor rico que, dando uma banana para os "retrógrados" da cidade, se embrenhava num bordel dias a fio com uma pilha de livros debaixo do braço. E ela costumava narrar, num misto de fascinação e horror, o comentário que ele fizera ao ser informado de que Bedecilda, mãe dela, havia dado à luz uma menina:

— Que azar — declarara.

Minutos depois, quando voltei à sala, a senhora H já havia desistido do filme e queria ir deitar-se.

— Que filme medonho, Yuri! Que filme medonho!

De braço, acompanhei-a até seu quarto.

— Boa noite, querido — despediu-se à porta.

— Você não quer que eu retire os cachorros hoje, Hilda? Você disse que ontem eles não a deixaram dormir direito.

— Tire só o Mister Totó, Yuri. As duas pequenas podem ficar.

E, enquanto eu recolhia em meus braços aquele cãozinho idoso, dei com o quadro de São Francisco de Assis na parede.

— Ele também gostava muito de bichinhos — comentou ela, sorrindo melancolicamente.

— Eu sei, Hilda.

— Boa noite, querido. Durma com Deus.

— Boa noite, Hilda. Você também.

Enquanto isso, no filme, o pobre padre Karras rolava escada abaixo.

Precisa-se de empregada feia. Bem feia.

Em 2000, ficamos alguns meses em apuros ou, como dizíamos, "no mato com oitenta cachorros e sem nenhuma empregada doméstica". Não me lembro exatamente por que Hilda Hilst havia demitido a anterior, mas, salvo engano, creio que tinha algo a ver com a qualidade do café coado pela ex-funcionária. Por que atribuir tanta importância ao café? Ora, uma casa abarrotada de escritores é praticamente movida à cafeína. E, naquela época, além da Hilda, a Casa do Sol também abrigava outros três: eu, José Luis Mora Fuentes e Bruno Tolentino. Assim, após rápida deliberação, ficou arranjado que, se Mora Fuentes fosse a São Paulo, Chico, o caseiro, prepararia as refeições da Hilda, e eu, a dos demais. Com Mora Fuentes presente, ele decidiria o que cozinhar e quem iria ajudá-lo. Eu, Chico e Mora Fuentes também dividiríamos as tarefas de lavagem das roupas e da louça. Antônio Ramos, secretário do Bruno, lavaria as roupas e a louça deles e, marceneiro de profissão, prosseguiria com a reforma das portas, das janelas e do forro da casa. Chico continuaria a cargo dos canis, e seu Jaime, do jardim. Hilda, que não sabia sequer fritar ovos, e Bruno, que não estava bem de saúde, continuariam suas leituras e escritos. Limpezas gerais só ocorreriam em casos de extrema necessidade, o que certamente nos levaria à imersão, por tempo indeterminado, em camadas profundas de pó e poeira. Em suma, após aproveitar por um ano um refúgio literário cheio de regalias, eu me vi subitamente numa situação digna de um quartel, onde cada soldado acaba se dedicando mais ao trabalho braçal do que ao treinamento de combate.

— Ah, não! Carne com batata de novo?

Era Antônio a reclamar mais uma vez dos meus dotes culinários. Sim, certa feita, durante os quinze dias de ausência do Mora Fuentes — dentre nós o único metido a mestre-cuca —, fiz uma panelada de carne moída com batatas para durar a semana inteira. De fato, parecia ração de quartel.

— Antônio — eu replicava —, você foi morador de rua, eufemismo pra mendigo, e ainda está reclamando da minha comida? Você passou fome, meu.

— Eu sei, Yuri, desculpa. Mas não estou conseguindo explicar isso pro meu estômago.

Com o correr dos dias, a coisa tornou-se ainda mais complicada. Sem uma agenda, tudo estava entregue ao acaso. Ninguém mais acertava sua vez de fazer o café — o que sempre resultava numa garrafa térmica vazia e no mau humor da Hilda —, ou atinava se haveria algum perigo em beber vinho do Porto antes de lavar pratos ou descascar batatas. (E havia perigo, sim, como acabamos por descobrir...) Chico estava particularmente tenso, pois, mesmo antes das novas tarefas, os cães já o deixavam sobrecarregado. Sim, era preciso contratar urgentemente uma nova empregada.

— Zé, você já encontrou alguém? — perguntava Hilda a Mora Fuentes, que, sendo um transplantado, recém retornara de suas visitas periódicas ao médico.

— Ai, Hilda, ainda não. Mas já liguei pra várias pessoas, e a Inês também está ajudando.

Inês Parada, nossa vizinha, morava na casa que pertencera a Bedecilda Vaz Cardoso, mãe de Hilda. Aquela bela residência havia sido a antiga sede de uma próspera fazenda cafeeira. Mas Inês tampouco vinha obtendo sucesso na tarefa incumbida: nada de candidatas à função!

Duas ou três semanas mais tarde, a confusão já era tanta que, num belo dia, Bruno Tolentino anunciou que deixaria Antônio conosco para se refugiar por algum tempo no Rio de Janeiro. Disse que se hospedaria com sua antiga babá, fato esse que achei bastante curioso: um homem com mais de sessenta anos hospedado com sua própria babá! E Bruno falava dela com imenso carinho, como se falasse da mãe. E ele, aliás, apesar de excluído das tarefas, já havia contribuído na cozinha com pelo menos quatro feijoadas, as quais ia preparando — "corta a couve mais fininha, Yuri!" — enquanto nos narrava inúmeros "causos".

— Vai ficar muito tempo no Rio, Bruno?

— Umas duas semanas, acho. Assim o Antônio aproveitará para restaurar o forro do nosso quarto. Não estou com saúde para respirar esse pó de serragem.

Foi numa dessas semanas de ausência do Tolentino que recebemos o telefonema de um aluno da oficina de roteiristas da TV Globo. Hilda me passou o telefone e me pediu para descobrir o que ele queria, uma vez que o sujeito falava sofregamente sem nunca chegar ao busílis, o que muito a irritava. Odiava gente "vaselina".

— Ele quer vir te visitar com uma amiga, Hilda.
— Hoje?
— Sim. Agora à tarde.
— Mas a gente não tem empregada, Yuri.

Sorri:
— Deixa que eu faço o café, senhora H.

Uma hora mais tarde, eu estava justamente aguardando a água entrar em ebulição quando ouvi um carro adentrar a chácara. Os cães, como sempre, ficaram em polvorosa. Imagino que Mora Fuentes tenha ido recebê-los à porta, ao passo que Hilda, como de costume, os aguardava na sala de TV. Menos de um minuto depois, ouvi vozes, salamaleques, e, de repente, Chico veio da sala para a cozinha, os olhos esbugalhados.

— O que foi, Chico?
— Yuri do céu!
— O que aconteceu, Chico?! Fala logo.
— Minino di Deus! — exclamou novamente em voz baixa e, em seguida, ignorando-me, saiu pela porta dos fundos na direção do canil.

"Ai, ai", pensei comigo. "Está me cheirando a mais problemas".

Foi então a vez do Mora Fuentes abrir a porta da sala, meter a cabeça na cozinha e indagar:

— Já tá pronto, Yuri?
— Terminando, Zé. — E, ao olhar para ele, notei que estava lívido, os olhos tão arregalados quanto os do Chico.
— Que cara é essa, Zé? O que vocês estão fazendo aí?
— Ai, Yuri... — E suspirou longamente, o olhar extático voltado para cima. Por fim, num átimo, retirou a cabeça e fechou a porta.

A situação era bem estranha. O que estaria acontecendo? Peguei a garrafa térmica, coloquei as xícaras numa bandeja, e me dirigi à sala. O tal roteirista era um sujeito baixo, gordinho, a testa brilhando de suor, e vestia paletó e gravata. A tal amiga que o acompanhava era... seria possível? Grace Kelly?! Sim, Grace Kelly esculpida em carrara... Mas... caramba! Grace Kelly já habitava outra morada do universo havia anos!

— Boa tarde — eu disse. — Olá, olá.

— Este é meu amigo Yuri, jovem escritor — apresentou-me Hilda.

Eles me cumprimentaram e, sem perder tempo, o roteirista meteu-se a falar detalhadamente do roteiro de um longa-metragem que tinha em mãos, o qual, fez questão de frisar, permaneceria conosco para que dele extraíssemos uma opinião crítica. Hilda olhava para Mora Fuentes com a clara intenção de transferir-lhe a incumbência, mas este, em vez de olhar para mim tencionando fazer o mesmo hierarquia abaixo, estava tão em órbita quanto eu. Só lembro até aí. Não sei mais o que o gordinho falou. Roteiro? Que roteiro? A beleza daquela mulher — uma catarinense chamada Irene — era opressiva, dolorida até. Desandava qualquer veleidade, que porventura pudéssemos ter, de dar atenção a outro ser humano circundante. Na verdade, chamá-la de Grace Kelly era como xingá-la de canhão ou de capivara. Quem sabe, após uma hipotética noitada regada a litros de álcool, curtindo olheiras enormes, com rosto e olhos muito inchados, e isso, claro, depois de apanhar na rua a ponto de se desfigurar, só então Irene devesse acordar tão quasímoda, feia e torta quanto... a Grace Kelly. Talvez, se ela batesse uma bicicleta de frente com um caminhão, sim, talvez assim ficasse parecida com a Grace Kelly. Ela era muito mais linda, tipo a irmã que Grace Kelly teria invejado mortalmente. Meu Deus, Grace Kelly teria odiado aquela mulher! Jamais a deixaria hospedar-se em Mônaco. Já Hitchcock, claro, teria subido pelas paredes. Nem durante meus anos de sociedade num estúdio fotográfico de São Paulo eu vira uma modelo tão bela.

— Então você também é escritor?

E agora ela se dirigia a mim! Caí das alturas. Olhando em torno, notei que Hilda, Mora Fuentes e o tal roteirista haviam se deslocado até o escritório, onde o visitante certamente ganharia algum livro autografado. Eu e Irene estávamos sozinhos! Quanto tempo teria durado meu transe?

— Sim, sim — gaguejei. — Mas por enquanto só publiquei um livro.

— Nossa, que legal. Eu faço Letras na Unicamp.

— Sério? Letras?

Aquela senhorita de vestidinho de verão branco, seio conspícuo, longas pernas e rasteirinhas se levantou para pegar a garrafa térmica, e percebi que, se estivesse de saltos, ficaria mais alta do que eu. Eu me adiantei e lhe servi o café.

— Desculpa pelo café malfeito, Irene. Estamos sem empregada faz uns dois meses. Tá difícil conseguir outra. Elas se assustam com a quantidade de cachorros e desaparecem no primeiro dia.

— É para morar aqui?

— Não necessariamente, mas, se for preciso, a gente pode liberar um quarto. Conhece alguém?

— Ué! Eu topo!

Foi minha vez de arregalar os olhos:

— Você?! Trabalhar aqui?!

— Por que não? É a Casa do Sol! Eu faria qualquer coisa pela Hilda e por vocês. E eu adoro cachorros! Sem falar que dá para ir até a Unicamp de bicicleta.

Aquela foi a ideia mais genial, mais espetacular daquele ano. Merecia um Prêmio Nobel. Eu me segurei para não dar pulos como quem comemora um gol da seleção.

— Mas... e o seu namorado? Não vai reclamar?

— Quem? Esse cara aí? — E apontou na direção do escritório. — Não é meu namorado, não. Eu o conheci hoje, na Unicamp. Ele veio do Rio de Janeiro. Foi até a faculdade perguntar se alguém sabia onde a Hilda Hilst morava, e eu me ofereci para trazê-lo. Eu sabia o endereço, mas nunca tive coragem de vir aqui.

O *rapport* fora estabelecido. Conversamos animadamente por vários minutos. Rolou uma química, digamos. Sorrisos e olhares daqui e de lá. Contei-lhe rapidamente dois ou três casos engraçados sobre a casa. Rimos. Ela me falou de Santa Catarina e de Florianópolis, sobre como era solitário estudar em outra cidade. Anotei o telefone dela num pedaço de papel. Eu não via a hora de contar a novidade aos demais. Irene, Irene... Coitada da Grace Kelly!

Meia hora depois, Mora Fuentes retornou do escritório com o roteirista e ficamos os quatro conversando amenidades. Hilda permaneceu no escritório, provavelmente entediada com o papo melífluo do visitante. A certa altura, Antônio me chamou da porta que dá para o pátio. Fui até lá.

— Yuri, o Chico me disse que tem uma deusa aí na sala.

— Cara... — murmurei, encarando-o.

— Então é verdade?

— É. E tem mais: ela vai ser a nova empregada!

— O quê? Tá brincando!

— Verdade.

— Viu ela, Antônio? — perguntou Chico, vindo dos fundos.

— Ela vai ser a empregada, Chico!

— Oxe! — exclamou ele, espantado. — Cês tão maluco?

Eu ri:

— Maluco por quê, Chico?

— Isso vai dá briga de faca, seu moço. Já vou até amolá minha peixeira.

— Como assim, Chico? — perguntei, rindo.

— Esse monte de cabra soltero em casa! Isto aqui não é mostero, não. Até o Zé se arrupiô todim quando viu ela.

Antônio interveio:

— Chico, eu sou foragido da polícia e ex-morador de rua. Você é caseiro, analfabeto e casado. Ela é muita areia pro nosso caminhão. O Bruno tem aids e, por causa disso, diz que já deu um fora até na Vera Fischer. O Mora Fuentes também é casado. Deixa que o Yuri toma conta dela.

— O quê? Tá doido, *Antonho*?! Ela num vai ser a empregada? Então, empregada tá é no mesmo nível que eu, diacho!

Rimos. De fato, ali estava um bom motivo para uma briga de faca. Seria uma boa ideia repassar mentalmente minhas aulas de maculelê. Talvez fossem finalmente úteis.

Voltei então à sala, onde conversamos mais alguns minutos. Irene me tratava com uma intimidade natural e cálida que só augurava felizes tempos vindouros. Se ela tivesse permanecido conosco mais meia hora, eu teria visualizado até mesmo as feições dos nossos futuros filhos.

Quando nossos visitantes se preparavam para partir, Irene, ao se despedir de mim, me disse ao ouvido:

— Yuri, só tem um problema: não sei fazer café!

Eu ri:

— Eu te ensino! Eu mesmo só fui aprender aqui, no dia do aniversário da Hilda. E, se você quiser, eu faço e a gente diz pra ela que foi você quem fez.

— Combinado! — E me devolveu aquele sorriso que teria infartado Hitchcock.

Fomos todos até o alpendre, devo ter prometido ao roteirista que leria o roteiro dele — até hoje não sei se alguém o leu (quem mandou o cara trazer consigo semelhante fator de diversionismo?) —, e, quando o carro se afastou em direção à rodovia Campinas–Mogi Mirim, eu disse ao Mora Fuentes:

— Zé, ela quer ser nossa empregada!

— Uma empregada linda que estuda Letras? Não acredito!

— Sério, cara!

— É minha! Eu vi primeiro! — declarou ele, rindo. — Eu sou mais experiente, publiquei mais livros, vocês não são páreo para mim. — E deu uma gargalhada de vilão de desenho animado. — Deixa só ela ficar sabendo que eu me correspondia com a Clarice Lispector!

Ouvindo nossas risadas, Hilda nos chamou do escritório:

— Do que é que vocês estão falando aí?

Fomos até lá. Hilda, sentada à mesa, óculos na ponta do nariz, cigarro entre os dedos, pegou um grande cristal de rocha e o utilizou para marcar a página do livro que vinha lendo.

— Hilda... — comecei, empolgado. — Já arranjamos uma nova empregada!

— Que bom, Yuri! Você falou com a Inês?

— Não, Hilda — atalhou Mora Fuentes. — É a Irene, ela vai trabalhar aqui.

Hilda franziu o cenho:

— Irene? Que Irene?

— Essa garota que acabou de sair, Hilda! — respondi de pronto. — Ela disse que pode vir morar com a gente, disse que lava, passa, cozinha, borda e que, quando precisar, irá à Unicamp de bicicleta.

Hilda retirou os óculos e se levantou de supetão:

— O quê?! Nem pensar!!

Eu e Mora Fuentes ficamos paralisados: seria possível que a irmã mais bonita da Grace Kelly já não seria nossa empregada? Ficamos mudos uns vinte segundos, apreciando o esfarelamento do nosso sonho.

— Por que não, Hildeta? — indagou finalmente Mora Fuentes, tão desconsolado quanto eu.

— Vocês ficaram loucos?! — perguntou, quase enfurecida. — Se essa mulher vier morar aqui, vocês vão me deixar apodrecer num canto, e só vão reparar que estou morta quando eu começar a feder. Não, não... Nem pensar!

Então partimos para argumentos supostamente mais pragmáticos: discorremos sobre a dificuldade de se conseguir funcionárias que não temessem tantos cães; falamos de como Irene teria mais respeito e cuidado conosco, uma vez que se tratava duma leitora e estudiosa de literatura; falamos de sua simpatia e educação; e assim por diante. Hilda foi inabalável:

— A mulher desta casa sou eu! Quando falarem com a Inês, peçam para ela arranjar uma empregada feia. Bem feia. E chega de conversa!

Em suma, o nome da chácara era Casa do Sol, e não Casa dos *Sóis*. Só havia lugar ali para uma estrela, do contrário todo o sistema planetário entraria em colapso. Ao menos parecia ser esse o ponto de vista da senhora H, cuja decadência física eventualmente se ressentia da beleza de outras mulheres mais jovens. Ela, que décadas antes também fora uma linda mulher, tendo literalmente atraído as atenções de Marlon Brando, Dean Martin, Howard Hughes, Carlos Drummond de Andrade e Vinicius de Moraes, não conseguia lidar muito bem com a novidade diária da velhice. Diante de visitas ocasionais, ela sabia disfarçar como ninguém, mas, no dia a dia, a história era outra. As semanas que se seguiram, por exemplo, à estreia de sua dentadura postiça foram aterrorizantes: dizendo que sentia ter "um cotovelo dentro da boca", falou diversas vezes em suicídio. Claro, como Hilda tinha fé e realmente temia a Deus (principalmente depois de duas ou três doses de uísque), tudo não passou de drama. Mas que drama! Só quem a conheceu, ou leu seus livros, poderia fazer uma ideia da intensidade. Agora, cá entre nós, o pior de tudo não foi sua recusa em me deixar convidar Irene. O pior mesmo foi, no dia seguinte, enquanto lavava minha roupa, encontrar no bolso da minha calça jeans um pedaço de papel completamente derretido: o número do telefone da Irene não passava de um borrão! Na Unicamp, ninguém soube me dar qualquer informação. Nunca mais a vi. Fugaz, a irmã mais bela de Grace Kelly passou por nosso sistema como um cometa, com sua cauda brilhante e inesquecível.

O porco caiu

Conforme escrevi em 2003 no meu velho blog *O Garganta de Fogo*, devido às "fofocas literárias" que eu andava postando, o escritor José Luis Mora Fuentes me disse ao telefone que eu estava parecendo a "Hebe Camargo da literatura". Bem, um dos temas de conversação mais apreciados pela Hilda Hilst era justamente os detalhes bizarros e picantes da vida de autores consagrados já falecidos. Sim, é óbvio que essas informações não levam a nada, são futilidades, e de nada ajudam na compreensão de suas respectivas obras, que muitas vezes permanecem além da compreensão do próprio autor. Contudo, se essas conversas não elevavam nossas almas, ao menos nos faziam dar muitas risadas. E todo esse preâmbulo é apenas para explicar por que, a certa altura da estada de Bruno Tolentino na Casa do Sol, ela começou a se incomodar com a presença dele.

Outros amigos dela talvez jurem de pés juntos que foi por causa da ligação dele com o filósofo Olavo de Carvalho; ou então porque ele, sozinho, já era muito "reaça"; ou ainda porque Bruno gostava de discorrer interminavelmente sobre o cânone literário — sempre detalhando exaustivamente as qualidades, os defeitos e o verdadeiro significado de cada escritor na história da literatura —, operação que, em seus últimos anos, aborrecia Hilda a mais não poder. Enfim, eu estava lá, e não foi nada disso. O fato é que toda noite Hilda se punha diante da TV para assistir às suas novelas, e, antes de ir dormir, a um filme qualquer. Antes da chegada de Bruno, de modo geral, recorrendo a um velho aparelho VHS ou à DirectTV, apenas eu, Hilda e Mora Fuentes participávamos dessas sessões cinéfilas. Noutras ocasiões, estavam também presentes Edson Costa Duarte e o caseiro Chico. Hilda tinha grande intimidade conosco e — sentada na sua poltrona, bebericando seu uísque ou seu vinho, entre os dedos um cigarro Chanceller 100 — comportava-se como bem queria. E é nesse "como bem queria" que reside o busílis...

Uma noite, pois, na presença de Bruno Tolentino e de Antônio Ramos, secretário dele, Hilda permaneceu num silêncio constrangedor, evitando responder às perguntas e aos comentários feitos por Bruno ou por qualquer um de nós, tanto ao longo quanto ao final do filme. Já fazia ao menos duas ou três semanas que ela, durante as sessões noturnas, tanto as de novela quanto as de cinema, vinha se portando assim. Mas, naquela ocasião, ela parecia especialmente rabugenta, disparando-nos olhares ferinos em momentos que, em si mesmos, não traziam nenhuma pista das suas ocultas razões. Isto ocorreu, segundo minhas anotações, quando Bruno já morava conosco havia quase nove meses. O caso é que ele, percebendo que não haveria debates sobre o filme, e já cansado, levantou-se da cadeirinha — jamais dividia o sofá com os inúmeros cães — e, acompanhado por Antônio, retirou-se para seus aposentos. Um ou dois minutos após sua partida, Hilda virou-se para mim e me perguntou quanto tempo Bruno ainda pretendia permanecer na casa.

— Não sei, Hilda. Mas ele deve viajar logo para o Rio, onde tem alunos. Também disse que pretende passar uma temporada num mosteiro. Não me lembro em qual.

— Não tenho nada contra o Tolentino — tornou ela. — Mas acho que ele já devia ir embora.

Mora Fuentes, que era politicamente de esquerda e não simpatizava nem um pouco com os pontos de vista explicitados por Bruno em nossas inúmeras discussões à la *A montanha mágica*, interveio:

— Uê, Hilda. Se você quiser, a gente conversa com ele.

Ela fez um muxoxo, suspirou, e decidiu se explicar:

— Ele parece levar tudo muito a sério, até quando conta anedotas. Se pelo menos eu me sentisse mais à vontade na presença dele...

Eu estranhei:

— Ué, Hilda. E desde quando você não se sente à vontade na sua própria casa? Não vejo diferença.

— Não vê? — perguntou, fitando-me diretamente nos olhos. — Então ouça.

E apoiando os cotovelos na mesinha — na qual conservava invariavelmente o cinzeiro e a taça de vinho —, inclinou-se para a frente, ergueu a bunda e, para nosso espanto, soltou um sonoro e interminável peido:

— O porco caiu — disse.

Caímos na gargalhada.

— É verdade! — comentei. — Você nunca peida quando o Bruno está aqui na sala com a gente.

— Pois é, eu fico a ponto de explodir! Já faz dias que estou assim — retrucou, com sua modulação de menina sapeca.

— Ai, Hildeta! — Mora Fuentes não parava de rir.

— Vocês sabem, né — prosseguiu ela, candidamente. — Tenho até aquele livro da Sônia Hirsch, aquele que diz que a gente tem de peidar para ser saudável, e que o Yuri... — e, quase engasgando, voltou a rir ainda mais — que o Yuri, ao organizar a biblioteca, pensou que fosse sobre projeções astrais!

Novas gargalhadas.

— Deve se chamar *Viagem anal* — disse Zé Mora, perdendo o fôlego.

— O nome é *Deixa sair* — falei.

— Esse mesmo! — disse ela.

— Não tenho culpa, Hilda. — Continuei. — Na capa há a imagem de um pássaro voando.

— Mas qual o problema de peidar na frente do Bruno? — perguntou Zé Mora, finalmente contendo-se. — Os incomodados que se mudem!

— Eu, não! — tornou ela, cheia de dignidade. — Ele não está sempre nos contando que esteve na Academia Brasileira de Letras conversando não sei com quem? Cada vez que volta do Rio, ele traz uma fofoca nova de algum escritor que eu nem sabia que ainda estava vivo. Se eu peidar na frente dele, logo todos os escritores do Brasil vão dizer que, além de eu ser uma velha louca com a casa infestada de cachorros, também sou uma desavergonhada, uma peidorreira nojenta... — E, unindo o polegar ao indicador, enquanto agitava os demais dedos, concluiu: — Ó, no cu, gaivota! Nem pensar.

No dia seguinte, eu, que tinha mais intimidade com o Bruno, tive de lhe dizer que a grana estava mais curta do que antes, que a Luzia, nossa nova empregada, estava reclamando do excesso de trabalho — e isso era verdade —, que a Hilda não andava muito bem de saúde e que, por isso, desejava uma casa menos movimentada etc. etc. Felizmente, aplacando meu constrangimento, Bruno me respondeu que havia acabado de encontrar outro lugar para morar e que, inclusive, já estava encaixotando suas coisas, o que também era verdade. Em suma: Bruno Tolentino deixou a Casa do Sol... movido a gases!

O *marvado* uísque

Às vezes me perguntam se Hilda Hilst era católica ou se era — como parte da sua ficção parece sugerir — uma *gnosticista*. O gnosticista não é exatamente o seguidor de um tipo qualquer de seita gnóstica: esse é o gnóstico. No sentido esotérico, vale dizer que todo gnóstico é um gnosticista, mas nem todo gnosticista sabe em qual tipo de movimento gnóstico ele se encaixaria, não tendo portanto a consciência de pertencer a nenhuma doutrina específica. Porque, se a gnose é abraçada mediante uma comunidade ou uma sociedade secreta — e são inúmeros os grupos e seitas gnósticos —, o gnosticismo é simplesmente o estado de espírito de quem se sente abandonado por Deus aqui neste inferno hermeticamente fechado, inferno esse popularmente conhecido como planeta Terra. Ora, para o cristão, a Terra não é o inferno, e Deus não está tão longe assim: *Ele está no meio de nós*. Ou ainda: *Nele vivemos, nos movemos e existimos*. E é por isso que, quando me fazem essa pergunta, respondo:

— Depende: quando Hilda bebia vinho do Porto, ela era uma cristã, praticamente uma católica; quando bebia uísque, era uma gnosticista, quase uma herege. Quando estava sóbria... bem, eis o mistério que ela própria tentava desvendar.

Calma, não estou zombando da senhora H, mas apenas constatando algo que, estatisticamente falando — mediante amostras colhidas por mim ao longo de dois anos e dois meses —, correspondia aos fatos. Voltarei à questão.

Outra pergunta que ouço muito:

— Ela falava sério quando dizia que tinha medo de ficar louca?

Bom, quando jovem, sim. Já adulta, passou a ter mais medo de ter filhos tão esquizofrênicos quanto seu pai do que de ficar ela própria mentalmente enferma. Tudo porque, décadas antes, um médico lhe dissera que, geneticamente, a esquizofrenia pula uma geração e se manifesta na próxima. Em sua velhice, porém, esse medo converteu-se num motivo de farsa e, por isso, ela apenas dramatizava, fazia seu show. Como o fez numa noite do famigerado sétimo mês de 1999, o fatídico mês previsto por Nostradamus, noite em que, sozinhos, assistíamos a um filme do Jean-Luc Godard no videocassete, um filme tão ruim que não nos deixava esquecer a conversa que tivéramos, naquela tarde, sobre as *Centúrias* do vidente francês, sobre a Guerra do Kosovo, encerrada semanas antes, e sobre o grande apagão ocorrido no mês de março daquele ano, o qual quase me fizera surtar: na ocasião, notícias divulgadas no rádio chegaram a afirmar que o blecaute era mundial!

O clima entre nós, imune ao filme, decorria desses temas. De repente, durante uma cena das mais boçais, ela segurou meu braço com força. Ao virar-me para ela, fitou-me com um olhar mais mórbido do que um caixão de defunto. E então, muito séria, falou:

— Yuri, sabe o que eu acho?

— Hum.

— Faz dias que ninguém vem ver a gente. Ninguém telefona também. — E refreou-se, os lábios trêmulos.

— E o que tem isso, Hilda?

— Sabe, estou achando que a gente já morreu. Acho que a gente vai ficar aqui nesta casa de mentira por muito tempo ainda.

Sua expressão me causou arrepios. Quase preferi acreditar no que ela dizia do que num possível surto psicótico. Eu não sabia o que responder. Teria ficado doida? Ficamos alguns segundos enormes em silêncio, encarando-nos. Por fim, como víamos um filme, resolvi apelar a Hollywood:

— Tipo a mulher daquele filme? *Amor além da vida?* — perguntei, quase gaguejando.

— Ah, você se lembrou! — disse e, gargalhando, chegou a perder o fôlego, caindo num daqueles seus acessos de tosse. Por fim, recuperada, acrescentou: — Nossa, aquele filme é medonho, só gostei da parte do cachorro. Fiquei morrendo de medo do resto.

— Então você só está zoando comigo, né?
— Claro.

Hilda fizera uma pegadinha comigo e eu caíra na arapuca. Respirei aliviado:

— Poxa, Hilda! Que susto.
— Achou que eu tinha ficado louca, né.
— Sacanagem, viu.

Mas houve uma noite, no início de 2000, em que seu olhar transpareceu verdadeira preocupação. Eu e José Luis Mora Fuentes a acompanhávamos durante a novela das oito. Ela estava depressiva nessa ocasião, e irritava-se quando ele tentava convencê-la a não reabastecer o copo de uísque. A preocupação com o IPTU, com a ração dos cachorros, com a falta de pagamentos de direitos autorais, a indiferença das grandes editoras, a ausência de uma empregada, o incômodo com a dentadura nova, enfim, naquele dia tudo contribuíra para subtrair-lhe a energia e o bom humor. Para piorar, estava achando aquele capítulo da novela *Terra Nostra* extremamente maçante e sem sentido. Havia uma tensão à sua volta e, depois de sua última bronca — "Vou beber o quanto eu quiser!" —, não ousávamos dizer mais nada. O silêncio imperava. Lá pelas tantas, ela jogou a toalha:

— Chega! Vou dormir. Essa novela está chatérrima hoje. — E, carrancuda, levantou-se empurrando com impaciência a mesinha à sua frente.

— Tá muito cedo ainda, Hilda — retorquiu Mora Fuentes. — A novela mal começou!

— Chega. Não quero mais ver isso, Zé.

— Vamos ver um filme então.

— Não, vou dormir. — E, apressada, com passos incertos, pegou seu copo de suco Ades e avançou na direção do escritório. Preocupado, Mora Fuentes se levantou e lhe deu o braço, acompanhando-a até a porta do quarto, que ela fechou com estrondo assim que entrou.

— Credo! — exclamou Mora Fuentes ao retornar para o sofá. — A Hilda tá atacada hoje. Falei pra ela dormir com Deus, e ela veio com aquele papo de que, se Deus aparecer, ela vai é se jogar debaixo da cama, apavorada. Triste, viu. Ela não pode ficar desse jeito.

— Semana passada, Zé — comecei —, quando você foi fazer seus exames em São Paulo, ela me pediu para acompanhá-la até um benzedor.

— Ela me contou! — E sacudiu a cabeça: — Ai, essa Hilda...

— Era aqui ao lado, fomos a pé. Saímos por aquele portãozinho lateral, depois do terreno anexo. Tivemos que sair escondidos dos cachorros.

— Por que você tá me contando isso, Yuri?

— Sei lá. É que ela ficou toda animada depois. O cara rezou o pai-nosso, e depois falou umas coisas lá meio enroladas enquanto passava o galho de uma planta nela. Foi bizarro, só tinha visto cenas assim na televisão. Ela disse que, naquele dia, teria ido a uma igreja se houvesse alguma próxima. Como não tinha, quis ir à casa desse cara.

— Ah, Yuri... Ela devia era se alimentar melhor, beber menos, voltar a escrever, sair mais... Rezar ela já reza. Sem essas coisas, ela entra nessa paranoia do Deus malvadão.

Então passamos a discutir assuntos diversos, incluindo algumas questões práticas a resolver, e, depois do jantar, decidimos assistir a um filme qualquer. Tudo isso levou umas três horas. Quando o filme se aproximava do fim, ouvimos a voz da Hilda logo ali diante da mesa de jantar:

— Já começou a novela das seis? — indagou, no maior alto-astral.

Arregalamos os olhos e nos viramos para ela: estava vestida com outra roupa, o rosto lavado, e sorria como se tivesse acabado de encontrar uma pepita de ouro.

Mora Fuentes levantou-se de um pulo:

— Como assim, Hilda?! É meia-noite agora.

Ouvindo isso, ela estacou de súbito, olhando para a janela. Empalideceu instantaneamente:

— Verdade, Zé? — perguntou em tom choroso, feito uma criança assustada.

— Claro, Hilda! Não faz nem três horas que você foi dormir. Você nem terminou de ver a novela das oito, lembra?

Pasmada, ela não se movia nem dizia nada: apenas olhava pela janela, aparentemente a procurar um ausente pôr do sol. Então, Mora Fuentes, zeloso, foi até ela e a convenceu a sentar-se novamente em sua poltrona.

— Será que estou ficando gagá? — perguntou logo que se acomodou, fitando-nos alternadamente: seu semblante exprimia enorme e escura preocupação.

Mora Fuentes não gostou nada daquilo:

— Você está ficando tão gagá quanto o Mussum, quanto o Cana Brava, o Vicente Celestino, a Inezita Barroso... — observou, irritado. E logo acrescentou num tom mais ameno: — Você tem de beber menos, Hildeta. Senão vai começar a ficar atrapalhada desse jeito.

— Nossa, Zé, eu jurava que tinha ido me deitar depois do almoço e acordado só agora — disse, um pouco mais tranquila. — A Inezita é aquela da "Marvada pinga", é? — E riu, encabulada.

— Ela mesma, Hilda. E você é aquela do "Marvado uísque", né? É ele que te "atrapaia".

— Ai, Sapo, que bom que você está aqui — tornou ela, utilizando o velho apelido que dera a Mora Fuentes: Sapo, aquele que só expele veneno quando pressionado.

Depois dessa noite, ao menos no período em que permaneci na casa, Hilda não voltou mais a beber uísque durante as novelas e os filmes. Nunca mais a vimos "atrapaiada", e muito menos, vale dizer, em sua faceta *Miss Hyde*, tal como ocorrera certa vez no final do ano anterior. Graças aos mesmos problemas, aquela semana de outubro de 1999 havia sido tão extenuante quanto o dia que descrevi anteriormente. Tudo começou numa manhã de sábado, quando, ao adentrar seu escritório, eu a surpreendi ao telefone:

— Canalha! Canalha! Você é um canalha, Jefferson! — berrava, enfurecida.

Ao dar comigo, sem nem ao menos me adiantar do que se tratava, passou-me o telefone e, apoiando os cotovelos na mesa, arfante, cobriu o rosto com as mãos. Sem querer incomodá-la, entrei naquele misterioso imbróglio pisando em ovos:

— Alô — disse, no tom mais calmo e jovial do mundo. — Com quem falo?

— Aqui é o Jefferson! — respondeu o homem com firmeza, nitidamente afrontado.

— E o senhor é...?

— Sou o síndico do condomínio. E você é quem?

— Meu nome é Yuri. Sou o secretário da Hilda Hilst.

E então ele me falou que, se não ela, ao menos eu teria de ir à reunião dos condôminos naquela tarde, onde ele iria me explicar o porquê de ela estar devendo todos aqueles meses de taxa de condomínio.

"Puts", pensei. "Mais zica."

De fato, compareci à reunião, na qual alguns vizinhos me perguntaram o que eu era dela, como eu suportava os cães, como ela era no dia a dia, e assim por diante. Felizmente, consegui adiar o pagamento e, semanas mais tarde, com a intervenção de Mora Fuentes, conseguimos baixar o valor da dívida. Mas nada disso amainou a irritação de Hilda, que se sentia injustiçada: necessitada de dinheiro, havia vendido parte de sua propriedade anos antes, e, em vez de finalmente conseguir algum sossego, acabou por testemunhar a conversão daquelas terras num condomínio, o qual acabaria por englobar a área da Casa do Sol. Ou seja: inadvertidamente, a senhora H arranjara outra despesa. Sem falar na alteração do Imposto Territorial Rural para Imposto Predial e Territorial Urbano, que elevou sua dívida até as centenas de milhares de reais.

— Quanto mais a gente reza, mais assombração aparece — lamentava-se.

No domingo, a poeira continuava suspensa: nem sequer as visitas simultâneas de Mora Fuentes, que ainda se preparava para voltar a morar ali, e de um outro amigo lhe aplacaram o terrível estado de espírito. À noite, para piorar a situação, não havia o consolo das telenovelas, mas apenas os maçantes *Domingão do Faustão* e *Fantástico*, cujos conteúdos frívolos ou espantosos apenas a deixaram mais depressiva.

— Vamos ver um filme, Hilda — disse o outro amigo que, por razões que serão compreendidas, chamarei de Marcelo.

Começamos a discutir qual seria o melhor filme para o momento, mas Hilda fincou pé: ou veríamos *Rebecca*, de Alfred Hitchcock — de novo! —, ou então *M. Butterfly*, de David Cronenberg: sim, também pela milésima vez. Enquanto decidiam, fui à cozinha beber água. Mora Fuentes logo me seguiu:

— Yuri, esses filmes vão piorar a depressão dela — falou-me, em voz baixa. — O pior é que o Marcelo também está deprimido. Parece que terminou com um namorado lá dele. Acho que *Rebecca* vai ser ruim pra Hilda, e *M. Butterfly* será ruim pra ele. Mas antes ele do que a Hilda, né?

— Entendi, Zé.

Ao regressar, votamos por *M. Butterfly*, e, com o beneplácito da Hilda, coloquei a fita. O problema é que, mal passaram os primeiros cinco minutos, ela já foi solicitando que lhe servissem duas doses de uísque com água gaseificada num copo *long drink*. Chico, que viera com Juliana participar da sessão de cinema, todo diligente, tomou para si a execução da tarefa. Mora Fuentes limitava-se a observá-la de esguelha e a franzir os lábios.

— Vou te acompanhar, Hilda — disse Marcelo, servindo-se.

— Fique à vontade, querido — murmurou.

M. *Butterfly* é, na minha opinião, um dos filmes mais esdrúxulos que já vi, sendo, dentre todos, o mais incapaz de me despertar a famigerada "suspensão de descrença", esse fator dos mais necessários à fruição de qualquer obra de arte. Ora, como é possível um sujeito se apaixonar por outro homem, transar com ele, sempre achando tratar-se de uma mulher, e ainda acreditar que tudo resultou em gravidez? Como ele pôde confundir penetração anal com vaginal? Como foi capaz de agarrar à força aquela "mulher", penetrá-la, e nunca tocar-lhe os genitais com as mãos? Ora, sua "amada" não era exatamente um transexual. Não fizera nenhuma cirurgia de mudança de sexo. Era um ator homossexual que interpretava uma mulher no palco! Eu ia pensando nessas coisas pela milésima vez, mas a cabeça de Hilda estava a milhares de quilômetros do filme:

— Juliana, por que você faz um café tão ruim? — perguntou de repente. — Você nunca faz as coisas direito.

Juliana, esposa do Chico, empalideceu, mas manteve-se em silêncio. Quanto a mim, engoli em seco: quem estava falando não era a Hilda, mas a já conhecida Miss Hyde pós-uísque. Afinal, dias antes, ela mesma havia elogiado Juliana, na minha frente, afirmando justamente o contrário: "Seu café é uma delícia, Juliana!"

— Você não limpa a casa direito, está tudo sempre empoeirado, o chão, sujo... — prosseguiu Miss Hyde no lugar da senhora H. — Você é uma idiota incompetente! — gritou.

— Credo, Hilda. Não fala assim — interveio Mora Fuentes.

— Ela é, sim, Zé — retorquiu, apagando o cigarro. — Incompetente! Idiota! Sabe ler e nem para ensinar o Chico.

Com a expressão nublada, sem saber onde colocar as mãos, Juliana levantou-se:

— Dona Hilda, vou dormir. Amanhã tenho de começar bem cedo. Boa noite.

— Boa noite — respondeu Hilda, seca, secundada com mais simpatia pelos demais.

Tendo se despedido, Juliana saiu pela porta da cozinha. O filme prosseguia, mas o ambiente ficara carregado. Nem Marcelo nem Mora Fuentes, mais íntimos de Hilda do que eu, voltaram a emitir palavra. Perceberam que seria a pior atitude.

Minutos depois, Miss Hyde voltou à carga:

— Por que você foi se casar com essa idiota, Chico? Que estupidez!

Chico não se fez de rogado:

— Oxe, Hilda — exclamou, sinceramente surpreso. — Foi você que me disse pra casar com ela. E já que eu achava ela bunitinha...

— Pode ser bonitinha, mas é uma tonta. Por que até hoje ela não o ensinou a ler? Você mora na casa de uma escritora e é um analfabeto! Um absurdo!

— A gente não tem tempo, Hilda. Tem a casa, tem os canis, tem o jardim...

— Mas à noite vocês têm tempo pra ficar vendo besteiras na televisão, né? São dois idiotas. Você não percebe que vai ser sempre tratado como um burro?

— Eu trabalho como um jumento mesmo.

Encolerizada, Hilda o encarou com olhos brilhantes:

— Isso porque você *é* um jumento, Chico! É outro que não faz nada direito.

Chico levantou-se do sofá:

— Também preciso acordar cedo, Hilda. Boa noite — disse, mais triste do que ofendido.

— Deixa a garrafa aqui comigo — tornou ela, com a mesma secura.

A essa altura, creio que ninguém mais prestava atenção ao filme. Sabíamos o que ocorreria nele porque já o tínhamos visto meia dúzia de vezes. Hilda se espojava na tragédia daquele diplomata europeu, a qual não me convencia de modo algum. Claro, eu podia compreender racionalmente sua triste situação, mas a testosterona que corre em minhas veias não compartilhava de seu *páthos*: se ao menos a tal Madame Borboleta Chinesa tivesse feito cirurgia de mudança de sexo e tomado hormônios femininos! Aí, sim, eu poderia acreditar no desengano do protagonista. De outro modo, não, não, não. Transar com uma "mulher" sem notar seu clitóris de dez ou vinte centímetros? Acreditar que "ela" engravidou? Não, era demais para minha cabeça.

— Espero que você não tenha vindo aqui para ficar dormindo o dia todo, Marcelo — recomeçou Hilda, sem tirar os olhos da televisão. — Só vem aqui agora quando está deprimido, *bossa* clínica psiquiátrica.

Pronto. Nesse momento, percebi que o processo incluiria a todos. O tribunal convocara uma sessão extraordinária, e seríamos todos julgados por Miss Hyde.

— Ai, Hilda — suspirou ele. — Nem vem, tá. Tô aqui bebendo numa boa.

— Numa boa cara de cu — retrucou ela. — Você era tão animado, um rapaz brilhante, e agora fica aí se martirizando por causa de homem. Não sei que graça vocês veem na rodela um do outro. Virou uma bela duma besta, isso sim.

— Poxa, Hilda, para com isso — tornou Marcelo.

— Vamos ver a fita, Hilda — disse Mora Fuentes, tentando colocar panos quentes. — Vai que hoje o filme termina diferente. Desde a última vez que o vimos, os chineses podem muito bem ter desenvolvido o transplante de úteros.

Miss Hyde, sem ver graça naquela observação, deu continuidade à preleção da promotoria:

— E por que você abandonou o mestrado? — inquiriu, finalmente encarando o amigo: — Hein, Marcelo! Fala.

— Sei lá, Hilda — resmungou ele, já de baixo-astral.

— De que adianta ser tão inteligente e agir como um burro? Vai acabar ficando burro mesmo. E não quero ouvir falar de suicídio na minha casa. O Caio já me deixou preocupada o suficiente na época dele. Não quero repetir a dose — disse ela, referindo-se ao escritor Caio Fernando Abreu, que morara lá décadas antes.

— Não vou, Hilda.

— Tá tomando lítio, é? — perguntou ela, seca. — Precisa mesmo!

Marcelo levantou-se:

— Você tá muito chata, Hilda. Vou dormir também. — E, ofendido, saiu sem dar boa noite.

Voltamos ao silêncio, e eu tinha certeza de que seria o próximo da fila. Lá pelas tantas, pouco depois da metade do filme, Miss Hyde virou-se para Mora Fuentes e o encarou por longos segundos:

— Nem vem, Hilda — disse ele, rindo.

— Você é outra besta, Zé.

— Eu? O que foi que eu fiz, Hildeta?

— Esse é o problema: não faz mais nada! — gritou. — Já devia ter escrito uns dez romances, e até hoje só escreveu aqueles contos e uma novela. Uma!

— Estou com o projeto para escrever o roteiro, Hilda.

Ela fez um muxoxo:

— Roteiro, roteiro... Isso é uma besteira, Zé! Tem de fazer literatura, escrever mais!

— Você também devia escrever mais. Não está morta.

— Eu já escrevi mais de quarenta livros! Quarenta! — berrou, as veias do pescoço quase a saltar. — Todos deslumbrantes! Mas você não, você parou pra cuidar de *crionça*. Mulher é que tem de cuidar de *crionça*! Você tem de escrever. Senão você não é mais escritor.

Hilda sabia que o calcanhar de aquiles de Mora Fuentes era o filho:

— O Daniel já é um adolescente. E nunca foi nenhuma *crionça*, Hilda. Sempre foi um menino ótimo.

— Ah, é! Ele vinha aqui e ficava correndo atrás dos cachorros, fazendo bagunça, derrubando as coisas, interrompendo nossas conversas.

— Mas ele era uma criança, Hilda!

— Então: uma *crionça*. As crianças são muito chatas! Insuportáveis! — E golpeou a mesa à sua frente. — E você não é mais escritor!

Irritado, Mora Fuentes se levantou:

— O Marcelo tem razão. Você é que está chata hoje. Um porre! Credo. Boa noite, Hilda.

Desta vez, ela não respondeu.

— Boa noite, Yuri — e, mesmo atingido, me piscou um olho como quem diz: você é o próximo.

— Boa noite, Zé — respondi, suando frio.

Mora Fuentes se retirou, e o processo se repetiu: mais alguns minutos de filme, mais cenas inconvincentes, mais desse silêncio do tipo que antecede um terremoto. Ela, provavelmente já na oitava dose, continuava a beber.

— Você também é uma besta, Yuri — disse subitamente, sem desviar os olhos da tela.

Como sempre, a tensão da expectativa, que sempre me atormentou mais do que os próprios acontecimentos, desfazia-se agora por inteiro. Comecei a notar isso nas vezes em que fui assaltado: a ansiedade de quem não quer cair nas mãos de bandidos entrevistos ao longe, de repente, durante a situação de violência efetiva, real, se transformava numa frieza e numa calma completas. Foi o que me passou durante o ataque de Miss Hyde:

— Sou mesmo, Hilda — respondi. — Uma bestona.

Ela virou-se para mim e, puta da vida, pareceu não encontrar o que dizer. Voltou a fitar a televisão, permanecendo mais um minuto em silêncio.

— Esse seu primeiro livro... — recomeçou ela, acendendo outro cigarro.

— É uma boa porcaria — completei, atalhando-a.

Ela voltou a me encarar e eu, ingenuamente, cometi meu primeiro erro: comecei a rir.

— Eu sei o que você está fazendo! — esbravejou, fitando-me diretamente nos olhos.

Juro que senti vontade de abraçá-la e dizer: calma, Hilda, calma, tudo vai terminar bem, mulher, as coisas continuam nos eixos, e assim por diante; porém, se o fizesse, certamente levaria um murro no nariz!

— Mas já que você reconhece — continuou ela —, tem razão: seu livro é mesmo uma boa porcaria!

Embora eu ainda estivesse de cabeça fria, cometi meu segundo erro: resolvi contradizê-la, o que, claro, apenas alongaria esse inútil debate.

— Engraçado, Hilda... Assim que leu meu livro, você me falou pelo telefone que havia gostado muito dele, que eu era um escritor de verdade, e coisa e tal. E foi depois disso, na minha visita seguinte, que você me convidou para vir morar aqui, dizendo que eu teria mais tempo para ler e continuar escrevendo.

— Foi uma ideia idiota, porque você é tão besta quanto o Zé — disse, com irritação. — Você tem imaginação e é engraçado, mas precisa recriar a linguagem, começar tudo do zero. Eu levei anos para conseguir isso!

Qualquer humorista tem imaginação e é engraçado. Literatura é coisa séria! É outra coisa!

— Mas você disse que meu humor era sério porque, além de ser crítico, ia ao cerne das questões.

— Chega! — berrou. — Isso não basta! Você precisa ler James Joyce, Malcolm Lowry, Guimarães Rosa, Vergílio Ferreira... você precisa me ler! Tem de parar de escrever arrumadinho, *bossa* Eça de Queiroz. O escritor tem de deixar algo novo no mundo, tem de morrer deixando um trabalho de verdade!

— Uma *causa sui* — comentei, lembrando-me de uma de nossas conversas anteriores.

— Isso!

— Eu não tenho nem trinta anos, Hilda.

— Mas tem de começar já! — exclamou, no tom de quem dá uma reguada no aluno.

— Já comecei. Você leu um livro que terminei de escrever aos vinte e cinco anos.

Sem desviar os olhos dos meus, calou-se. Ficou assim por alguns segundos.

— Vai demorar muito... — disse finalmente, com desdém. — Antes de chegar aos quarenta, ninguém entende Joyce! Tem gente que não entenderia nem depois de dez reencarnações. Você pode muito bem ser uma dessas pessoas.

— Bom, não espero reencarnar — retruquei, esforçando-me para não perder a paciência. — De que adiantaria? Voltar sem a memória do que aconteceu antes? Teria de começar tudo de novo, cometer os mesmos erros... Não, não. Prefiro não entender o James Joyce... Talvez o Tolentino esteja certo, e Joyce seja mesmo uma besta quadrada.

Surpresa com o tom tranquilo em que proferi meu atrevimento, arregalou os olhos:

— Tá na cara que você é que é uma besta! Uma besta reencarnada! Idiota... — retrucou num esgar, quase a rir.

Aquilo me deu uma ideia.

— Sabe, Hilda — comecei, arriscando-me ainda mais —, eu também acredito em sincronicidades. As tais coincidências significativas...

— Isso só porque eu te falei que eu e Joyce acreditamos nisso! — retorquiu, seca.

— Mas não é curioso ter sido logo eu o cara que passou o famigerado sétimo mês de 1999 na sua companhia? Já pensou se Nostradamus estivesse certo?

— O que tem isso a ver? — indagou, observando-me com os olhos de um touro na arena.

— Uma vez você me disse que, se o mundo fosse acabar, você ia querer estar acompanhada ou por seu pai ou pelo Joyce.

— E daí?

— E se eu fosse a reencarnação de um dos dois? Talvez seu desejo tenha sido realizado, e você nem notou!

Lívida, parecia ter sofrido um choque, como se, por um segundo, a ideia lhe parecesse razoável. Então, sacudiu a cabeça num reflexo, como se negasse a possibilidade para si mesma, voltando em seguida a fitar a televisão. Ato seguido, empurrou o copo para mais longe. Ficou quieta por mais dez minutos, ao passo que o filme ia atingindo o clímax.

— Esse filme é muito triste — comentou, por fim, com sua velha e agradável entonação de menina. Parecia finalmente domada.

— A história é triste — repliquei —, mas esse cara é um otário, né, Hilda.

Ela riu:

— Você e aquela sua conversa sobre a Madame *Pau-tterfly* — disse, lembrando-se de nossas discussões anteriores sobre o filme.

— Pois é.

Ela mudara da água para o vinho! Ou melhor, do uísque para o vinho!

— Bom, vou dormir — anunciou, sorrindo. — Você leva minhas coisas, Yuri?

— Levo, Hilda.

E a acompanhei até o quarto. Não me orgulho nada disso, mas, para conter seus arroubos, tive de ser mais inconveniente do que ela. Muita gente diria que ela estava apenas no espírito do *in vino veritas*, ou, no caso, do *in uísque veritas*. Mas o fato é que, atormentada por um dia a dia cheio de exigências descomunais — como um IPTU que só poderia ser pago se ela vendesse tudo o que possuía —, eventualmente acabava envenenando-se e espalhando esse veneno aos que estavam à sua volta. E isso era patente quando suas declarações, emitidas em momentos assim, eram confrontadas com aquelas de dias melhores. Quantas vezes eu a vi perguntar a Mora Fuentes quando afinal Daniel, filho dele, voltaria a visitá-la? E ela estava tão satisfeita com o trabalho do Chico e da Juliana que lhes deixou uma casa de herança. Sem falar que vivia me dizendo que Marcelo era quem mais entendia tanto dos livros dela quanto dos da Clarice Lispector. E assim por diante. Miss Hyde era tremenda.

Também era nas noites de uísque que seu lado gnosticista aflorava.

— Confia em Deus, Hilda. Vai dar tudo certo.

— Deus! Deus! Onde ele está? — gritava. — Por que ele largou a gente aqui com esse bando de assassinos, de ladrões, de atoleimados? Isto aqui é um inferno!

Eram cenas completamente distintas daquelas em seu escritório, pouco antes do almoço, momentos em que se deleitava com duas ou três taças de vinho do Porto, enquanto nos contava casos hilariantes, ou então comentava passagens da vida de alguns santos, como Santa Teresa de Lisieux e São Francisco de Assis, ou as aparições marianas. E citava constantemente o que dissera a uma freira do Colégio Santa Marcelina, no qual estudara em criança: "Só baixo os olhos diante de Deus!" Também discorria sobre a vida eterna, especulava sobre como seria a vida no Paraíso, em Marduk, e dizia que, após sua ressurreição, voltaria a ser a linda moça que fora um dia.

— Vou roubar meu pai da minha mãe! — dizia, em meio a risadas.

O único problema causado pelo vinho era um eventual excesso de bondade.

Certa feita, a produção da novela *Laços de Família*, da Rede Globo, nos escreveu solicitando uma fotografia dela. Manoel Carlos, autor da novela e fã assumido de Hilda, escrevera uma cena na qual o personagem interpretado por Tony Ramos, um editor e livreiro, iria segurar um porta-retratos com a foto dela e dizer: "Nossa, Hilda, que saudade!" Aliás, esse episódio da novela foi um momento surreal a que eu, Hilda, Mora Fuentes e Chico, semanas mais tarde, presenciamos juntos.

— Ué, Hilda, se ele tá com saudade, liga pra ele e diz pra ele vir aqui — dissera Chico, na ocasião.

Mas o caso é que eu estava no meu quarto escaneando justamente essa fotografia que Hilda e Mora Fuentes haviam escolhido para a cena, quando, de repente, ouvi Hilda a gritar da porta da sala:

— Chico! Chico! Chico!

Como não havia nenhuma irritação ou apreensão em sua voz, imaginei que nada de grave estivesse ocorrendo, e que a questão só teria mesmo a ver com o próprio Chico. Continuei meu trabalho e, só depois de dois ou três minutos, ouvi os passos do caseiro a atravessar o pátio: vinha dos canis, que ele passara toda a manhã lavando, e que ainda necessitavam de cuidados. Assim que terminei de enviar o arquivo de imagem para a Globo — nessa época, a internet era discada e muito lenta —, me encaminhei ao escritório para avisá-la de que a tarefa fora concluída. Mora Fuentes, que naquela semana estava em São Paulo, havia nos telefonado algumas vezes para nos lembrar de que a produção da novela o estava pressionando. Quando finalmente entrei na sala, vi através da porta da frente que Chico já estava diante da casa, no jardim, e, agastado, com um olhar de poucos amigos, atirava algo contra o solo com toda a força, como quem brinca com um estalo de salão. Virou-se para voltar à casa e, ao me ver, envergonhado, aproximou-se com as mãos na cabeça e um meio sorriso nos lábios:

— Não conte pra Hilda, Yuri.

— Contar o quê, Chico? O que você tava fazendo?

Ele baixou a voz:

— Menino, tu acredita que eu tava lá atrás, de bota de borracha, luva, com a lavadora de pressão, um monte de cachorro tentando morder a mangueira, aquele cheiro de cocô, e a Hilda me chama aqui só pra eu tirar uma tanajura do vidro da janela fechada, e colocar ela aqui fora, porque a coitadinha da formiga queria sair?

— Você detonou a tanajura?

— Foi. Conta pra ela não, viu? Foi de momento, fiquei com raiva.

Comecei a rir:

— Preocupa não, Chico. Não vou contar.

Ele voltou para o canil, e eu entrei no escritório. Hilda já estava tomando seu vinho fazia tempo:

— Nossa, Yuri, você tinha que ver que formiga bonita. Uma tanajura, a bunda enorme. Coitada, presa aqui dentro. O Chico a levou lá pra fora.

— Certo, Hilda, certo — eu disse, sorrindo daquele excesso de bondade.

— Olha essa frase do Laing, Yuri. — E me passou um livro: *A política da experiência e a árvore do paraíso*:

> Quando a pessoa enlouquece, ocorre uma profunda transposição de sua posição em relação a todos os domínios do ser. Seu centro de experiência desloca-se do ego para o *Self*. O tempo mundano torna-se simples anedota, só importa o que é eterno. Contudo, o louco está confuso. Mistura ego com *Self*, interior com exterior, natural com sobrenatural. No entanto, pode ser com frequência para nós, mesmo através de sua profunda infelicidade e desintegração, o hierofante do sagrado. Exilado do cenário do ser como o conhecemos, ele é um estranho, um alienígena, acenando para nós do vácuo onde está mergulhando, um vácuo talvez povoado de presenças que nem sequer suspeitamos.

— Me lembrou o "Qadós" — disse ela, referindo-se ao conto do seu livro *Ficções*, sobre o qual discutimos meses antes em duas ocasiões: na primeira, ao comentar sobre o convite que ela recebera, décadas antes, para assistir a uma defesa de tese em que era citada. Acreditando tratar-se de um estudo literário, Hilda foi à Unicamp, mas deparou-se com uma psicóloga a discorrer sobre esquizofrenia paranoide.

— Sempre que ela dizia "esquizofrenia", apontava o dedo para mim! — comentou, consternada. — Como se o meu livro fosse um sintoma.

Na ocasião seguinte, quando da minha leitura do "Qadós", Hilda me perguntou:

— Você o está entendendo?

— Entendendo não é bem a palavra... — respondi, intimidado.

— Eu mesma não entendo nada desse conto! — retrucou, sorrindo. — É completamente doido, *bossa* Krishnamurti.

Discordei, pois já havia lido uns dez livros do Krishnamurti e acreditava entendê-lo muito bem: deles, era possível deduzir seus princípios básicos e um método. No fundo, seu discurso era apenas uma versão indiano-teosófica do zen-budismo.

— O Krishnamurti parece maluco, Hilda, mas ele seguia um esquema e não rasgava dinheiro. Pra mim, "Qadós" me lembra o Arthur Bispo do

Rosário, que não apenas rasgaria dinheiro como também, com as sobras, faria um manto igual ao do personagem.

Mas Hilda, que nunca ouvira falar desse artista plástico esquizofrênico, me pediu mais detalhes: infelizmente, naquela época, não havia muita coisa na internet e meu parco conhecimento remontava à Faculdade de Artes da UnB, onde o vi num documentário.

No entanto, dez dias depois, recebemos a visita do escritor José Castello, que, cumprindo sua promessa, trouxe um exemplar de O *inventário das sombras*, uma coletânea de ensaios sobre escritores e artistas que ele entrevistara. Entre os capítulos, havia um dedicado à minha amiga e outro a Bispo do Rosário. Hilda, ao ler a obra mais tarde, ficou estupefata com a coincidência:

— Meu Deus! Ele parece mesmo o "Qadós": um buscador louco, louco... — e, entusiasmada, procurou pelas estantes do escritório outros livros sobre esquizofrenia.

Devido à sua experiência pessoal com o fenômeno da loucura, que acometera seus pais, Hilda desenvolvera esse interesse insaciável pela psicologia. Lia tudo de Freud, Jung, Otto Rank, R. D. Laing, Ernest Becker, e o que mais lhe caísse nas mãos. Tinha verdadeira obsessão pela biografia de Kierkegaard e a maneira pela qual o pai dele quase o enlouquecera. E também falava sobre a filha de Joyce, a quem Jung tratara pessoalmente, convencido de que o próprio Joyce também fosse esquizofrênico. Juntos, eu e Hilda lemos as cartas de Kafka a seu pai, que o tratara tão mal... Graças a esses estudos, Hilda tinha consciência do papel dos pais na formação da psique dos filhos, chegando a me confessar que seu relacionamento com Deus havia sido afetado pelo relacionamento que mantivera com seu pai: em contraste com a imagem idealizada que a mãe lhe transmitira — a do pai saudável, bonito, inteligente e poderoso —, havia o pai insano que, durante suas visitas, lhe dizia absurdos e, confundindo-a com a mãe, solicitava dela "mais uma noite de amor". Era como o contraste entre o Deus Pai cristão e o Demiurgo dos gnósticos, isto é, entre aquele que é o Bem Supremo — cuja luz permanece dentro de nós — e aquele ser autoritário que domina e isola o mundo — ou, no caso, a psique — enquanto o verdadeiro Deus é excluído. Arrependida, ou não, por ter praticado o aborto, pois temia que os filhos fossem esquizofrênicos — quem poderia sabê-lo? —, Hilda canalizou seu sentimento materno para alguns amigos e para seus cães. Apesar de tantas vezes — meio a sério, meio de broma — chamar as crianças de *crionças,* era cônscia de que a melhor maneira de se compreender o amor de Deus pelos homens está em simplesmente ser um bom pai ou uma boa mãe. Tal conhecimento fora terrivelmente abalado por seu histórico familiar, mas, graças à literatura, na qual também deu vazão aos tormentos de quem vive alienado de Deus Pai, conseguiu sublimar toda tendência concreta nesse sentido. No fundo, ela sabia que o gnosticismo não é senão uma espécie de mau humor espiritual, de revolta anímica, de loucura cósmica. E só perdia verdadeiramente a calma quando se via injustiçada, desrespeitada ou acuada, pois, de modo geral, tratava a todos com generosidade e candura. Contudo, tal como Níkos Kazantizákis, diante dos mal-intencionados, ela também era capaz de "distinguir Deus que luta em seus cérebros mesquinhos e grosseiros". Ademais, graças aos mesmos estudos de psicologia e à sua experiência direta, Hilda também desenvolveu um impressionante, por assim dizer, radar-mental. Senão, vejamos.

Sob a figueira da Casa do Sol, há uma mesa de pedra ladeada por bancos também de pedra. Quando morei ali, essa mesa estava danificada, com o tampo ausente. Um dia lhe perguntei por quê.

— Foi o Jô Soares — respondeu. — Estávamos conversando sob a figueira e, quando ele se sentou na mesa, o tampo partiu em dois.

Sorri, imaginando a situação constrangedora. Para romper aquela espessa mesa de pedra, só mesmo alguém com o peso do Jô Soares, pensei então.

— E por que ele não a consertou, Hilda? Não lhe custaria nada.

— Ah — suspirou ela. — Ele e a Teresa Austregésilo, mulher dele na época, estavam zangados comigo.

— Ué. E por quê? Você se chateou com a mesa e soltou os cachorros em cima deles?

Ela fez um gesto de desdém e completou sua taça com vinho do Porto:

— Não, Yuri. Não me importo com essas coisas. É porque eu lhes tinha dito a verdade. Não achava que fosse ofendê-los.

— Verdade? Sobre o quê? — E franzi o cenho. — Às vezes você é tão teimosa que acaba confundindo suas opiniões com verdades, né, Hilda. Já notei isso.

Ela me encarou com uma expressão irônica:

— Era verdade mesmo, viu. Eles estavam com o bebê deles, o Rafael, que tinha apenas alguns meses. Quando eu o peguei no colo, notei que havia algo errado. Ele não reagia a nenhum estímulo, não olhava pra gente, nada. Então, me virei para eles e disse: "Melhor vocês levarem esse menino ao médico. Ele não é normal". Nossa... para quê? Ficaram ofendidíssimos! Tomaram o garoto do meu colo, me falaram um monte de coisas, que louca era eu, e assim por diante. Foram embora e nunca mais falaram comigo... Bom, acontece que, um ou dois anos depois, descobriram que o Rafael era autista.

— E mesmo assim nunca voltaram?

— Não.

— Triste isso.

— E eu adorava o Jô. Foi ele que me deu o livro O *despertar dos mágicos*.

Em 1999, com permissão da Hilda, um casal de amigos meus foi passar um fim de semana conosco: André, um publicitário, e Cátia, uma modelo. Hilda se encantou com ambos, achou Cátia elegantíssima, mas sentiu algo mais forte por André. Na segunda-feira, após a partida deles, Hilda, pensativa, emitindo longas volutas de fumaça, me disse:

— Yuri, seu amigo tem os olhos idênticos aos do meu pai.

— Eu sei, Hilda. São verdes, né.

Fitou-me, o semblante grave:

— Não, Yuri, não é isso: são olhos insanos...

O fato me pareceu curioso, cômico até, já que esse meu amigo, de fato, nunca foi considerado uma pessoa convencional. No entanto, passados quase vinte anos, o prognóstico de Hilda veio à tona: André é hoje tão esquizofrênico quanto o pai dela. Nada mais triste do que uma enfermidade ou uma deficiência mental, e Hilda, cujos pais morreram internados em sanatórios, sabia disso.

Vinho com Lygia Fagundes Telles

Em fevereiro de 2003, finalmente me encontrei pessoalmente com a excelente Lygia Fagundes Telles. Mantínhamos contato desde 1998, já que, naquele ano, eu me mudara para a casa da escritora Hilda Hilst, sua amiga das antigas. Sempre que Lygia fazia uma de suas esporádicas visitas à Casa do Sol, eu estava viajando a trabalho ou então metido em alguma balada de São Paulo, de Brasília ou do litoral norte. Malgrado eu ter morado ali por mais de dois anos, nunca nos víamos. Era uma situação estranha, à la *Nunca te vi, sempre te amei*, entende? Bom, ao menos da minha parte, pois creio que ela mesma só pensava em mim como um amigo imaginário da Hilda... um que tinha voz ao telefone... (Coisa mais esquisita!) Quer dizer, o mais provável é que só atentasse na minha existência durante essas conversas, pois ela, decerto, tinha coisas infinitamente melhores para fazer, como, por exemplo, escrever livros, ler, dar palestras ou comer uns bolinhos na Academia Brasileira de Letras. "Yuri? Quem é o Yuri mesmo?", devia pensar.

— Ser escritor neste país é um cu mesmo! — palavras não dela, mas da Hilda, ou minhas, sei lá, palavras talvez de alguns milhares de escritores brasileiros, iniciantes ou consagrados, jovens ou idosos. Sim, em meio a tão escassos leitores, não basta escrever, é preciso sobreviver, é preciso ser microempresário, professor, acadêmico, aguentar alunos politizados, colegas politiqueiros (argh!), ou então ser funcionário público, burocrata. (Será que Henry Miller foi mesmo coveiro?) Claro, fora isso só nos restaria ser um Paulo Coelho ou um roteirista da Globo, escrevendo umas coisas que... que ao menos dão lucro. Enfim, nada mais irônico — ou assustador — do que passar uma tarde com uma escritora de renome, em seu apê dos Jardins, ouvindo de sua boca os mesmos lamentos financeiros, editoriais e disciplinares que eu próprio havia feito, naquela manhã, à minha então namorada.

"Hei de ser o mesmo insatisfeito de sempre?", indagava a meus zíperes, enquanto ia virando taças e mais taças de um saboroso vinho californiano.

Dali a instantes, chegou uma amiga comum de Lygia e de Hilda, uma dessas senhoras dos Jardins, chique, simpática e doce, mas com um ar de "Ai, São Paulo já era". Sempre que converso com uma dessas senhoras, a bela e radiante São Paulo dos anos cinquenta, a famigerada cidade da garoa, desenha-se em minha imaginação — e então saio convencido: São Paulo já era *mesmo*.

— Imagine você — dizia ela. — Desprovido de mendigos, assaltantes, camelôs e crianças de rua, o centrão de São Paulo já foi um belo e seguro shopping ao ar livre. As mulheres, elegantíssimas, de saltos e estolas de pele, desfilavam pelos cafés da cidade...

Descia o vinho, desciam os tais biscoitos amanteigados, e eu lá, ouvindo agora as últimas novidades — para não dizer "fofocas", termo pouco elegante e nada condizente com aquelas duas almas verdadeiramente aristocráticas —, enfim, ouvindo as últimas novidades da *tchurma*. Aliás, você verá, e eu também verei: quando tivermos mais de setenta e cinco anos, as novidades da *tchurma* serão mais ou menos assim:

— Sabe o sicrano?

— Sei.

— Pois é, morreu.

No caso delas, logo em seguida vinha a lista com os amigos do falecido, com suas viúvas, seus admiradores, suas amantes, isto é, com as filhas de mil e um empresários tradicionais, tais como os donos do Biotônico Fontoura, do *Estadão*, da Emulsão de Scott, das Pastilhas Valda, do Chiclete Adams, do sabonete Eucalol, enfim, desses ícones dos anos dourados. Aí me vinha à mente o fato de que uma mulher, escritora ou não, colar de pérola ou piercing, é sobretudo uma mulher — graças a Deus —, e, então, me intrometia na conversa, fazendo comentários cáusticos, tirando um sarrinho aqui, outro ali. E as duas lá, às vezes reagindo com risos, outras, com novos chistes, às vezes me encarando com uma expressão de "Ih, o vinho está batendo".

E a Lygia, por sinal, como já me dizia o Bruno Tolentino, é toda simpática, papo envolvente, cheia de sorrisos, ainda bonita, vaidosa, com lenços no pescoço e penteados. Conversamos sobre a vida, sobre literatura, sobre cinema, sobre seu falecido marido, Paulo Emílio Salles Gomes, crítico, com quem escrevera a quatro mãos *Capitu*, um roteiro adaptado de *Dom Casmurro* e publicado como livro, do qual retirou da estante um exemplar, autografou-o, e mo regalou. Para não ficar atrás, eu, aproveitando a ocasião, saquei da mochila meu primeiro livro — que também traz um conto citando Capitu —, rabisquei-lhe cerimoniosamente uma dedicatória, e lho entreguei, fazendo, é claro, um esforcinho para em seguida esquecer o fato, afinal, sabia lá se ela o iria ler, pois eu já estava cansado de saber que a Hilda raramente — *muuuuito* raramente — folheava os ene livros que ganhava. (Dias depois, ao telefone, a Lygia me disse que tenho talento. Pensei: "Ponto! Deve ter lido ao menos um conto!")

Momentos depois, ela me informou que um amigo seria empossado na ABL, o que me lembrou minha fabulosa e inconveniente ideia de converter as reuniões da academia num *Saia Justa*, "Fardão Justo" ou "Big Intelectual Brother", botando a velharada cabeça para conversar diante de câmeras e microfones, ainda que as imagens fossem divulgadas apenas pela internet — ideia essa de que me esqueci logo em seguida, antes mesmo de mencioná-la, e da qual só me lembraria na manhã seguinte, em meio a uma baita ressaca. E voltamos a falar de cinema, com ela a reclamar do diretor que rodou seu roteiro, pois o sujeito ignorara todas as importantíssimas referências que, em *Capitu*, a dos "olhos de ressaca", ela e Paulo Emílio haviam feito ao mar:

— Não há uma cena sequer de praia!

E eu, identificando-me de novo, fiquei a pensar no meu próprio roteiro de curta-metragem, *Eye am the I*, escrito na Casa do Sol, e no irritante diretor que ameaçava mudar sua estrutura, seu clímax, pensamento esse que me fez encher, dessa vez, uma taça com vinho do Porto. (Todos passam novamente por tudo... sempre o mesmo...)

Tocou o telefone e, então, acompanhado pela amiga, aproveitei esse entreato para conhecer o apartamento, admirando os desenhos do

"Goffredinho", filho dela, as quinquilharias trazidas de mil e um cantos da Terra, e as cartas sobre a mesa, segundo a escritora, por responder. Lygia desligou o aparelho, e passamos a falar dos políticos, de como são todos iguais — claro, assunto inevitável, são mesmo, este país não muda nunca —, e eu cada vez mais fui me dando conta de que, do jeito que o álcool ia descendo, teria de esperar ao menos umas três horas para me livrar da borracheira. Será que ela teria um quarto de hóspedes? Engraçado, elas estavam tão bem, tão lúcidas... Por que parecia que somente eu *echaba unos tragos*? O pior é que, não sendo muito de beber — ao menos naquela fase da minha vida —, eu bebia também por cortesia, corroborando assim o que Lygia não parava de repetir:

— Ah, este vinho da Califórnia é uma delícia!

E era mesmo.

Depois, telefonamos à Hilda, marcamos uma visita da Lygia — que desta vez iria a Campinas comigo, mas não foi, sabe como é, muitos cachorros, os compromissos, a saúde, eu entendo, eu entendo —, e, de repente não mais que de repente, no auge do meu estado dionisíaco, a empregada dela assomou à porta da sala e anunciou que ambas precisavam sair para fazer as compras do mês — ou não teriam mais mantimentos! Meu sistema límbico ficou à beira do pânico, não conseguia me imaginar na rua naquele estado: ora, uma vez em plena rua, seria necessário pensar no itinerário, no dinheiro do metrô, nos perigos noturnos das esquinas paulistanas, nas quais já fora assaltado umas três vezes etc. etc. E eu não queria pensar! Não conseguia! Ora, de nada adiantou pensar nisso, pois Lygia, após pedir-me desculpas, me deixou, acompanhado por sua amiga, numa das travessas da avenida Paulista. Eu, claro, trocava as pernas, sempre a tropeçar discretamente em mim mesmo, e, contudo, ainda tentava com todas as forças manter de pé meu lado "My fairleido", ser um cavalheiro, porque afinal foi preciso acompanhar a tal amiga, que não se aguentava com o peso da garrafa de vinho californiano, presente da Lygia, até seu próprio apartamento. E como de fato sou um *gentil-homem*, ascendente em libra e tal, esforcei-me ao máximo para a figura não perceber que o mais correto teria sido ELA carregar a garrafa e me acompanhar até o metrô, já que EU, *Dioniso*, vesgo de vinho e de histórias *lygeiras*, poderia a qualquer momento ser atropelado, assaltado ou o pior: tomado por insanidade temporária, poderia até mesmo agarrar por trás uma dona à força, uma dessas que se abaixam pelos Jardins, saquinho de plástico numa mão, pazinha na outra, recolhendo o cocô do seu digno cãozinho. Mas — cáspite! — que outro destino poderia me aguardar? Ora, após me despedir da honrada e finíssima senhora, notei que estava ocorrendo, na Livraria Cultura do Conjunto Nacional, o lançamento do livro de um escritor do qual jamais recordarei o nome! E, *por supuesto*, fui até lá e mandei mais vinho goela abaixo — "de grátis". Hum. Nem sei como consegui chegar, horas mais tarde, à estação Consolação do metrô...

Já em casa, reli o que escreveu Lygia em *A disciplina do amor*:

> Na Pérsia, todos os gatos são persas, os gatos e os tapetes. Eu pisava nos grandes tapetes do grande hotel, bebia o vinho dourado e ficava olhando a miniatura tão rica em minúcias do rótulo vermelho-ouro da garrafa, queria uma lupa para ver melhor o príncipe de turbante, tocando um bandolim — era um príncipe ou o poeta Omar Khayyam, bebendo e sonhando no seu jardim? O persa hedonista que fez vibrar minha juventude puritana quando ensinava que é preciso beber e não pensar, beber e esquecer porque amanhã a lua talvez venha nos procurar em vão.

E depois do transe, como a própria Lygia narra a respeito de sua viagem ao Irã, sempre vem o mundo com suas praças e patíbulos, enforcados e dura realidade. É preciso aterrissar, deixar a Lua e voltar à luta, porque, como ela também afirma, no mesmo livro:

> Testemunhar seu tempo — respondi a um jovem que me perguntou qual é a função do escritor. Volto para a minha máquina de escrever e peço a Deus que me ajude.

E também eu, apesar de não possuir o mesmo talento e o mesmo fígado, voltei ao teclado para dar testemunho desse privilegiado encontro. (Ajudai-me, Senhor!)

O último encontro

Por razões diversas, deixei a Casa do Sol em dezembro de 2000, mantendo contato com Hilda Hilst, a partir de então, mormente por telefone. Voltei a encontrá-la uma única vez, meses depois, quando então fui buscar, além de outros objetos pessoais, meu computador e minha Benotto. Lembro-me de que era fim de tarde e ela, acompanhada somente pelos cães, já estava diante da TV, a bebericar seu vinho do Porto.

— Oi, Hilda!

Ela me fitou, uma expressão de ternura e cansaço:

— Oi, Dunga! Como você está?

— Tô bem. E você, Blancanieves?

Já ia me respondendo, mas, como o noticiário que acompanhava acabara de retornar do intervalo comercial, fez-me um gesto, indicando que conversaria depois — praticamente um déjà-vu do nosso primeiro encontro. Como eu teria de retornar a São Paulo naquela mesma noite, aproveitei para ir recolher minhas coisas: meu robe de chambre alemão estava numa das galerias, servindo de cama para os cachorros; minha bicicleta estava com o câmbio danificado, segundo Mora Fuentes me disse mais tarde, porque a nova empregada se apossara dela como meio de transporte; para evitar que se misturassem aos da biblioteca, meus livros estavam guardados numa caixa, misturados a roupas velhas que não me pertenciam; meu computador, intacto, continuava na mesma mesa; e assim por diante. Levei tudo para o carro e, meia hora mais tarde, após memorizar com certo saudosismo os detalhes daquele que fora o meu quarto-biblioteca, voltei à sala e me sentei ao lado da senhora H.

— Cadê o Zé, Hilda?

— Ah, ele tá em São Paulo. Foi fazer uns exames.

Conversamos brevemente, pois ela não abriria mão da novela das seis, que já se iniciava, e também porque, naquela mesma noite, haveria uma sessão fotográfica no meu estúdio, cuja produção necessitaria do carro para as eventualidades de sempre. (Sim, alguns fotógrafos são criaturas noturnas.) Falei-lhe dessas coisas e também prometi visitá-la com mais tempo.

— Você vai ficar bem, Hilda? — perguntei, por fim.

— Vou sim, Yuri — respondeu, sorrindo tristemente. — Não se preocupe. O Zé volta amanhã.

Eu a abracei e depois a beijei na testa:

— Fica com Deus, Hilda.

— Você também, querido. — E me beijou o rosto.

Olhei à minha volta e notei que a casa continuava a mesma de quando nela entrei pela primeira vez: as paredes salmão, os quadros em cores vivas, as fotografias emolduradas, os móveis e adornos rústicos, os sofás forrados com velhos cobertores (única maneira de fazê-los resistir a tantos cães), os troféus literários sobre a lareira (Jabuti, APCA etc.), e assim por diante. O único móvel adicionado àquela ampla sala era a poltrona na qual a poeta estava agora sentada, poltrona esta adquirida no início de 2000, enquanto eu ainda era um de seus hóspedes. Quando a vi pela primeira vez, em 1998, Hilda estava encolhida numa cadeirinha: era uma rainha sem trono.

Enquanto ela acendia um cigarro, acenei-lhe, e, orbitado pelos cachorros e por várias lembranças, saí pela porta da frente. Uma brisa morna de fim de tarde agitava de leve as folhagens das árvores e dos arbustos. Na varanda, despedi-me do caseiro:

— Fica de olho nela, Chico.

— Po'dexá — respondeu, visivelmente comovido.

— Se cuida você também.

— Some não, Yuri.

Apertamos as mãos e, à medida que dava a volta ao carro, ia me despedindo, com brincadeiras e carícias, de Marujo, Teco, Sílvia, Helena e Zidane, meus cães prediletos. Dei uma última mirada na figueira: a mesa de pedra permanecia sem o tampo. Nunca tomamos um café ou um vinho do Porto ali, uma pena. Confrangido, entrei no carro e parti. Enquanto descia a curta estradinha de terra em direção à via principal do loteamento, notei pelo retrovisor que Chico já fechava o portão. Eu não sabia, mas foi a última vez que coloquei os pés na Casa do Sol.

De fato, o estúdio fotográfico do qual era sócio — graças a desentendimentos vários e à multa da "máfia dos fiscais de São Paulo" — realmente naufragou. Como não consegui retomar minha posição na Chroma Filmes, acabei me mudando de São Paulo para Goiânia, onde alguns amigos haviam sido mordidos pela mosca azul do cinema.

Conforme afirmei antes, depois da minha partida, eu e Hilda passamos a conversar principalmente por telefone. (Às vezes lhe mandava recados, por e-mail, através de Mora Fuentes.) Aliás, um de nossos telefonemas mais marcantes se deu por ocasião do 11 de setembro de 2001: Hilda comentou comigo que Nostradamus certamente havia se equivocado, que aquele é que devia ser o ataque do "Rei do Terror" e que, em vez de julho, o "sétimo mês", mencionado nas Centúrias pelo vidente francês, devia se referir, na verdade, a setembro.

— Você ainda está em Goiânia?
— Continuo aqui.
— Não vá pra Nova Iorque, hein.

Eu ri:
— Vou continuar por aqui um bom tempo, Hilda.

E continuava morando nessa cidade quando, em janeiro de 2004, recebi a notícia de que Hilda havia sofrido uma queda, fraturado o fêmur, estando então internada num hospital de Campinas. Ainda a imagino, pós-vinho do Porto, tropeçando em um dos cachorrinhos que, tal como as abelhas fazem à sua rainha, costumavam escoltá-la. Claro, ela estava sozinha quando caiu, logo, não sei se as coisas realmente se passaram dessa maneira. O fato é que permaneceu internada cerca de um mês, ao longo do qual seu quadro se agravou, vindo a falecer no dia 4 de fevereiro, o mesmo dia no qual, sete anos antes, falecera Paulo Francis. Curiosamente, enquanto Hilda se debilitou sob o peso do IPTU, Francis se enfraqueceu ao ser processado pela Petrobras, cuja corrupção endêmica ele já denunciava — ou seja: dois gênios achacados pelo estamento burocrático.

 A quase mil quilômetros de distância, mergulhado em minha vida de artista, isto é, um cineasta freelancer duro, não consegui visitá-la nem na saúde nem na doença, e tampouco compareci a seu funeral. A perspectiva de presenciar conflitos entre certos membros da sua "corte" também me afastou. J. Toledo, com quem eu e Hilda conversávamos todas as manhãs, me dissera ao telefone: "Agora, as 'viúvas da Hilda' estão em polvorosa, levantando-se umas contra as outras". Eu me dava razoavelmente bem com todos os amigos dela, e muito bem com alguns deles, como o próprio Toledo, mas não pretendia tomar partido de ninguém, afinal, nunca entendi as verdadeiras razões desses velhos desentendimentos. Preferi me despedir e rezar pela alma dela à distância, afinal, Marduk tampouco fica perto de Campinas...

 Assim, conforme corriam os dias, eu pensava cada vez mais na conversa que tivéramos quando do relato que ela me fizera sobre a morte de Caio Fernando Abreu. Segundo Hilda, durante a enfermidade dele, ambos haviam combinado que, após sua morte, Caio lhe visitaria vestido com uma peça de roupa na cor vermelha.

 — O vermelho da vida! — dizia ela.

 E, quando Caio faleceu, em fevereiro de 1996, ele realmente lhe teria aparecido na Casa do Sol, no quarto dela, usando um lenço vermelho ao pescoço.

 — Ele estava felicíssimo! — comentou, os olhos marejados.

 Na ocasião, ao ouvir semelhante testemunho, meditei por um minuto. Depois falei:

 — Podemos combinar a mesma coisa, Hilda: se eu morrer, também vou visitá-la com uma peça de roupa vermelha. A cueca talvez?

 — Não! — retrucou, indignada. — Você é jovem demais para morrer antes de mim.

 Eu concordava totalmente, claro, mas era minha maneira de introduzir o projeto:

 — Então, se você morrer primeiro, venha me visitar. Pode ser?

 Ela sorriu:

 — Ah, isso sim.

— Com um vestido vermelho?
— Tá bom.
— Jovem e bonita, né.
— Claro! — respondeu, rindo.
— OK. Combinado então.

Eis a conversa que não saía da minha cabeça em 4 de fevereiro de 2004. No entanto, essa visitação não ocorreu no primeiro dia, nem no segundo, no terceiro ou em qualquer outro dia. Talvez eu não fosse um amigo tão importante quanto Caio havia sido: orà, eles foram amigos por quase trinta anos, ao passo que nossa amizade não chegou a completar seis. Ao mesmo tempo, porém, eu me consolava repetindo para mim mesmo que tais ocorrências não são nada aconselháveis, talvez mesmo proibidas pelo alto, e que ela certamente já havia sido "enserafinada" — isto é, transportada por um serafim — para uma morada mais aprazível. Como não sou espírita, parei de pensar no caso: que nosso reencontro ocorresse do lado de lá da vida.

E, contudo, no início de março, cerca de um mês mais tarde, tive um sonho.

Foi um desses sonhos dentro dos quais, mergulhados num desconforto físico, e acreditando estar despertos, nos viramos e reviramos, como quem tenta dormir uma segunda vez. Pensamentos confusos se atrapalhavam em minha mente, causando-me grande tensão, como se minha salvação dependesse da resolução de algum enigma ou de um complexo problema matemático. Incomodado com essas sensações, e com mais alguma coisa, abri os olhos: encontrava-me sentado numa poltrona de espaldar alto, no que parecia ser um quarto de hotel cinco estrelas. À minha frente, contrastando com o papel de parede morado ao fundo, vi os pés de uma cama forrada com lençol branco: estava ocupada. Olhei para minha esquerda: Hilda, as pernas cobertas por uma colcha também branca, e escorada à cabeceira elevada dessa cama — tal como num leito de hospital —, tinha sobre si uma mesinha à guisa de bandeja, encimada por um prato fundo do qual sorvia uma sopa.

— Hilda, você já acordou? — perguntei, confuso.

— Se eu acordei? — E riu. — Nossa, como assim? — E, então, franziu o cenho, desconcertada. — Você é que aparece aqui todo dia, entra no quarto, não me fala nada, senta aí nessa poltrona e começa a dormir.

Essa declaração me causou tão grande estranhamento que, ao fitá-la diretamente nos olhos, acabei me lembrando: mas ela... ela já morreu! Arregalando os olhos, observei-a mais atentamente: não voltara à juventude, mas tinha a aparência de no máximo uns sessenta anos. Também estava corada e com boa disposição. Curiosa, ela ainda me examinava:

— Que cara é essa, Yuri?

Quis lhe perguntar se ela sabia que já havia desencarnado, mas a comoção me dominou de tal forma que, antes de sequer abrir a boca, acordei. Foi a última vez que a vi — isto é, caso esse encontro realmente tenha sido algo mais que um sonho. Ora, não senti nenhuma repercussão física, do tipo que, segundo afirmam alguns projeciologistas, costuma acompanhar o retorno ao corpo após uma projeção astral: nenhum rugido de turbina, nenhum formigamento, choque ou agitação. Apenas despertei em minha cama. Mas a cena havia sido tão real que, emocionado, orei por ela naquele mesmo momento. E mais: não me lembro de ter visto nenhuma peça de roupa vermelha...

— Então... é só isso, Yuri? Acabou?

Bem, tenho plena consciência de que os relatos deste livro não fazem jus a tudo o que vivi e aprendi na Casa do Sol. Tanto é que, em vez de dedicá-lo à Hilda, dediquei-o a outras pessoas que lá conheci, gente de quem me recordo com gratidão. Sendo primordialmente um ficcionista, preferi dedicar a ela meu livro anterior: *A sábia ingenuidade do dr. João Pinto Grande*. Creio que a senhora H, mais do que ninguém, compreenderia perfeitamente essa atitude de dar um título humorístico a um livro que, apesar de muitos momentos cômicos, é essencialmente um trabalho sério. E compreenderia também essa "sábia ingenuidade" do protagonista, da qual compartilhava. É aquele livro que eu mostraria para minha mestra. Contudo, de modo sintético, posso afirmar que tanto Hilda Hilst quanto Bruno Tolentino me ensinaram três coisas: que um escritor sem fé em Deus arrisca-se a se tornar ele mesmo uma ficção; que o escritor, embora não deva jamais deixar-se dominar pela própria imaginação (pois deve manter-se sempre no comando), ainda assim não deve temê-la; e, finalmente, que a vocação literária vem sempre acompanhada de privilégios, deveres, sacrifícios e vicissitudes. Enfim, como dizia o outro, "viver é muito perigoso". E escrever também o é.

Saudades, Blancanieves.

Este livro foi composto na tipografia Classical
Garamond BT, em corpo 11/15, e impresso
em papel off-white no Sistema Cameron da
Divisão Gráfica da Distribuidora Record.